公路工程标准规范解读系列丛书

# 《公路路基路面现场测试规程》释义手册

刘　璐　和　松　主编

人民交通出版社股份有限公司
北　京

## 内容提要

本释义手册为《公路路基路面现场测试规程》(JTG 3450—2019)(以下简称《规程》)的宣贯读本,由《规程》主要起草人编写。本手册各章节顺序与《规程》章节完全对应,对《规程》中有关试验方法的编制依据和基本理论、技术指标的确定和解释、试验步骤的技术细节和注意事项,以及实践经验等方面进行了详细论述。

本手册可供从事公路工程施工、监理、质检、养护等现场试验检测技术人员和有关管理人员学习参考。

**图书在版编目(CIP)数据**

《公路路基路面现场测试规程》释义手册 / 刘璐,和松主编. — 北京:人民交通出版社股份有限公司,2020.7
ISBN 978-7-114-16672-3

Ⅰ.①公… Ⅱ.①刘… ②和… Ⅲ.①公路路基—道路工程—测试技术—规程—手册②路面—道路工程—测试技术—规程—手册 Ⅳ.①U416.106-65②U416.206-65

中国版本图书馆 CIP 数据核字(2020)第 113661 号

公路工程标准规范解读系列丛书
Gonglu Luji Lumian Xianchang Ceshi Guicheng Shiyi Shouce

| | |
|---|---|
| 书　　名: | 《公路路基路面现场测试规程》释义手册 |
| 著 作 者: | 刘　璐　和　松 |
| 责任编辑: | 李　沛 |
| 责任校对: | 孙国靖　宋佳时 |
| 责任印制: | 张　凯 |
| 出版发行: | 人民交通出版社股份有限公司 |
| 地　　址: | (100011)北京市朝阳区安定门外外馆斜街 3 号 |
| 网　　址: | http://www.ccpcl.com.cn |
| 销售电话: | (010)59757973 |
| 总 经 销: | 人民交通出版社股份有限公司发行部 |
| 经　　销: | 各地新华书店 |
| 印　　刷: | 北京市密东印刷有限公司 |
| 开　　本: | 720×960　1/16 |
| 印　　张: | 22 |
| 字　　数: | 300 千 |
| 版　　次: | 2020 年 7 月　第 1 版 |
| 印　　次: | 2023 年 4 月　第 2 次印刷 |
| 书　　号: | ISBN 978-7-114-16672-3 |
| 定　　价: | 110.00 元 |

(如有印刷、装订质量问题的图书,由本公司负责调换)

# 前言

根据交通运输部办公厅《关于下达2014年度公路工程行业标准制修订项目计划的通知》(厅公路字〔2014〕87号)要求,交通运输部公路科学研究院承担对《公路路基路面现场测试规程》(JTG E60—2008)(以下简称"原规程")的修订工作。参加修订工作的还有北京市道路工程质量监督站、重庆市公路工程质量检测中心、广东华路交通科技有限公司、山西省交通规划勘察设计院、四川省交通运输厅公路规划勘察设计研究院。

《公路路基路面现场测试规程》(JTG 3450—2019)(以下简称《规程》)涵盖了公路路基路面工程质量评价主要技术参数的试验方法,以统一和规范公路工程质量评价方法为目标,旨在提高质量评定的试验效率,引导公路路基路面设计方法和施工工艺标准化。《规程》修订过程中充分考虑了与其他标准的衔接和自身技术内容的特征,以国内外先进研究成果和工程实践为依托,以安全可靠、先进有效、经济合理、成熟实用为基本原则,广泛征求意见,集思广益、博采众长,具有清晰明确的定位,对公路路基路面工程质量评价工作有着较强的指导作用。

《规程》在充分吸纳交通运输行业试验检测最新研究成果及各试验检测机构对原规程使用经验的基础上,进行了大量的理论研究与试验验证。主要修订内容包括:

(1)明确定位,优化内容组成。修改"总则"中关于《规程》目的和作用的描述,将"强度和模量"与"承载能力"合并,增加环境检测的相关试验方法,将"施工控制"的名称修改为"其他"。

(2)加强对设备自身准确性的关注。目前大量自动化、智能化试验检测技术得到广泛应用,《规程》中超过80%的试验方法采用了自动化无损检测设备。"总则"中增加"保证仪器设备量值准确可靠"的要求,在试验方法中明确主要仪器设备关键技术参数的具体要求。

(3)取消检测工作中已不再应用的测试方法。删除"T 0956—1995 射钉法快速测定水泥混凝土强度试验方法""T 0983—2008 沥青混合料质量总量检验方法"2项测试方法。

(4)吸纳科学先进的测试技术。增加"T 0957 激光式高速路面弯沉测定仪测试路面弯沉方法""T 0969 数字式摆式仪测试路面摩擦系数方法"等12项测试方法。

(5)将相关性试验的通用要求和数据处理方法汇总归纳,增加了相关性试验方法附录。

为了帮助与公路路基路面现场试验检测工作相关的技术人员与管理人员更好地理解《规程》条文的编制背景、目的和应用注意事项,正确运用《规程》开展试验检测工作,《规程》编写组编写了释义手册。

本手册的编写体例采用与《规程》相对应的方式。第1、2、3、6章及附录A、B、C由窦光武、刘璐起草,第4章由李蒙、罗方军起草,第5章由周绪利、张波、郭昌祚、李达起草,第7章由沈小俊、何静、冉龙飞、刘璐、陈南起草,第8章由宿静、赵向敏起草,第9章由和松、刘璐、王露婉起草,第10、12章由严二虎、刘璐、苏春华、曹瑾瑾起草,第11章由刘仰韶、王子彬、牛晓霞、何华阳起草。为了便于读者阅读,本手册中《规程》条文的字体与《规程》保持一致,条文释义采用黑体。本手册内容仅供参考,如有与《规程》不一致之处,以《规程》规定为准。

由于编者水平有限,时间仓促,书中难免存在疏漏与错误,欢迎读者随时与交通运输部公路科学研究院(地址:北京市海淀区西土城路8号,邮政编码:100088,E-mail:s.he@rioh.cn)联系,并提出问题和修改建议。

# 目 录 MULU

1 总则 ·················································································· 1
2 术语和符号 ······································································· 7
　2.1 术语 ············································································ 7
　2.2 符号 ············································································ 9
3 现场抽样 ··········································································· 11
　T 0902—2019　选点方法 ················································· 11
　T 0903—2019　钻芯和切割取样方法 ································ 14
4 几何尺寸 ··········································································· 18
　T 0911—2019　路基路面几何尺寸测试方法 ······················ 18
　T 0912—2019　挖坑和钻芯测试路面厚度方法 ··················· 25
　T 0913—2019　短脉冲雷达测试路面厚度方法 ··················· 27
　T 0914—2019　几何数据测试系统测试几何线形方法 ········· 33
5 压实度 ·············································································· 39
　T 0921—2019　挖坑灌砂测试压实度方法 ·························· 39
　T 0922—2008　核子密湿度仪测试压实度方法 ··················· 50
　T 0923—2019　环刀测试压实度方法 ································· 64
　T 0924—2008　钻芯测试路面压实度方法 ·························· 70
　T 0925—2008　无核密度仪测试压实度方法 ······················ 73
　T 0926—2019　土石路堤或填石路堤压实沉降差
　　　　　　　　　测试方法 ················································ 78
6 平整度 ·············································································· 83
　T 0931—2008　三米直尺测试平整度方法 ·························· 84
　T 0932—2008　连续式平整度仪测试平整度方法 ··············· 86

1

| | | |
|---|---|---|
| T 0933—2008 | 车载式颠簸累积仪测试平整度方法 …… | 90 |
| T 0934—2008 | 车载式激光平整度仪测试平整度方法 …… | 94 |
| T 0935—2019 | 手推式断面仪测试平整度方法 …… | 100 |

**7 承载能力** …… 104

| | | |
|---|---|---|
| T 0941—2008 | 土基现场 CBR 值测试方法 …… | 105 |
| T 0943—2008 | 承载板测试土基回弹模量方法 …… | 111 |
| T 0944—1995 | 贝克曼梁测试路基路面回弹模量方法 …… | 119 |
| T 0945—2008 | 动力锥贯入仪测试路基路面 CBR 方法 …… | 123 |
| T 0946—2019 | 落球仪测试土质路基模量方法 …… | 131 |
| T 0951—2008 | 贝克曼梁测试路基路面回弹弯沉方法 …… | 138 |
| T 0952—2008 | 自动弯沉仪测试路面弯沉方法 …… | 148 |
| T 0953—2008 | 落锤式弯沉仪测试弯沉方法 …… | 155 |
| T 0957—2019 | 激光式高速路面弯沉测定仪测试路面弯沉方法 …… | 162 |

**8 水泥混凝土强度** …… 169

| | | |
|---|---|---|
| T 0954—1995 | 回弹仪测试水泥混凝土强度方法 …… | 169 |
| T 0955—2019 | 超声回弹法测试水泥混凝土路面抗弯强度方法 …… | 182 |
| T 0958—2019 | 取芯法测试水泥混凝土路面强度方法 …… | 194 |

**9 抗滑性能** …… 203

| | | |
|---|---|---|
| T 0961—1995 | 手工铺砂法测试路面构造深度方法 …… | 204 |
| T 0962—1995 | 电动铺砂仪测试路面构造深度方法 …… | 207 |
| T 0966—2008 | 车载式激光构造深度仪测试路面构造深度方法 …… | 212 |
| T 0964—2008 | 摆式仪测试路面摩擦系数方法 …… | 216 |
| T 0969—2019 | 数字式摆式仪测试路面摩擦系数方法 …… | 224 |
| T 0965—2008 | 单轮式横向力系数测试系统测试路面摩擦系数方法 …… | 228 |

T 0967—2008 双轮式横向力系数测试系统测试路面
摩擦系数方法 ............................................. 236
T 0968—2008 动态旋转式摩擦系数测试仪测试路面
摩擦系数方法 ............................................. 240

**10 渗水** ................................................................. 243
T 0971—2019 沥青路面渗水系数测试方法 ............ 243

**11 路基路面损坏** ..................................................... 252
T 0972—2019 路面错台测试方法 .......................... 252
T 0973—2019 沥青路面车辙测试方法 ................... 255
T 0974—2019 路面表观损坏测试方法 ................... 262
T 0975—2019 弯沉法测试水泥混凝土路面脱空方法 ... 267
T 0976—2019 探坑法测试路面结构病害方法 ......... 272

**12 其他** ................................................................. 277
T 0981—2008 热拌沥青混合料施工温度测试方法 ... 277
T 0982—1995 沥青喷洒法测试施工材料用量方法 ... 281
T 0984—2008 透层油渗透深度测试方法 ................ 283
T 0985—2019 层间黏结强度测试方法 ................... 288
T 0986—2019 统计通过法测试路面对交通噪声影响
方法 .......................................................... 296
T 0987—2019 拖车法测定路面对轮胎噪声影响测试
方法 .......................................................... 305

**附录 A 公路路基路面现场测试随机选点方法** ............... 321
**附录 B 检测路段数据统计方法** ...................................... 330
**附录 C 相关性试验方法** ................................................. 335

# 1 总　　则

**1.0.1** 为适应我国公路建设和管理的需要,保证公路路基路面工程的设计、施工和养护质量,规范和统一其现场测试方法的技术要求,制定本规程。

随着标准化工作的推进,交通运输行业标准体系逐步完善,但是随之带来体系中各标准之间功能定位方面的交叉现象,在技术规定方面也不同程度地产生了衔接不畅的问题。按照《公路工程标准编写导则》(JTG A04—2013)的要求,对本条款进行修订,增加《规程》在交通运输行业标准体系中的作用描述,并明确与其他标准之间的协调关系。

**1.0.2** 本规程适用于公路路基路面的现场调查、工程质量检测以及技术状况检测。

**1.0.3** 进行公路路基路面现场测试时,应根据实际用途和相关标准的要求,选择本规程规定的试验方法。

**1.0.4** 本规程试验方法规定的仪器设备应经计量技术机构检验合格后使用,保证准确可靠。仪器设备的操作尚应遵从其产品使用要求。

随着科技进步,大量自动化、智能化试验检测技术得到广泛应用,尤其在原规程中,80%以上试验方法采用了自动化无损检测设备。使用合格的仪器设备是取得可靠检测数据结果的前提条件。

针对缺少仪器设备量值溯源要求与相应规定的问题,对本条款进行修订,要求《规程》试验用的仪器设备,应采取必要技术措施,保证其输出量值准确可靠。一般应经计量技术机构检定或校准合格后方可使用。

**1.0.5** 本规程采用国家法定计量单位制。

**1.0.6** 公路路基路面现场测试除应符合本规程的规定外,尚应符合国家和行业现行有关标准的规定。

条文说明

本规程的适用范围主要是公路工程路基路面的现场测试、施工过程中的质量管理与检查、施工结束后的竣(交)工验收,以及道路使用期的路况评定,可供质量监督部门、检测机构、工程监理及施工企业等使用。本规程从保证现场测试数据准确性的角度出发,旨在规范开展相应现场测试工作的技术过程,针对不同的使用场合,提出科学可靠的技术方法,而不是设定工程质量评价标准。因此,在对公路路基路面的技术指标进行测试时,应根据实际用途和适用范围选择适合的技术方法,除按本规程的规定仪具材料、测试步骤、数据处理及报告内容等要求开展测试工作外,尚应遵从施工、养护、验收等技术规范的相应规定,尤其是在路段选择、采样方法、数据统计及合格判断标准等方面。

使用合格的仪器设备是取得可靠测试结果的前提条件。当前,公路工程行业广泛在用的仪器设备达数百种,同一类设备虽然测试的技术指标相同,但由于生产厂家、工作原理、测试方式及精度控制标准等的不同,导致同类设备的测试结果存在较大差别,缺乏一个能够共同遵循的技术标准来保证测试质量,并且随着其自动化、智能化程度的提高,"黑箱"效应逐渐显现,仪器设备的质量合格与否、技术状态是否正常等,仅凭眼观、目测已不能判断,而是需要专门的技术措施来检验。因此,在开展现场测试工作之前,应针对所检验的技术指标,选择精度合适、质量合格、状态正常的仪器设备,具备条件的,应将仪器设备送专业计量技术机构,经检验合格后使用。对于本规程大量采用的自动化、车载式仪器设备,还应重点关注其产品使用要求,认真阅读使用说明,熟知其使用环境要求、操作注意事项等,以便科学规范地操作仪器,确保现场测试结果准确、可靠。

# 1 总　　则

原规程自2008年9月实施以来,对公路工程的现场施工控制、施工质量验收和养护状况的调查与检测等工作起到了积极的规范和指导作用,为提高公路建设和使用质量做出了重要的贡献,但是,原规程发布实施至今已有10余年的时间。其间,我国交通基础设施规模快速增长,每年公路建设投资仍高位运行,2019年交通固定资产3万多亿,2020年交通工作会议指出,公路水路投资额达1.8万亿。交通运输行业也正在打造品质工程、平安工程,习总书记对工程建设领域,提出了建设四个工程的要求,社会公众也对交通基础设施的建设质量和服务水平有了更高的期待,这些形势均对工程现场试验检测技术、设备性能和规范化操作提出了更高的要求。与此同时,交通基础设施管理发展重心正在由建设向建养逐步过渡。工程质量管理更加需要检测技术的支撑,其对检测技术的需求,也呈现出科学、准确、高效、智能、无损等多元化特点。在新形势下,梳理原规程存在的问题如下:

**1. 标准之间的衔接不畅**

优良的工程质量是交通运输行业始终关注的主题和追求的目标。长期以来,各级交通运输主管部门对工程质量管理极为重视,并以标准化工作为推手,建立了一套工程质量保证体系和监督管理制度。《规程》与路基路面设计施工规范、质量检验评定标准,以及技术状况评定标准等行业标准,共同形成了公路工程质量的控制评价标准体系。随着标准化工作的推进,交通运输行业标准体系逐步完善。但是随之带来体系中各标准之间功能定位方面的交叉现象,在技术规定方面也不同程度地产生了衔接不畅的问题。

**2. 仪器计量溯源要求不明晰**

随着科技进步,大量自动化、智能化试验检测技术得到广泛应用,尤其在原规程中,80%以上试验方法采用了自动化无损检测装备,从某种程度上讲,仪器设备对试验检测结果的准确性和可靠性起到了关键作用。但原规程没有对仪器设备量值溯源的要求,仪器设备本身的准确性无法得到保证。

**3. 分类合理性和方法覆盖面有待提高**

原规程存在系统性不够强、分类不够清晰的现象，例如第 12 章错台、第 13 章车辙，均是针对路基路面损坏的试验方法，却分成两章描述，结构不够合理。

目前，科技发展突飞猛进，新的检测设备层出不穷，部分先进检测设备由于检测效率高、可靠性强，已经在交通运输行业有了广泛、成熟的应用。同时配套的试验检测方法及技术越来越多，但是原规程并未涉及这些方法、覆盖面不够广，并与实际应用有一定程度脱节等现象。因此，需要进一步研究解决方法。

**4. 公路环境指标检测方法缺失**

公路的建设和运营在带动区域经济快速发展的同时，也给环境生态带来了较大压力。实施公路可持续发展战略，特别是实现公路建设和运营的环境可持续发展，是《中国 21 世纪议程》提出的交通运输业可持续发展的核心战略措施，是环境保护战略由被动到主动的一种转变。公路环境指标是评价公路建设和运营环境的主要参数，但原规程中未规定其检测方法，滞后于公路建设和运营需要。因此，原规程需进一步修订和完善，增加公路环境指标检测方法的内容，为"绿色交通"的实现服务。

原规程的修订工作自 2014 年启动，本次修订的目标包括：

（1）统一对路基路面现场试验方法评价效果的认识；

（2）统一使用试验方法的各项要求（包括仪器耗材、操作步骤、数据处理方法等）；

（3）提高路基路面工程实体的质量评定效率和可靠性；

（4）推动公路路基路面设计方法、施工工艺等优化升级。

规程在修订过程中遵循了如下编制原则：

（1）通用性原则。做好与相关标准、规范的协调、衔接，保证技术规范体系的统一性、完整性和一致性。

（2）成熟性原则。规程修订过程中积极吸纳公路建设、养护工程中大量采用的试验方法。鉴于规程的可靠性和重要性，编制的测试方法须进行充分技术论证或试验验证，修订应依据充分，理论正确，验证可信，确保技术的可靠性。

（3）先进性原则。掌握国内国际相关试验技术的动态，充分总结国内外最新研究成果和实践经验，积极吸纳有利于提升工程质量水平、技术上成熟、经济上合理的新试验方法，保证测试规程的技术先进性。

（4）可操作性原则。修订后的新规程条文明晰规范，简便易用，能够为工程技术人员的路基路面现场测试工作提供正确指导。

本次修订的主要内容包括章节方面的修订和规范内容方面的修订，具体如下：

1. 章节修订方面

（1）章节调整：原规程第 3 章"取样方法"修改为"现场抽样"，分为"选点方法"和"钻芯和切割取样方法"；原规程第 7 章"强度和模量"与第 8 章"承载能力"合并为《规程》第 7 章"承载能力"；原规程第 12 章"错台"与第 13 章"车辙"合并为《规程》第 11 章"路基路面损坏"；原规程第 14 章"施工控制"修改为《规程》第 12 章"其他"。

（2）新增内容：增加了"T 0935 手推式断面仪测试平整度方法""T 0946 落球仪测试土质路基模量方法""T 0957 激光式高速路面弯沉测定仪测试路面弯沉方法"等 12 项试验方法；增加附录 C"相关性试验方法"。

（3）删除内容：删除原规程"T 0956—1995 射钉法快速测定水泥混凝土强度试验方法""T 0983—2008 沥青混合料质量总量检验方法"2 项试验方法。

2. 规范内容方面

（1）统一每一节的名称，修改为"方法或仪器 + 测试 + 技术指标 + 方法"。

（2）统一将"目的和适用范围"修改为"适用范围"，并将与适用范围无关的内容放入正文或条文说明。

（3）"仪具与材料技术要求"与现行有效的行业标准和检定规程对标，删除有关满足制造商生产要求的规定。

（4）对"方法与步骤"进行梳理，界定"准备工作"与"测试步骤"的关系。

（5）修改"计算"为"数据处理"，进一步规范数据处理和报告内容，取消记录表格，只规定技术内容。

（6）界定"正文"与"条文说明"的关系，删除或修改条文说明中的补充规定。

# 2 术语和符号

## 2.1 术　语

**2.1.1** 路基宽度　subgrade width

行车道与路肩宽度之和,以 m 计。当设有中间带、变速车道、爬坡车道、紧急停车带时,尚应包括这些部分的宽度。

**2.1.2** 路面宽度　pavement width

包括行车道、路缘带、变速车道、爬坡车道、硬路肩和紧急停车带的宽度,以 m 计。

**2.1.3** 路基横坡　subgrade cross slope

路基横断面上路槽中心线与路槽边缘两点高程差与水平距离的比值,以百分比表示。

**2.1.4** 路面横坡　pavement cross slope

路面横断面上路拱或中央分隔带两侧直线部分的坡度,以百分比表示。

**2.1.5** 路面中线偏位　deviation of pavement center-line

路面实际中心线偏离设计中心线的距离,以 mm 计。

**2.1.6** 压实度　degree of compaction

筑路材料压实后的密度与标准密度之比,以百分比表示。

对于路基土及路面基层,压实度是指工地实际达到的干密度与室内标准击实试验所得的最大干密度的比值;对沥青路面,压实度是指现场实际达到的密度与室内标准密度的比值。为更加准确地解释压实度,本次修订将"干密度与标准最大密度"修改为"密度与标准密度"。

**2.1.7 平整度　roughness**

路面表面相对于理想平面的竖向偏差，通常以最大间隙、颠簸累积值、国际平整度指数表征，以 mm 或 m/km 计。

**2.1.8 弯沉　deflection**

在规定的荷载作用下，路基或路面表面产生的总垂直变形值（总弯沉）或垂直回弹变形值（回弹弯沉），以 0.01mm 计。

**2.1.9 构造深度　texture depth**

规定区域内路表面开口空隙的深度，又称宏观纹理深度。根据测试区域和计算模型的不同，主要有 TD、SMTD、MPD 等简称，以 mm 计。

**2.1.10 摆值　British pendulum number**

用摆式摩擦系数测定仪测试路面在潮湿条件下的摩擦系数表征值，为摩擦系数的 100 倍，简称 BPN，无量纲。

**2.1.11 横向力系数　sideway force coefficient**

用与行车方向成 20°偏角的测定轮以一定速度行驶时，专用轮胎与潮湿路面之间的测试轮轴向摩擦阻力与垂直荷载的比值，简称 SFC，无量纲。

**2.1.12 渗水系数　water permeability coefficient**

在规定的初始水头压力下，单位时间内渗入路面规定面积的水的体积，以 mL/min 计。

**2.1.13 路面错台　faulted joint slabs**

不同构造物或相邻水泥混凝土板块接缝间出现的高程突变，以 mm 计。

**2.1.14 车辙　rut**

路面经汽车反复行驶产生流动变形、磨损、沉陷后，在行车轨迹上产生的纵向带状辙槽。常以路面横断面最大辙槽深度衡量车辙大小，以 mm 计。

**2.1.15 土基现场 CBR 值　field CBR of soil subgrade**

表征公路土基承载能力的一种指标，即在公路土基现场条件下，规定贯入量所施加的试验荷载压强与标准荷载压强的比值,以百分比计。

**原规程"土基现场 CBR 值"的表述方式是对 CBR 值测试步骤的简化说法,不符合术语的规范表述方式。**

**2.1.16 回弹模量 resilient modulus**

路基、路面及筑路材料在荷载作用下产生的应力与其相应的回弹应变的比值,以 MPa 计。

**2.1.17 破损率 distress ratio**

路面各种损坏的折算损坏面积之和与路面调查面积之比,以百分比计。

**2.1.18 断板率 broken slab ratio**

已完全折断成两块以上的水泥混凝土路面板总数与调查路段的路面板总数之比,以百分比计。

**2.1.19 裂缝率 pavement cracking ratio**

路面裂缝折算面积与检测路段总面积之比,以百分比计。

**2.1.20 脱空 disengagement**

路面结构层间出现的一种结构层间不连续的空隙,通常以空隙的尺寸表示,以 mm 计。

## 2.2 符 号

BPN——摆值;

CBR——加州承载比;

$C_W$——渗水系数;

$D$——路面错台;

$E_0$——土基回弹模量;

$E_1$——路面材料回弹模量;

IRI——国际平整度指数;

$K$——压实度；

$R_U$——路面车辙深度；

SFC——横向力系数；

TD(SMTD、MTD、MPD)——构造深度；

VBI——颠簸累积值；

$\Delta_{CL}$——路面中线偏位；

$\delta_m$——平整度(最大间隙)；

$\mu$——路面材料泊松比。

　　本章针对《规程》具体修订的实际情况，针对原规程个别术语定义与有关标准定义表述不一致、原规程部分测试方法中用到的术语和符号未得到明确解释、新增测试方法中需要补充的新术语和符号等情况，本次修订"路基横坡""路面横坡""压实度""平整度""构造深度""车辙""土基的现场 CBR 值"7 项术语，新增"破损率""断板率""裂缝率""脱空"4 项术语，删除"回弹模量""水泥混凝土强度"2 项术语。原规程对"回弹模量"的定义是对物理量的解释，无实际意义。"水泥混凝土强度"在《规程》中指抗压强度和抗折强度，两个强度在工程界大家都熟知，已无再进行解释的必要。

　　本次修订，符号修改 1 项，新增 2 项，删除 2 项。

　　本章给出的术语和符号仅适用于《规程》，不用于其他标准规范。

# 3 现 场 抽 样

原规程中本章标题为"现场取样",包含的内容为钻取芯样和现场选点两部分,原规程 T 0901—2008 取样方法中对钻芯取样的描述不详细,并且缺少选取钻芯位置的相关规定。另外,随着计算机技术的广泛应用,数据处理软件在随机选点中有较好的应用,原规程中确定取样位置的方法已不能够满足现场测试中选点取样的要求。本次修订对本章结构进行了调整,按选择检测位置(选点),再进行取样的逻辑关系编排,将切割取样增补到钻芯方法中,修改 T 0901"取样方法"为"钻芯和切割取样方法"。选点方法不仅适用于钻芯取样,而且适用于《规程》的全部试验方法,这使得规程的逻辑更加清晰,实用性更强。

## T 0902—2019  选点方法

### 1 适用范围

本方法适用于路基路面现场进行抽样试验时的个体(测点)选择,以评价样本的各类技术指标。

### 2 方法与步骤

**2.1 均匀法**

将道路沿纵向或横向进行等间距划分,并在划分点处做好标记,在划分点上布置测点(图 T 0902-1)。

**2.2 随机法**

按照本规程附录 A 的规定选取测试区间、测试断面或测点。

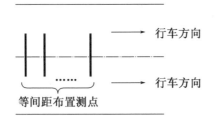 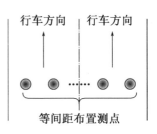

图 T 0902-1　均匀法选点示意图

### 2.3　定向法

选取轮迹带或出现裂缝、错台、板角等具有某个特征或指定的位置作为测点(图 T 0902-2)。

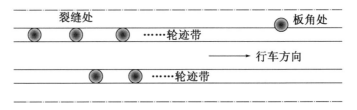

图 T 0902-2　定向法选点示意图

### 2.4　连续法

按相应标准的规定,沿道路纵向间距连续、均匀布置测区(图 T 0902-3)。

图 T 0902-3　连续法选点示意图

### 2.5　综合法

同时按照上述两种以上选点方法的规定,确定测点位置。通常沿道路纵向连续选择测区,测区内随机选择测点,或者沿道路纵向均匀确定测区,测区内定向选取测点等。

条文说明

正确规范地选择测试位置是保证公路路基路面现场测试结果可靠性和代表性的前提,不同的选择方法可能会得到截然相反的测试结论,因此本规程列出了公路路基路面现场测试常用的选点方法。在保证测试结果代表性的前提下,为减少对工程实体的影响,新建道路钻芯取样一般选择标线位置。

现场检测与室内试验不同,其检测结果往往需要代表或反映工程总体质量,例如对一个 10km 长的路段,采取均匀法选点的方式,每隔 10m 检测一处弯沉值,通过对数据的统计计算,来代表整个路段的弯沉水平。此时的检测结果就不仅仅只对检测位置的测试结果负责,而是对整个 10km 测试路段的弯沉测试结果负责,那么,如何选取检测位置,对于检测评价结果的技术风险就比较大。因此,对于现场检测,选取检测位置或选点,是检测成功与否,结果是否科学、可靠至为关键的一步。

本次修订,对公路路基现场检测的选点方法进行系统归纳,对常用的选点方式进行统一命名,目的是进一步规范选点工作,在选点工作方面建立对话交流的口径,提高对选点工作的重视程度。选点工作既与检测目的有关,也与采取试验方法的技术特征有关,例如:对土质路堤压实度的检测,路基施工技术规范要求对每一压实层进行检测,检测频率是每 $1000m^2$ 至少检验 2 点;而若对路基施工质量进行验收评价,依据检验评定标准,则要求每 200m 的每压实层测 2 处,检测目的或者应用场合不同,选点要求也不同。再如:采取短脉冲雷达检测路面结构层厚度,其技术特点是可以快速连续采集数据,那么就可以使用连续法选点方式;若采取钻芯取样检测路面结构层厚度,由于其属于有损试验,且工作效率较低,故不宜选择连续法,而适合选择随机法或均匀法。使用不同的试验方法,也会导致选点方式的改变。因此,在实际选点工作中,若检测结果评价所依据标准规范(如检验评定标准、设计规范、施工规范等)对选点方式有规定的,要遵从依据标准的选点规定。《规程》后续各章节具体测试方法里涉及选点方式、测试频率,更多的是根据试验方法本身技术特征,从提高试验结果科学性和可靠性的角度作出的规定,若检测结果评价所依据标准规范对选点无规定时,可以采取《规程》推荐的方式。

# T 0903—2019 钻芯和切割取样方法

## 1 适用范围

1.1 本方法适用于路面取芯钻机或路面切割机在现场钻取或切割路面的代表性试样。

1.2 本方法适用于对水泥混凝土面层、沥青混合料面层或无机结合料稳定基层取样,以测试其密度或其他物理力学性能。

从路面上钻孔取样是近年来广泛采用的标准试验方法,钻孔试样可用来测定厚度、密度、材料级配及其他许多试验。对沥青路面的钻孔,应该在路面完全冷却后,随机选点钻孔取样,如一次钻孔同时有多层沥青层时需用切割机切割,待试件充分干燥后(在第二天之后),分别测定密度。对压实层厚度小于或等于 **3cm** 的超薄表面层或磨耗层、厚度小于 **4cm** 的 SMA 表面层、易发生温缩裂缝的严寒地区的表面层、桥面铺装沥青层,钻孔试样表面形状改变,难以准确测定密度时,可免于钻孔取样,严格控制碾压。

## 2 仪具与材料技术要求

(1)路面取芯机:手推式或车载式,配有淋水冷却装置。钻头直径为 $\phi100mm$ 或 $\phi150mm$。

(2)路面切割机:手推式或牵引式,由电力驱动,也可利用汽车动力由液压泵驱动,附金刚石锯片,有淋水冷却装置。

(3)台秤。

(4)盛样器(袋)或铁盘等。

(5)干冰(固体$CO_2$)。

(6)试样标签。

(7)其他:镐、铁锹、量尺(绳)、毛刷、硬纸、棉纱等。

## 3　方法与步骤

### 3.1　准备工作

(1)宜选择直径大于集料最大粒径3倍的钻头。

(2)确定路段。可以是一个作业段、一天完成的路段,或按相关规范的规定选取一定长度的检查路段。

(3)按本规程T 0902规定的方法确定取样的位置。

(4)将取样位置清扫干净。

### 3.2　取样步骤

(1)根据目的和需要确定切割路面的面积,在取样地点的路面上,对钻孔位置作出标记或划出切割路面的大致区域。

(2)用取芯机垂直对准路面钻孔位置,放下钻头,牢固安放,确保取芯机在运转过程中不得移动。

(3)开放冷却水,启动马达,徐徐压下钻杆,钻取芯样,但不得使劲下压钻头。待钻透全厚度后,上抬钻杆,拔出钻头,停止转动,使芯样不损坏,取出芯样。沥青混合料芯样及水泥混凝土芯样可用清水漂洗干净后备用。当因试验需要不能用水冷却时,应采用干钻孔,此时为保护钻头,可先用约3kg的干冰放在取样位置上,冷却路面约1h,钻孔时通常以低温$CO_2$等冷却气体代替冷却水。

**关于钻孔时不能用水、采用干冰冷却的方法摘自美国的试验方法。**

（4）用切割机切割时将锯片对准切割位置，开放冷却水，启动马达，徐徐压下锯片至要求深度（厚度），仔细向前推进，至需要长度后抬起锯片，四面全部锯毕后，用镐或铁锹仔细取出试样。取得的路面试样应保持边角完整，颗粒不得散失。

（5）采取的路面混合料试样应整层取样，试样应完整。将钻取的芯样或切割的试样妥善盛放于盛样器中，必要时用塑料袋封装。

（6）填写样品标签，一式两份，一份粘贴在试样上，另一份作为记录备查。试样标签的示例如图 T 0903 所示。

```
试样编号：_____
路线或工程名称：_____
材料品种：_____
施工日期：_____
取样日期：_____
取样位置：桩号____中心线左____m 右____m
取样人：_____
试样保管人：_____
备注：_____
（注明试样用途或试验结果等）
```

图 T 0903　试样标签示例

（7）用棉纱等材料吸走取样时留下的水分，待干燥后，用同类型材料对钻孔或被切割的路面坑洞进行填补压实。

**条文说明**

试验样品制作方法的一致性对试验结果影响较大。对于路基路面现场测试，从路面上钻取芯样实际上是制作试验样品的重要方法，钻取的芯样可以用于厚度、密度、强度等诸多测试。相比于大多数无损间接的测试方法，钻芯取样开展的测试工作更为直观，更容易让人接受和信服，所以很多仲裁试验仅采信通过钻芯取样得到的试验结果。本规程将路面钻芯取样列为标准试验方法，一方面是考虑钻芯取样本身涉及一些容易忽视的技术环节，另一方面则是为了统一和规范路基路面现场测试的样品制作程序,提升测试结果的可靠性。

　　钻芯取样所用的钻头一般有两类,一类适用于水泥混凝土路面与无机结合料稳定基层,另一类适用于沥青面层,也可通用,配有淋水冷却装置。芯样的直径取决于钻头,通常有 $\phi 50\text{mm}$、$\phi 100\text{mm}$、$\phi 150\text{mm}$。按照试件直径大于集料最大粒径的 3 倍的要求,对沥青混合料及水泥混凝土路面通常采用 $\phi 100\text{mm}$ 的钻头;水泥、石灰等无机结合料稳定基层,细粒土可使用 $\phi 100\text{mm}$,粗粒土可使用 $\phi 150\text{mm}$。

# 4 几何尺寸

几何尺寸是路基路面工程实体检测的基本技术参数,在工程建设和养护运营环节均有所涉及。本次修订按照现行标准规范的要求,对涉及路基路面几何尺寸的各项指标进行了补充完善。本章共规定了路基路面宽度、纵断面高程、横坡、中线偏位、结构层厚度、平面线形等 10 余项技术指标。除第 2 章已经有术语定义的外,本章涉及边坡坡度、水泥混凝土路面相邻板高差和纵、横缝顺直度等 7 项指标,其基本概念如下:

(1)纵断面高程:道路路线设计轴线的高程,以 m 计。

(2)边坡坡度:边坡的高度与宽度之比,以 $1:m$ 计。

(3)水泥混凝土路面相邻板高差:相邻水泥混凝土路面面层板接缝处的高度差,以 mm 计。

(4)水泥混凝土路面纵、横缝顺直度:水泥混凝土路面面层板纵、横接缝偏离其设计参考线的最大距离,以 mm 计。

(5)纵坡:道路纵断面上同一坡段两点间的高差与其水平距离之间之比,以百分率表示。

(6)曲率半径:道路平曲线上单位弧长所对应的角度,其倒数为曲率半径,以 m 计。

(7)结构层厚度:路基路面工程各铺砌层的厚度,以 mm 计。

## T 0911—2019 路基路面几何尺寸测试方法

### 1 适用范围

本方法适用于测试路基路面的宽度、纵断面高程、横坡、中线偏位、边坡坡度,水泥混凝土路面相邻板高差和纵、横缝顺直度,以评价道路线形和几何尺寸。

## 2 仪具与材料技术要求

(1)钢卷尺、钢直尺:分度值不大于1mm。

(2)塞尺:分度值不大于0.5mm。

(3)经纬仪、水准仪或全站仪。

经纬仪:精度$DJ_2$。

水准仪:精度$DS_3$。

全站仪:测角精度2″,测距精度$[2mm + 2 \times 10^{-6}s(s$为测距$)]$。

(4)水平尺:金属材料制成,基准面应平直,长度不小于600mm且不大于2 000mm。

(5)坡度测量仪:分度值1°。

(6)尼龙线:直径不大于0.5mm。

考虑山岭复杂地形边坡坡度测量的实际困难,经测量精确度论证,认为全站仪在测量边坡坡度的精确度满足需求,本次修订增加了全站仪的应用。

水准仪以仪器的水平视准线作为基准线,进行高差测量。水准仪按照1km往返水准测量标准偏差分级,《规程》规定水准仪的准确度等级满足DS3级即可,其1km往返水准测量标准偏差为**1.5~4.0mm**。该等级水准仪满足数字水准仪30m视距测量误差小于或等于**120mm**,测距标准差小于或等于**25mm**;在视距为**50m**时,测站单次高差标准差小于或等于**0.15mm**。

全站仪的检定/校准,依据国家计量检定规程《全站型电子速测仪检定规程》(JJG 100—2003)对测角部分计量,《规程》规定测角部分的准确度要求为**2.0″**,即标准差范围为大于**1.0″**,小于或等于**2.0″**。依据《光电测距仪检定规程》(JJG 703—2003)对测距部分计量,《规程》规定测距部

分 $[2\text{mm} + 2 \times 10^{-6}s(s$ 为测距 $)]$，规定标准差固定部分的误差为 2mm，标准差比例系数为 $2 \times 10^{-6}$。

## 3 方法与步骤

### 3.1 准备工作

（1）确认路基或路面上已恢复的桩号。

（2）按本规程 T 0902 规定的方法，在一个测试路段内选取测试的断面（接缝）位置并做上标记。宜将路基路面宽度、横坡、高程、中线偏位选取在同一断面位置，且宜在整米桩号上测试。

（3）根据道路设计的要求，确定路基路面横断面各部分的边界位置并做好标记。

（4）根据道路设计的要求，确定设计高程的纵断面位置并做好标记。

（5）根据道路设计的要求，在与中线垂直的横断面上确定成型后路面的实际中线位置并做好标记。

（6）当采用全站仪测量边坡坡度时，根据道路设计的要求，确定路基边坡的坡顶、坡脚位置并做好标记。

### 3.2 路基路面各部分的宽度及总宽度测试步骤

用钢卷尺沿中心线垂直方向水平量取路基路面各部分的宽度 $B_1$，以 m 计，准确至 0.001m。测量时钢卷尺应保持水平，不得将尺紧贴路面量取，也不得使用皮尺。

### 3.3 纵断面高程测试步骤

（1）将水准仪架设在路面平顺处调平，将水准尺竖立在设计高程的纵断面位置上，以路线附近的水准点高程作为基准。测量高程并记录读数 $H_1$，以 m 计，准确至 0.001m。

（2）连续测试全部测点，并与水准点闭合，闭合差应达到三等水准测量要求。

纵断面高程的测量增加了满足三等水准测量闭合差的要求,增强了测量的可靠性和科学性。三等水准测量,平原的闭合差为 $\pm 12\sqrt{L}$,山区的为 $\pm 15\sqrt{L}$,其中 $L$ 为附合路线(环线)长度,单位为 km。

**3.4 路基路面横坡测试步骤**

(1)设有中央分隔带的路面:将水准仪(全站仪)架设在路基路面平顺处调平,将水准尺分别竖立在路面与中央分隔带分界的路缘带边缘 $d_1$ 处(或路基顶面相应位置)及路面与路肩交界位置或外侧路缘石边缘(或路基顶面相应位置)$d_2$ 处,$d_1$ 与 $d_2$ 两测点应在同一横断面上,测量 $d_1$ 与 $d_2$ 处的高程并记录读数,以 m 计,准确至 0.001m。

(2)无中央分隔带的路面:将水准仪(全站仪)架设在路基路面平顺处调平,将水准尺分别竖立在道路中心 $d_1$ 处(或路基顶面相应位置)及路面与路肩交界位置或外侧路缘石边缘(或路基顶面相应位置)$d_2$ 处,$d_1$ 与 $d_2$ 两测点应在同一横断面上,测量 $d_1$ 与 $d_2$ 处的高程,记录高程读数,以 m 计,准确至 0.001m。

(3)用钢卷尺测量两测点的水平距离,以 m 计,准确至 0.005m。

**根据现有仪器设备的分度值,分别统一路基路面各部分的宽度及总宽度、纵断面高程、路面横坡的准确度。**

**3.5 中线偏位测试步骤**

(1)有中线坐标的道路:根据待测点 $P$ 的施工桩号,在道路上标记 $P$ 点,从设计资料中查出该点的设计坐标,用经纬仪(全站仪)对该设计坐标进行放样,并在放样点 $P'$ 做好标记,量取 $PP'$ 的长度,即为中线偏位 $\Delta_{CL}$,以 mm 计,准确至 1mm。

(2)无中线坐标的道路:根据待测点 $P$ 的施工桩号,在道路上标记 $P$ 点,由设计资料计算出该点的坐标,用经纬仪(全站仪)对该设计坐标进行放样,并在放样点 $P'$ 做好标记,量取 $PP'$ 的长度,即为中线偏位 $\Delta_{CL}$,以

mm 计,准确至 1mm。

**3.6 路基边坡坡度测试步骤**

(1)全站仪法

将全站仪架设在路基路面平顺处调平,在同一横断面上选择坡顶 $a$、坡脚 $b$ 两测点,分别测量其相对高程并记录读数 $H_a$、$H_b$,同时测量并记录两点间的水平距离 $L$,测量结果以 m 计,准确至 0.001m。

(2)坡度测量仪法

将坡度测量仪的测试面垂直于路中线放在待测边坡上,旋转刻度盘,将水平气泡调到水平位置,读取并记录刻度盘上的刻度值即为路基边坡坡度,保留两位小数。

**3.7 相邻板高差测试步骤**

将水平尺垂直跨越接缝并水平放置于高出的一侧,用塞尺量测接缝处水平尺下基准面与位置较低板块的高差,以高差最大值为该接缝处的相邻板高差 $H$,以 mm 计,准确至 0.5mm。

**3.8 纵、横缝顺直度测试步骤**

(1)在待测试路段的直线段上,将尼龙线对齐 20m 长的纵缝两端并拉直,用钢直尺量测纵缝与尼龙线的最大间距,以 mm 计,准确至 1mm,即为该处纵缝顺直度。

(2)将尼龙线沿板宽对齐面板横缝两端并拉直,用钢直尺量测横缝与尼龙线的最大间距,以 mm 计,准确至 1mm,即为该板的横缝顺直度。

# 4 数据处理

**4.1** 按式(T 0911-1)计算各个断面的实测宽度 $B_{1i}$ 与设计宽度 $B_{0i}$ 之差。总宽度为路基路面各部分宽度之和。

$$\Delta B_i = B_{1i} - B_{0i} \qquad (T\ 0911\text{-}1)$$

式中:$B_{1i}$——第 $i$ 个断面的实测宽度(m);

$B_{0i}$——第 $i$ 个断面的设计宽度(m);

$\Delta B_i$——第 $i$ 个断面的宽度偏差(m)。

**4.2** 按式(T 0911-2)计算各个断面的实测高程 $H_{1i}$ 与设计高程 $H_{0i}$ 之差。

$$\Delta H_i = H_{1i} - H_{0i} \quad \quad \text{(T 0911-2)}$$

式中：$H_{1i}$——第 $i$ 个断面的纵断面实测高程(m)；

$H_{0i}$——第 $i$ 个断面的纵断面设计高程(m)；

$\Delta H_i$——第 $i$ 个断面的纵断面高程偏差(m)。

**4.3** 按式(T 0911-3)、式(T 0911-4)计算实测横坡 $i_{1i}$ 与设计横坡 $i_{0i}$ 之差,结果准确至 0.01%。

$$i_{1i} = \frac{d_{1i} - d_{2i}}{B_{1i}} \times 100 \quad \quad \text{(T 0911-3)}$$

$$\Delta i_i = i_{1i} - i_{0i} \quad \quad \text{(T 0911-4)}$$

式中：$i_{1i}$——第 $i$ 个断面的横坡(%)；

$d_{1i}$、$d_{2i}$——第 $i$ 个断面测点 $d_{1i}$ 及 $d_{2i}$ 处的高程读数(m)；

$B_{1i}$——第 $i$ 个断面测点 $d_{1i}$ 与 $d_{2i}$ 之间的水平距离(m)；

$\Delta i_i$——第 $i$ 个断面的横坡偏差(%)；

$i_{0i}$——第 $i$ 个断面的设计横坡(%)。

**4.4** 边坡坡度通常以 $1:m$ 的形式表示。全站仪法采用式(T 0911-5)、式(T 0911-6)计算路基边坡坡度。路基边坡各部分位置示意如图 T 0911 所示。

$$H_i = H_{ai} - H_{bi} \quad \quad \text{(T 0911-5)}$$

$$m_i = \frac{L_i}{H_i} \quad \quad \text{(T 0911-6)}$$

式中：$H_i$——第 $i$ 个断面坡顶、坡脚测点的高差,即垂直距离(m)；

$H_{ai}$、$H_{bi}$——第 $i$ 个断面坡顶、坡脚测点的相对高程读数(m)；

$m_i$——第 $i$ 个断面的坡度值,路面坡度以 $1:m_i$ 表示；

$L_i$——第 $i$ 个断面坡顶、坡脚测点的水平距离(m)。

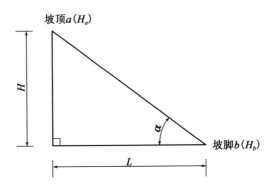

图T0911 路基边坡各部分位置示意图

## 5 报告

本方法应报告下列技术内容：

(1)测试位置信息(测试断面桩号、坐标等)。

(2)实测宽度、设计宽度、宽度偏差。

(3)实测纵断面高程、设计纵断面高程、高程偏差。

(4)实测横坡、设计横坡、横坡偏差。

(5)实测边坡坡度。

(6)中线偏位、相邻板高差以及纵横缝顺直度。

条文说明

根据《公路工程质量检验评定标准 第一册 土建工程》(JTG F80/1—2017)的规定,路基施工过程质量控制及竣(交)工验收时需进行边坡坡度测试,水泥混凝土路面的施工过程质量控制及交工验收时需进行相邻板高差以及纵横缝顺直度测试,故本次修订新增了水泥混凝土路面板相邻板高差、纵横缝顺直度以及边坡坡度的测试方法。

坡度测量仪是近年来应边坡坡度测试需求而出现的测试设备,结构简单,使用方便,但因其有效测试长度较小,测试结果受坡面施工质量影响较大,使用时需注意选择合适的测试位置。

# T 0912—2019 挖坑和钻芯测试路面厚度方法

## 1 适用范围

本方法适用于测试路面结构层厚度。挖坑法适用于基层或砂石路面的厚度测试,钻芯法适用于沥青面层、水泥混凝土路面板和能够取出完整芯样的基层的厚度测试。

## 2 仪具与材料技术要求

(1)挖坑用镐、铲、凿子、锤子、小铲、毛刷。

(2)路面取芯机:手推式或车载式,配有淋水冷却装置。钻头的标准直径为 $\phi100mm$;如芯样仅供测量厚度,不做其他试验时,对沥青面层与水泥混凝土板也可用直径 $\phi50mm$ 的钻头;对基层材料有可能损坏试件时,也可用直径 $\phi150mm$ 的钻头,但钻孔深度均必须达到层厚。

(3)量尺:钢直尺、游标卡尺,分度值不大于 $1mm$。

(4)其他:直尺、搪瓷盘、棉纱等。

## 3 方法与步骤

### 3.1 准备工作

(1)按本规程 T 0902 规定的方法确定挖坑测试或钻芯取样的位置,如为既有道路,应避开坑洞等显著缺陷或接缝位置。

(2)在选择的试验地点,选一块约 $400mm \times 400mm$ 的平坦表面,用毛刷将其清扫干净。

### 3.2 挖坑法厚度测试步骤

(1)根据材料坚硬程度,选镐、铲、凿子等适当的工具,开挖这一层材料,直至层位底面。在便于开挖的前提下,开挖面积应尽量缩小,坑洞大体呈圆形。边开挖边将材料铲出,置于搪瓷盘中。

（2）用毛刷清扫坑底，确认已开挖至下一层的顶面。

（3）将直尺平放横跨于坑的两边，用钢直尺在坑的中部位置垂直伸至坑底，测量坑底至直尺下缘的距离，即为测试层的厚度 $T_1$，以 mm 计，准确至 1mm。

直尺横跨坑的两边，一般将直尺侧立，以减小直尺挠度带来的测量误差。

### 3.3 钻芯法厚度测试步骤

（1）按本规程 T 0903 的规定用路面取芯机钻孔并取出芯样，钻孔深度应超过测试层的底面。

（2）取出完整芯样，找出与下层的分界面。

（3）用钢直尺或游标卡尺沿芯样圆周对称的十字方向量取表面至分界面的高度，共 4 处，计算其平均值，即为该层的厚度 $T_1$，以 mm 计，准确至 1mm。

路面厚度是施工过程中的质量控制及施工验收的必检项目。路面厚度的检测通常规定通过测量钻孔试件厚度或挖坑法为标准试验方法，属于破坏性检验。在沥青路面施工过程中，删掉了施工过程中挖坑检测厚度的方法，要求尽量采用无破损方法进行检验，以减少对路面造成损坏或留下后患。要求沥青路面待路面完全冷却后，在钻孔检测压实度的同时测量沥青层的厚度，并规定了厚度的检测方法。用插尺(一种专用的松铺厚度插入式测杆)或其他工具量松铺厚度、利用拌和数据进行总量检验，以及利用地质雷达检测都属于无破损检测方法，应该是质量控制的重点。从数据点的代表性及对路面的破损来说，钻孔取样是最不应该采取的方法，但是它的数据比较直观准确，所以目前该测试方法还在使用中。

### 3.4 清理干净坑中的残留物，用棉纱等吸干钻孔时留下的积水，待干燥后采用同类型材料填补压实。

## 4 数据处理

**4.1** 按式(T 0912)计算实测厚度 $T_{1i}$ 与设计厚度 $T_{0i}$ 之差。

$$\Delta T_i = T_{1i} - T_{0i} \quad (T\ 0912)$$

式中：$T_{1i}$——路面第 $i$ 层的实测厚度(mm)；

$T_{0i}$——路面第 $i$ 层的设计厚度(mm)；

$\Delta T_i$——路面第 $i$ 层厚度的偏差(mm)。

**4.2** 按本规程附录 B 的方法，计算一个测试路段厚度的平均值、标准差，并计算厚度代表值。

## 5 报告

本方法应报告下列技术内容：

(1)现场测试位置信息(桩号、路面结构层类型等)。

(2)各测试位置的路面厚度实测值和设计值、路面厚度偏差。

(3)测试路段厚度的平均值、标准差、代表值。

条文说明

原规程中挖孔或钻孔的填补方法不属于试验方法，本次修订时取消了填补步骤，仅作原则性规定。

# T 0913—2019 短脉冲雷达测试路面厚度方法

## 1 适用范围

**1.1** 本方法适用于采用短脉冲雷达测试沥青路面面层厚度。

短脉冲雷达是目前公路行业用于路面厚度无损检测应用最广的雷达，它具有测值精度高、工作稳定等特点。为了满足测试准确度和垂直分辨率的要求，用于检测路面厚度的雷达天线频率一般不小于 **1.0GHz**。

**1.2** 本方法不适用于潮湿路面或用富含铁矿渣集料等介电常数较高的材料铺筑的路面。

新建或者运营道路的沥青路面采用雷达测厚基本没有问题，但是改建路面工程中的检测需要注意一些问题。如果重新铺筑沥青路面，由于面层与基层材料的差异较大，层面分界会非常清晰，适合用雷达测试路面厚度；如果在原有沥青面层上加铺就需要进行现场试验，观察新旧沥青面层材料介电常数的差异性，如果差异性过小，层面将难以分清，就不适合用此方法测试加铺路面厚度。

短脉冲雷达波受环境条件的影响较大，根据以往的现场试验经验，在晴天和雨天检测同一路段的数据，误差可达到20％以上。因此，如果是雨后工作，建议等待1天时间，待路面含水量稳定后再测。对于基层中有高铁含量的矿渣时，由于雷达信号受到较为强烈的干扰，不建议采用本方法检测。

本修订删除原规程"1.2 本方法的数据采集、传输、记录和数据处理分别由专用软件自动控制进行"，该部分内容不属于适用范围。删除"1.3 本方法适用于新、改建路面工程质量验收和旧路加铺路面设计的厚度调查"，该部分内容与1.1 的内容有重复。删除原规程中"1.4 雷达发射的电磁波在路面层传播过程中会逐渐削弱、消散、层面反射。雷达最大探测深度是由雷达系统的参数以及路面材料的电磁属性决定的。对于材料过度潮湿或饱和以及有高含铁量的矿渣集料的路面不适合用本方法测试"，该部分内容是有关原理的介绍，不属于适用范围。

## 2 仪具与材料技术要求

短脉冲雷达测试系统由承载车、发射天线、接收天线和控制单元等组成，其主要技术要求如下：

（1）距离标定误差不大于0.1％。

(2)最小分辨层厚不大于40mm。

(3)系统测量精度要求见表T 0913-1。

表 T 0913-1　系统测量精度要求

| 测量深度(mm) | 测量误差允许范围 |
| --- | --- |
| $H<100$ | ±3mm |
| $H\geqslant 100$ | ±3%$H$ |

(4)天线:采用空气耦合方式,带宽能适应所选择的发射脉冲频率。

删除原规程图T 0913,该图是原理图,所有的短脉冲雷达能够测试均需有天线、收发器、控制器、显示四部分结构,不需要通过原理图对短脉冲雷达提要求。修改系统测量精度的要求,与《公路断面探伤及结构层厚度探地雷达》[JJG(交通)124—2015]保持一致。删除收发器的相关要求,因为原规程中要求的指标难以得到验证。

## 3　方法与步骤

### 3.1　准备工作

(1)测试前应收集设计图纸、施工配合比等资料,以合理确定标定路段。

(2)按要求进行距离标定。

删除关于距离标定情形的说明,使用单位根据需要进行距离标定即可。

(3)将天线安装牢固,用连接线连接主机,并按要求开机预热。

电子产品一般都需要进行通电稳定,雷达设备也不例外。用户在正式开始检测之前,应对整套系统进行充分预热,防止因预热不充分产生零漂移现象。

（4）将金属板放置在天线正下方，启动控制软件，完成测试系统标定。

金属板标定的目的是为了得到辐射电磁波的金属板界面的全反射信号，提高雷达后续使用的准确度。

（5）根据不同的测试目的，设置控制软件的采样间隔、时间窗、增益等参数。

### 3.2 测试步骤

（1）开启安全警示灯，将天线正下方对准起点，启动软件测试程序，缓慢加速承载车到正常测试速度。

（2）测试过程中，操作人员应标记测试路段内的桥梁、隧道等构造物的起终点。

雷达信号受环境干扰时会产生假信号，如果没有现场的详细记录，将难以正确分辨真假信号。因此，现场检测人员要详细记录桥梁、涵洞、隧道等结构物，为后续分析提供参考。

（3）测试过程中，承载车每隔一定距离应完全停下，在采集软件上做标记，雷达图像应界面清晰、容易辨识且没有突变，同时在地面上找出雷达天线中心所对应的位置，做好标记；按本规程 T 0912 的方法在标记处钻取芯样并量测芯样高度；将现场钻取的芯样高度与雷达采集软件的结果进行对比，得出芯样的波速；将该标定路段的芯样波速平均值输入测试程序；每个波速标定路段钻芯取样位置应均匀分布，取样间距不宜超过5km，芯样数量应足以保证波速标定结果的代表性和准确性。

芯样标定对于数据解析起着重要作用。检测过程中雷达波仅仅记录了层面之间的走时，而不是厚度。必须利用芯样的雷达波数据计算出雷达波在同样材料中的行走速度，从而反算出层间厚度。由于材料的产地不同、配合比不同、压实度不同等都会影响到雷达波在沥青面层中的行走速度,因此建议现场检测时,每一个标段都至少做一次芯样标定,同时取样间距不宜超过 5km。本次修订重新梳理芯样标定的方法,使其更具有可操作性。

(4)当承载车到达测试终点后,停止采集程序。

(5)操作人员检查数据文件,文件应完整,内容应正常,否则应重新测试。

(6)关闭测试系统电源,结束测试。

## 4 数据处理

**4.1** 由雷达波识别软件自动识别各层分界线,得到雷达波在各层中的双程走时 $\Delta t$。根据该双程走时以及电磁波在路面材料中的传播速度,按式(T 0913-1)计算面层厚度。

$$T = v \times \frac{\Delta t}{2} \qquad (\text{T 0913-1})$$

式中:$T$——面层厚度(mm);

$v$——电磁波在路面材料中的传播速度(mm/ns);

$\Delta t$——雷达波在路面面层中的双程走时时间(ns)。

现场检测数据为雷达波在各层中的双程走时,在计算层厚时需要注意使用的计算时间为检测得到时间的一半。

**4.2** 按照本规程附录 B 的规定,计算一个测试路段的厚度平均值、标准差,并计算厚度代表值。

为保证测试方法的完整性,增加关于测试路段厚度的处理方法,《规程》给出厚度代表值的计算方法。

## 5 报告

本方法应报告下列技术内容:

(1)测试路段信息(起止桩号、路面结构层材料类型等)。
(2)电磁波在路面材料中的传播速度、面层厚度。
(3)测试路段的厚度平均值、标准差、代表值。

条文说明

采用本方法测试路面厚度时,短脉冲雷达天线频率是影响测试效果的重要因素,建议根据被测路面的标称厚度选择适当频率的天线。一般情况下,当被测路面标称厚度小于10cm时,通常选用频率不小于2GHz的雷达天线;标称厚度为10~25cm时,通常选用频率不小于1.5GHz的雷达天线;标称厚度大于25cm时,通常选用频率不小于1GHz的雷达天线。

本次修订调整了测试系统的技术要求及测量误差精度要求,与设备的计量检定规程《公路断面探伤及结构层厚度探地雷达》[JJG(交通)124—2015]保持一致。

本次修订删除了测试系统的工作温度要求。主要考虑我国南北气温差异较大,工作温度要求不仅不利于设备适应能力水平的提高,还不易满足南北测试工作的需求,况且从目前雷达测试系统在我国的应用情况看,各种品牌的测试系统均表现出一定的温度适应性,能够满足测试需求,因此对工作温度的要求无实际意义。

为了准确计算出路面厚度,需要尽量准确地得到路面材料的介电常数或雷达波在材料中的传播速度。已知被测材料介电常数,一般按式(T 0913-2)计算电磁波在其中的传播速度。

$$v = \frac{c}{\sqrt{\varepsilon_r}} \quad (\text{T 0913-2})$$

式中:$v$——电磁波在介质中的传播速度(mm/ns);

$c$——电磁波在空气中的传播速度,取300mm/ns;

$\varepsilon_r$——介质的相对介电常数。

然而,介电常数(或波速)随着路面结构设计厚度、集料类型、沥青产地、混合料类型、施工水平、密度以及湿度等的变化而不同,因此,测试时一般应通过现场钻芯取样的方式标定波速,且应根据上述因素的差异,确定合理的波速标定段落长度和钻芯取样数量,确保波速标定结果的代表性及准确性。波速标定段落长度一般不宜大于20km,同一标定段落内,根据有关单位积累的检测经验,一般情况下芯样个数在3个以上时基本能保证波速标定结果的代表性和准确性。部分常见材料的相对介电常数范围见表T 0913-2,可作为波速标定时的参考。

表 T 0913-2  部分常见材料的相对介电常数参考范围

| 介质类型 | 相对介电常数范围 | 介质类型 | 相对介电常数范围 |
| --- | --- | --- | --- |
| 空气 | 1 | 沥青混凝土 | 3~10 |
| 水 | 81 | 干砂 | 3~6 |
| 普通水泥混凝土 | 4~15 | 石灰岩 | 7~9 |

短脉冲雷达测试路面厚度时,关于钻取芯样进行波速标定的工作,一直是困扰广大试验检测人员的事情,一方面是把握不住标定芯样数量,多了增加工作量,且对路面增加不必要的破坏;另一方面,试验方法中存在不规范、操作层面实现困难的现象。条文说明中增加了芯样标定的常规做法。

在实际检测工作中,短脉冲雷达通过波速来计算厚度,介电常数是原理层面的,因此将介电常数的说明与计算,作为资料放入条文说明中,并给出常用材料的介电常数。

## T 0914—2019  几何数据测试系统测试几何线形方法

几何数据测试系统是20世纪90年代后期发展起来的专门用于测量道路线形和路面横、纵坡的自动测量系统,系统内一般安装有陀螺仪和加速度计。国外在调查路况信息时常将几何数据测试系统作为一种辅助仪器,该系统测量路面横坡和纵坡的数据精度较高,能够满足检测的需求。

新增了几何数据测试系统测试路面纵坡以及路线曲率半径(平曲线半径、竖曲线半径)的测试方法,并将本方法的名称修改为"几何数据测试系统测试几何线形方法"。

## 1 适用范围

**1.1** 本方法适用于采用几何数据测试系统连续采集路面横坡、纵坡以及路线曲率半径(平曲线半径、竖曲线半径),以评价道路几何线形。

**1.2** 本方法不适用于在有严重坑槽、车辙等病害的路面进行测试。

## 2 仪具与材料技术要求

几何数据测试系统由承载车、激光测距仪、加速度传感器、陀螺仪、距离传感器及控制系统等组成。

**2.1 承载车基本技术要求和参数**

几何数据测试系统承载车的车身高度不宜超过 1.7m。

由于风力对几何数据测试系统的承载车体倾斜度有一定的影响,通过试验发现,迎风面积较大的车受风的影响较大,不适合作为承载车用。试验表明,车身高度较低的车辆作为承载车效果较好,《规程》规定的车身高度 1.7m 是根据试验得到的结果。

**2.2 测试系统技术要求和参数**

(1)距离标定误差不大于 0.1%。

(2)横坡测角允许偏差为 ±0.1°。

(3)纵坡测角允许偏差为 ±0.1°。

(4)曲率半径分辨率(平面或纵向旋转一周测角误差)不大于 1°。

## 3 方法与步骤

### 3.1 准备工作

(1)根据天气预报,确认测试当日的风速不超过4级。

几何数据测试系统都要安装在承载车上,通过试验发现,风对系统测值有直接影响,因此要求尽量选择风力较小的时间检测,同时检测时车速不宜过快。

(2)承载车每行驶5 000km或者更换轮胎后应进行距离标定,距离标定长度为1 000m,误差应不大于0.1%。

距离标定时测得的轮胎气压为工作状态的气压,当工作轮胎气压与距离标定时的气压不一致时,应调整轮胎气压,防止距离测试出现偏差。

(3)打开控制面板电源,检查各项控制功能键、指示灯和技术参数选择状态。

### 3.2 测试步骤

(1)打开测试系统,通电预热时间不少于规定的时间。

(2)每次测试开始前或连续测试长度超过100km后应进行系统偏差标定。

在试验过程中发现几何数据测试系统的误差累积较为明显,为了降低这种影响,建议连续测试长度不超过**100km**,在场地条件允许的情况下,应进行系统偏差标定。

(3)根据测试路段的现场技术要求设置所需的测试状态。

(4)均匀加速至测试速度,测试车速宜为30~80km/h。承载车沿正常行车轨迹驶入测试路段,并沿车道线匀速行驶,不得超车、变线。

(5)测试过程中应及时将测试路段的起终点和其他需要特殊标记的

点的位置输入测试数据记录中。

（6）当承载车驶出测试路段后,停止车辆,设备操作人员停止数据采集和记录,并恢复仪器各部分至初始状态。

（7）检查测试数据,内容应正常,否则应重新测试。

（8）关闭测试系统电源,结束测试。

## 4 数据处理

### 4.1 路面横坡的计算

路面横坡的测量及计算原理如图 T 0914-1 所示。

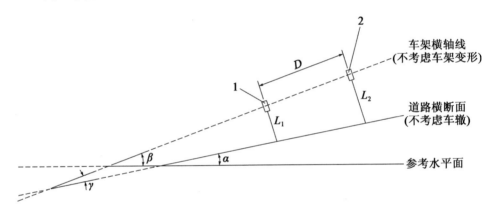

图 T 0914-1 陀螺仪和测距机横坡测量原理图

1、2-测距机;$\alpha$-道路横断面与水平面夹角,即横坡;$\beta$-车架横轴线与水平面夹角;$\gamma$-车架横轴线与路面夹角;$L_1$、$L_2$-测距机与路面距离;$D$-测距机间距

横坡或纵坡采用式（T 0914-1）、式（T 0914-2）计算得到：

$$i = \tan\alpha \quad \text{(T 0914-1)}$$

$$\alpha = \beta - \gamma \quad \text{(T 0914-2)}$$

式中：$i$——路面横坡（纵坡）,准确至 0.01%；

$\alpha$——道路横断面与参考水平面的夹角（°）；

$\beta$——车架横轴线与参考水平面夹角（°）,由几何测试系统测出；

$\gamma$——车架横轴线与道路横断面的夹角（°）,由几何测试系统测出。

## 4 几何尺寸

### 4.2 曲率半径的计算

曲率半径的测量及计算原理如图 T 0914-2 所示。

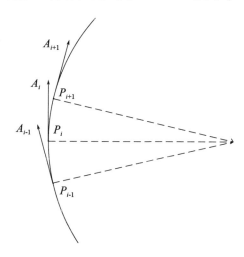

图 T 0914-2 曲率半径测量及计算原理图

曲率半径采用式(T 0914-3)、式(T 0914-4)计算得到:

$$R_i = \frac{1}{C_i} \quad \text{(T 0914-3)}$$

$$C_i = \pi \times \frac{A_i - A_{i-1}}{180d} \quad \text{(T 0914-4)}$$

式中:$R_i$——第 $i$ 个测点的曲率半径(m),准确至 1m;

$C_i$——第 $i$ 个测点的曲率;

π——圆周率;

$A_i$、$A_{i-1}$——测点 $P_i$、$P_{i-1}$ 对应航向角(°),由几何测试系统测出;

$d$——采样间距(m)。

曲率半径的测试原理为:利用陀螺仪测量航向,通过相邻采样点的航向角差得到两个采样点的圆心角。当采用间距足够小时,弧长近似等于采用间距。采用弧长等于圆心角乘以半径的公式,计算得到曲率半径。

## 5 报告

本方法应报告下列技术内容：
(1)测试路段信息(起止桩号等)。
(2)横坡、纵坡、曲率半径。

**条文说明**

随着公路工程交工验收及运营后评价过程中对路面纵坡和曲率半径(平曲线半径、竖曲线半径)指标的日益关注,本次修订将其测试方法纳入本规程,并更改方法名称为"几何数据测试系统测试几何线形方法",在实际应用过程中如对测试结果存在异议,需用平面(水准)测量结果进行校核。

本方法对测试系统的技术要求与计量检定规程《车载式道路几何数据仪》[JJG(交通)110—2012]保持一致。当用于路况调查时,一般需搭载定位系统,以采集测试位置信息。

由于车辆行驶过程中路面状况和外界风力等因素会影响测试结果,因此对车辆高度和测试速度作了限制性规定。

# 5 压 实 度

压实是路基路面工程建设中最重要的环节之一,对路基、路面结构层进行充分压实,对保证路基路面的强度、刚度、稳定性以及平整度有非常积极的作用,也能够有效延长路基路面的使用寿命。因此,压实度就成为路基路面工程表征修筑质量最为常用的技术指标。《公路路基施工技术规范》(JTG/T 3610—2019)规定:路基"施工过程中,每一压实层均应检验压实度",合格后方可填筑其上一层,否则应查明原因,采取措施进行补压。《公路工程质量检验评定标准 第一册 土建工程》(JTG F80/1—2017)对路面的压实度以及检测方法和频率均提出了要求。压实度是指现场工程实体的密度与标准密度的比值,从而表达工程实体的密实性达到期望密实性的程度。

对于不易用压实度评价施工质量的路基,如填石或土石混填路基,工程上常用孔隙率、沉降差来反映其压实质量。如《公路路基设计规范》(JTG D30—2015)对填石路堤压实质量提出了孔隙率的要求。在施工过程中,采用计算孔隙率的方法控制填石路堤压实质量效率仍不高,《公路路基施工技术规范》(JTG/T 3610—2019)则提出试验路段确定沉降差方法,进行填石路堤压实质量控制。《公路工程质量检验评定标准 第一册 土建工程》(JTG F80/1—2017)中对填石路基的压实质量标准,同样是"试验路段确定的沉降差"。因此,本章除对原规程各种压实度测试方法进行修订外,还新增了"土石路堤或填石路堤压实沉降差测试方法"。

## T 0921—2019 挖坑灌砂测试压实度方法

### 1 适用范围

**1.1** 本方法适用于现场测试基层或底基层、砂石路面及路基结构的压实度,以评价结构层的压实质量。

1.2 本方法不适用于填石路堤等有大孔洞或大空隙的结构压实度测试。

本方法系根据《公路工程无机结合料稳定材料试验规程》(JTJ 057—83)及《公路土工试验规程》(JTJ 051—93) T 0111 的同类试验方法编写。这些方法基本相同,仅是根据集料的最大粒径及测定层的厚度采用不同大小尺寸的灌砂筒,故合并为一个试验方法。为了与现行《公路工程质量检评标准 第一册 土建工程》(JTG F80/1)和《公路沥青路面施工技术规范》(JTG F40)一致,适用范围去掉了贯入式和表面处治部分内容。

## 2 仪具与材料技术要求

(1)灌砂设备:灌砂设备包括灌砂筒、标定罐和基板。

①灌砂筒:金属材质,形式和主要尺寸如图 T 0921 所示,并符合表 T 0921-1 的规定。灌砂筒上部为储砂筒,下部为圆锥体漏斗,筒底与漏斗顶端铁板之间设有开关。灌砂筒的选择:测试前,应根据填料粒径及测试层厚度选择不同尺寸的灌砂筒,并符合表 T 0921-2 的规定。

②标定罐:金属材质,上端有罐缘,形式和主要尺寸如图 T 0921 所示,并符合表 T 0921-1 的规定。

③基板:金属材质的方盘,盘中心有一圆孔,主要尺寸符合表 T 0921-1 的规定。

表 T 0921-1 灌砂设备的主要尺寸要求

| 灌砂设备类型 | | | 小型灌砂设备 | 中型灌砂设备 | 大型灌砂设备 |
|---|---|---|---|---|---|
| 灌砂筒 | 储砂筒 | 直径(mm) | 100 | 150 | 200 |
| | | 容积($cm^3$) | 2 121 | 4 771 | 8 482 |
| | 流砂孔 | 直径(mm) | 10 | 15 | 20 |

## 5 压实度

**表 T 0921-1**(续)

| 灌砂设备类型 | | | 小型灌砂设备 | 中型灌砂设备 | 大型灌砂设备 |
|---|---|---|---|---|---|
| 标定罐 | 金属标定罐 | 内径(mm) | 100 | 150 | 200 |
| | | 外径(mm) | 150 | 200 | 250 |
| 基板 | 金属方盘基板 | 边长(mm) | 350 | 400 | 450 |
| | | 深(mm) | 40 | 50 | 60 |
| | 中孔 | 直径(mm) | 100 | 150 | 200 |
| | 板厚 | 厚(mm) | ≥1.0(铁)<br>≥1.2<br>(铝合金) | ≥1.0(铁)<br>≥1.2<br>(铝合金) | ≥1.0(铁)<br>≥1.2<br>(铝合金) |

注:储砂筒的容积可按照检测层厚度不同而适当调整,其他指标不变,以保证灌砂过程连续。

**表 T 0921-2 灌砂筒类型**(单位:mm)

| 灌砂筒类型 | 填料最大粒径 | 适宜的测试层厚度 |
|---|---|---|
| φ100 | <13.2 | ≤150 |
| φ150 | <31.5 | ≤200 |
| φ200 | <63 | ≤300 |
| φ250 及以上 | ≤100 | ≤400 |

注:路基填料最大粒径超过100mm的,应采用其他方法测试压实度;当挖坑过程中存在超过规范规定粒径的10%的填料时,应另在附近选点重做。试验过程中若发现储砂筒内砂不足以填满试坑时,说明灌砂筒尺寸过小,应选择较大尺寸的灌砂筒重新试验,而不应在试验过程中添加量砂。

由于原规程中对仪具和材质的要求,与目前实际测试工作开展所用仪器存在脱节现象,本次修订根据实际情况,增加了大型灌砂设备的要求,修订了板厚的规定,统一灌砂设备的材质。

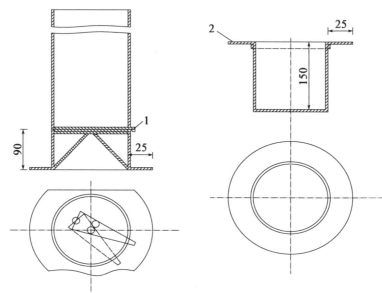

图 T 0921　灌砂筒和标定罐(尺寸单位:mm)
1-开关;2-罐缘

本次修订最大的变化是不再限制储砂筒的高度,因为施工工艺机械日新月异,很多压实层厚增加,所以检测的压实层厚不同,需要的灌砂量不一样,容积可按照检测层厚度不同而适当调整。在不同的规格灌砂仪之间,储砂筒的高度是可以变化的,也就是说容积可以变化,目的是适应不同层厚的检测需求,这种含义无法在测试步骤表述,通过表 T 0921-1 "注"表达此含义。

表 T 0921-2 关于不同规格灌砂筒适宜的层厚是按照工程上常用的压实层厚来设置成几档,把每种规格的灌砂筒放在这几档中,并不是说某种规格的灌砂筒,就必须要测到适宜层厚的最大值,表 T 0921-2 的目的不是约束,而是给检测人员提供选用灌砂筒大致的判断;若考虑灌砂高度还要离筒顶 15mm±5mm 的情况,容积将难以表达,如果该表格是按照最不利状态编制而成的,会造成浪费,也会造成储砂筒的高度是一个很碎的小数,反而不好理解。比如 $\phi200$ 的大灌砂筒适宜层厚不大于 300mm,实际上装满砂,可能也不够 300mm 层厚试坑的体积,那么为了满足试验要求，可以采用加大灌砂筒高度以增大容积的做法，也可以用 $\phi 250$ 的灌砂筒。

（2）玻璃板：边长约为 500～600mm 的方形板。

（3）试样盘和铝盒：小筒挖出的试样可用铝盒存放，大筒挖出的试样可用 300mm×500mm×40mm 的搪瓷试样盘存放。

（4）电子秤：分度值不大于 1g。

（5）电子天平：用于含水率测试时，对细粒土、中粒土、粗粒土的分度值宜分别为 0.01g、0.1g、1.0g。

（6）含水率测试设备：铝盒、烘箱、微波炉等。

（7）量砂：粒径 0.3～0.6mm 清洁干燥的砂，约为 20～40kg。使用前应洗净、烘干、筛分至符合要求并放置 24h 以上，使其与空气的湿度达到平衡。

（8）盛砂的容器：塑料桶等。

（9）温度计：分度值不大于 1℃。

（10）其他：凿子、改锥、铁锤、长把勺、长把小簸箕、毛刷等。

## 3 方法与步骤

### 3.1 准备工作

（1）按照有关标准和规程对结构层填料进行击实试验，得到最大干密度 $\rho_c$。

（2）按本方法第 2 部分规定选用灌砂设备。

（3）标定灌砂设备下部圆锥体内砂的质量：

①在储砂筒筒口高度上，向储砂筒内装砂至距筒顶 15mm±5mm。称取装入筒内砂的质量 $m_1$，准确至 1g。以后每次标定及试验都应维持装砂高度与质量不变。

②将开关打开，让砂自由流出，并使流出砂的体积与标定罐的容积相当（或等于工地所挖试坑的体积），然后关上开关。

③不晃动储砂筒,轻轻地将罐砂筒移至玻璃板上,将开关打开,让砂流出,直到筒内砂不再下流时,将开关关闭,取走灌砂筒。

④称量留在玻璃板上的砂或称量储砂筒内砂的质量,准确至1g。玻璃板上的砂质量就是圆锥体内砂的质量 $m_2$。

⑤重复上述测量3次,取其平均值。

(4)标定量砂的松方密度 $\rho_s$:

①用15~25℃的水确定标定罐的容积 $V$,准确至1mL。

**水在不同温度时,体积也不相同,本次修订增加对容积标定用水温度的规定。**

②在储砂筒中装入质量为 $m_1$ 的砂,并将灌砂筒放在标定罐上,将开关打开,让砂流出。在整个流砂过程中,不要碰灌砂筒,直到储砂筒内的砂不再下流时,将开关关闭。取下灌砂筒,称取筒内剩余砂的质量 $m_3$,准确至1g。

③按式(T 0921-1)计算填满标定罐所需砂的质量。

$$m_a = m_1 - m_2 - m_3 \quad (T\ 0921\text{-}1)$$

式中:$m_a$——标定罐中砂的质量(g);
$m_1$——装入储砂筒内砂的质量(g);
$m_2$——灌砂筒下部圆锥体内砂的质量(g);
$m_3$——灌砂入标定罐后,筒内剩余砂的质量(g)。

④重复上述测量3次,取其平均值。

⑤按式(T 0921-2)计算量砂的松方密度。

$$\rho_s = \frac{m_a}{V} \quad (T\ 0921\text{-}2)$$

式中:$\rho_s$——量砂的松方密度(g/cm$^3$);
$V$——标定罐的体积(cm$^3$)。

### 3.2 测试步骤

（1）在试验地点，选一块平坦表面，将其清扫干净，面积不得小于基板面积。

（2）将基板放在平坦表面上。当表面的粗糙度较大时，将盛有量砂（$m_1$）的灌砂筒放在基板中孔上，做好基板位置标识。将灌砂筒的开关打开，让砂流入基板中孔内，直到储砂筒内的砂不再下流时关闭开关。取下灌砂筒，并称量储砂筒内砂的质量 $m_5$，准确至 1g。

（3）取走基板，收回留在试验地点未混入杂质的量砂，重新将表面清扫干净。

（4）将基板放回原处并固定，沿基板中孔凿洞（洞的直径与灌砂筒直径一致）。在凿洞过程中，不应使凿出的材料丢失，并随时将凿松的材料取出装入塑料袋中或大铝盒内密封，防止水分蒸发。试洞的深度应等于测试层厚度，但不得有下层材料混入。称取洞内材料质量 $m_w$，准确至 1g。当需要测试厚度时，应先测量厚度后再称量材料总质量。

（5）从挖出的全部材料中取有代表性的试样，放在铝盒或洁净的搪瓷盘中，按照《公路土工试验规程》（JTG E40—2007）的有关规定测试其含水率 $w$。单组取样数量如下：用小灌砂筒测试时，对于细粒土，不少于 100g；对于各种中粒土，不少于 500g。用中灌砂筒测试时，对于细粒土，不少于 200g；对于各种中粒土，不少于 1 000g；对于粗粒土或水泥、石灰、粉煤灰等无机结合料稳定材料，宜将取出的材料全部烘干，且不少于 2 000g，称取其质量 $m_d$。用大型灌砂筒测试时，宜将取出的材料全部烘干，称取其质量 $m_d$。

（6）储砂筒内放满砂到要求质量 $m_1$，将基板安放在试坑原位上。灌砂筒安放在基板中间，下口对准基板中孔，打开灌砂筒开关，让砂流入试坑内。在此期间，不应碰灌砂筒，直到储砂筒内的砂不再下流时，关闭开关。取走灌砂筒，并称量筒内剩余砂的质量 $m_4$，准确至 1g。

（7）如清扫干净的平坦表面粗糙度不大，也可省去步骤（2）和（3）的操作。在试洞挖好后,将灌砂筒直接对准试坑,中间不需要放基板。打开灌砂筒开关,让砂流入试坑内。在此期间,不应碰灌砂筒,直到储砂筒内的砂不再下流时,关闭开关。取走灌砂筒,并称量剩余砂的质量 $m'_4$,准确至 1g。

(8)取出储砂筒内的量砂,以备下次试验时再用。

(9)取走基板,将留在试坑内未混入杂质的量砂收回。将坑内剩余量砂清理干净后,回填与被测结构同材质的填料,并用铁锤分3~4层夯实。

本试验是破坏性试验,且试验频次较多,如试验后不回填,大量的试坑会对道路的质量产生影响,本次修订增加试坑回填的操作步骤,提醒试验检测人员试验后及时回填。

(10)回收的量砂烘干、过筛,并放置24h以上,使其与空气的湿度达到平衡后可以继续使用。若量砂中混有杂质,则应废弃。

## 4 数据处理

**4.1** 按式(T 0921-3)或式(T 0921-4)计算填满试坑所用砂的质量。

灌砂时,试坑上放有基板:

$$m_b = m_1 - m_4 - (m_1 - m_5) \quad (\text{T 0921-3})$$

灌砂时,试坑上不放基板:

$$m_b = m_1 - m'_4 - m_2 \quad (\text{T 0921-4})$$

式中: $m_b$——填满试坑所用砂的质量(g);

$m_1$——灌砂前灌砂筒内砂的质量(g);

$m_2$——灌砂筒下部圆锥体内砂的质量(g);

$m_4$、$m'_4$——灌砂后,储砂筒内剩余砂的质量(g);

$(m_1 - m_5)$——灌砂筒下部圆锥体内及基板和粗糙表面间砂的合计质量(g)。

**4.2** 按式(T 0921-5)计算试坑材料的湿密度。

## 5 压 实 度

$$\rho_w = \frac{m_w}{m_b} \times \rho_s \quad \quad (T\,0921\text{-}5)$$

式中:$\rho_w$——试坑材料的湿密度($g/cm^3$);

$m_w$——试坑中取出的全部材料的质量(g);

$\rho_s$——量砂的松方密度($g/cm^3$)。

**4.3** 按式(T 0921-6)计算试坑材料的干密度。

$$\rho_d = \frac{\rho_w}{1+0.01w} \quad \quad (T\,0921\text{-}6)$$

式中:$\rho_d$——试坑材料的干密度($g/cm^3$);

$w$——试坑材料的含水率(%)。

**4.4** 当为水泥、石灰、粉煤灰等无机结合料稳定土时,可按式(T 0921-7)计算干密度。

$$\rho_d = \frac{m_d}{m_b} \times \rho_s \quad \quad (T\,0921\text{-}7)$$

式中:$\rho_d$——当为水泥、石灰、粉煤灰等无机结合料稳定土时的干密度($g/cm^3$);

$m_d$——试坑中取出的稳定土的烘干质量(g)。

由于水泥、石灰、粉煤灰等无机结合料与水会发生反应,采用测量含水率的方式计算,会导致测得含水率与实际情况不同,不具有代表性,因此采用烘干法计算密度而不再采用测量含水率的方式计算密实度。同时,用大型灌砂筒测试时亦采用烘干法,目的是为了避免因参与含水率测试的代表样数量较少,不具普遍代表性,而导致密实度计算不准确。

**4.5** 按式(T 0921-8)计算施工压实度。

$$K = \frac{\rho_d}{\rho_c} \times 100 \quad \quad (T\,0921\text{-}8)$$

式中:$\rho_d$——试样的干密度($g/cm^3$);

$\rho_c$——由击实等试验得到的最大干密度($g/cm^3$)。

## 5 报告

本方法应报告下列技术内容：
(1)测试位置信息(桩号、层位等)。
(2)干密度、最大干密度。
(3)压实度。

干密度的准确度要求不属于《规程》规定的内容，本次修订删除。《规程》规定的是压实度的计算方法，干密度的准确度与土工试验规程、集料试验规程等保持一致即可。

条文说明

本方法的修订参考《土工试验方法标准》(GB/T 50123—1999)、《公路工程无机结合料稳定材料试验规程》(JTG E51—2009)、《公路土工试验规程》(JTG E40—2007)、《铁路工程土工试验规程》(TB 10102—2010)以及美国 AASHTO 标准等试验方法编写，同时引入近期国内成熟的研究成果。修订的内容主要包括灌砂筒类型选择、板厚修订、材质统一，同时增加灌砂高度、标定时温度等。

挖坑灌砂法是施工过程中现场测试最常用的试验方法之一，是标准方法。此方法表面上看颇为简单，但实际操作时试验人员经常掌握不好，引起较大误差，又因为它是测试压实度的依据，所以是质量检测部门与施工单位之间发生矛盾的主要环节，因此应严格遵循试验方法的每个细节。提高试验精度，尽量注意以下环节：

(1)量砂要规则，每换一批次量砂，都需要重新测试圆锥体内砂的质量和松方密度。试坑内回收的量砂未经处理不得重复使用，因此量砂宜事先多准备，切勿到试验时临时找砂。

## 5 压实度

(2)灌砂筒的选择应遵循以填料粒径为主,测试层厚度为辅的原则。《公路路基施工技术规范》(JTG F10—2006)中规定"一般情况下,路基填料最大粒径应为100mm(路床、零填或挖方路基)或150mm(路堤)",本方法规定了填料最大粒径小于或等于100mm时灌砂筒尺寸,当最大粒径在100~150mm时,检测机构一般根据实际情况选用直径超过250mm的灌砂筒或采用灌水法测试压实度,如果挖坑过程中发现超过规范规定粒径的10%的填料时一般另选点重做;对于粒径允许值更大的土石路基或填石路基,一般选用沉降差法控制压实质量。

超粒径现象在实际测试过程中时有发生,遇到这类问题时,测试人员需首先分析属于离析现象还是属于偶发性现象或普遍性现象。对于离析现象需通知施工人员进行处理;对于偶发性现象需根据超粒径尺寸百分率确定是否另外选点,不建议依据《公路土工试验规程》(JTG E40—2007)对超粒径颗粒进行校正(原因:方法复杂、代表性差、无数据支持);对于普遍性现象可采用其他方法测试压实质量,或重做击实试验,对于粒径规律性强的填料,也可通过多组击实试验找到压实度修正系数和填料不同级配间的关系,从而对压实度测试结果进行校正,但需注意仅限于地区或具体建设项目。

(3)量砂的松方密度标定结果直接影响压实度测试结果,因此在标定时尽量使标定罐深度与试坑深度相近。现场试验数据表明,当标定罐深度每增加5cm时,量砂松方密度增加0.15%左右,对现场测试结果无实质影响,所以在大规模施工检测中可以用深度为15cm的标定罐标定的量砂松方密度测试不同厚度的压实层,但层厚不应超过30cm。

(4)含水率测试可以采用快速测试的方法,根据研究结果,微波炉测试细粒土含水率与烘干法测试含水率结果的相关性在99%左右,因此可以研究使用微波炉测试细粒土的含水率。

(5)地表面要处理平整,因为只要表面凸出一点(即使1mm),使整个表面高出一薄层,其体积便算到试坑中去了,再加上基板厚度,将较大程度地影响试验结果,因此本方法一般先放上基板测试一次粗糙表面消耗的量砂。只有在非常平整的情况下方可省去此步骤。

# T 0922—2008 核子密湿度仪测试压实度方法

## 1 适用范围

**1.1** 本方法适用于用核子密湿度仪测试路基、路面材料的密度和含水率,并计算施工压实度,以评价结构层的压实质量。

核子法密度仪检测技术在国际上已广泛应用了近四十年,为世界各地的高速公路的质量控制和保障施工速度起到了重要作用。目前核子法检测技术经过长期的应用和发展,已经成为一个包括反射和透射两种基本检测方法,包括常规、沟槽和薄层三种检测模式,仪器类型分为浅层核子仪、中层核子仪和深层核子仪的完整的技术体系。对于土壤、岩石、沥青混凝土和水泥混凝土等各种材料,国际上尤其是美国经过大量的研究和应用实践,总结出了丰富和实用的应用经验和使用方法。然而,在我国的道路建设领域,由于长期缺乏实际应用和系统的实验研究,大多数工程技术人员基本上不了解核子法检测技术。而对核子法检测技术有所了解的人员当中,对其检测原理、检检测样的位置、检定的作用以及仪器操作是否安全等方面也存在普遍的误解。在这种情况下,核子法检测技术将难以得到有效的应用,不能对提高工程质量和加快施工速度发挥应有的作用。通过《释义手册》介绍,将国际上的应用状况和成熟的使用经验进行概要的介绍,对帮助大家快速掌握正确的应用方法,具有重要的意义。

除了检测密度和水分两个基本的功能以外,核子法的非破坏性允许对同一个检测位置在两次碾压之间进行重复检测,可以准确监测碾压变数、不同的碾压功和施工工艺对材料的密度和压实度造成的变化。核子法可以在短时间内获得大量的检测数据,对检测数据的统计分析可以帮助技术人员快速确定材料的碾压效果与材料的配比、施工方法和环境等因素之间的关系。因此,本检测方法不但适用于施工质量控制,还可以作为工程质量验收的依据。

**1.2** 本方法可采用散射和直接透射两种方式进行。其中,散射方式宜用于测试沥青混合料面层的压实密度或硬化混凝土等难以打孔材料的密度。直接透射方式宜用于测试厚度不大于30cm的土基、基层材料或非硬化水泥混凝土等可以打孔材料的密度及含水率。

本次修订将原规程中干扰因素和方法步骤中有关两种方式适用场合的要求,放入适用范围。

核子仪可以适用于检测所有类型的土木材料。ASTM 国际标准将核子仪对土-土石混合物、沥青混合料和水泥混凝土的检测分别编写在不同的标准中,但这主要是因为不同类型的建筑材料的检测标准在 ASTM 国际组织中属于不同的专业委员会管辖。其实对于核子仪来说,对不同类型的材料的基本检测方法没有根本的区别,所以《规程》认为没有必要将核子法对不同类型材料的检测编写在不同的检测方法中。目前国内使用的核子密度仪主要是进口的,也有国产的仪器,各产品的性能大同小异。

## 2 仪具与材料技术要求

(1)核子密湿度仪(简称核子仪):应符合行业标准《核子密湿度仪》(JT/T 658—2006)的要求,满足国家规定的关于健康保护和安全使用要求。核子仪应每 12 个月进行一次校验。密度的测试范围为 $1.12 \sim 2.73 \text{g/cm}^3$,测试允许误差不超过 $\pm 0.03 \text{g/cm}^3$。含水量测量范围为 $0 \sim 0.64 \text{g/cm}^3$,测试允许误差为 $\pm 0.015 \text{g/cm}^3$。核子仪主要包括下列部件:

①放射源:$\gamma$ 射线源(双层密封的同位素放射源,如铯-137、钴-60 或镭-226 等)或中子源[如镅(241)-铍等]。

②探测器:γ 射线探测器(如 G-M 计数管)或热中子探测器(如氦-3 管)。

③读数显示设备:液晶显示器、脉冲计数器、数率表或直接读数表等。

④标准计数块:密度和含氢量均匀不变的材料块,用于标验仪器运行状况和提供射线计数的参考标准。

⑤钻杆:用于打测试孔以便插入探测杆。

⑥安全防护设备:符合国家规定要求的设备。

⑦刮平板、钻杆、接线等。

(2)细砂:0.15~0.3mm。

(3)其他:毛刷等。

由于核子仪具有使用方便、快捷的优点,现在广泛用于工地现场的施工质量控制及快速评定,但由于受测定层温度及多种环境因素的影响,其测定值的波动性较大,因此规定检测时必须经常标定。检测精度参照有关规范的要求执行。

由于目前使用的核子密度仪型号太多,操作步骤有所不同,具体步骤可按照各自的使用说明书进行。根据仪器的功能、应用的要求以及测量深度的不同,最常用的核子密度测试仪主要有以下两种类型:

(1)浅层核子仪

通常是指测量深度为 **30cm** 的核子密度测试仪,如 **MC-3C** 型和 **MC-4C** 型核子仪,也是在公路、铁路等施工中应用最常见的核子仪。

(2)中层核子仪(双杆核子仪)

中层核子仪测量深度为 **60~90cm**,如 **MC-S-24** 和 **MC-S-36** 型核子仪。中层核子仪的放射源和检测器分别放置于两根不同探杆的端部,沿水平层面逐层检测被压实材料,一般应用于压实层较厚的情况,特别适用于碾压混凝土(RCC)工程项目的压实检测。

以上两种核子仪都用于检测材料的密度和湿度,工作原理基本一样,但使用方法和适宜的检测范围各不相同。

## 3 方法与步骤

### 3.1 准备工作

(1)核子仪经维修或使用过程中不能满足规定的限值时,应重新校验后使用。校验后仪器在所有标定块上每一测试深度上的标定响应应达到±16kg/m³。

(2)每天使用前或对测试结果有疑问时,按下列步骤测试标准值:

①将核子仪置于表面经压实且平整的地点,距其他放射源至少8m以上。

②接通电源,按要求预热。

③将核子仪置于标准块上,按要求评定标准计数。如标准计数超过规定限值时,进行二次标准计数,若仍超出规定限值时,需视作故障进行返修处理。

**1. 核子密度仪的标定**

早期的核子仪是一种间接的密度和湿度检测技术。检测人员得到的检测结果还不是材料的实际密度值和湿度值,而是需要事先把一些射线计数率与其他密度和湿度检测方法的结果进行对比,计算出两者的相关关系,以用于推算射线计数率代表的实际密度和湿度值。这样每获得一个检测结果都要花费很多的时间用于查表和计算,而且用于对比试验的检测结果也并不一定准确可靠。

标定是核子法检测技术发展到现阶段的一种技术。简略地说,标定过程就是将仪器在一系列密度和湿度已知的标准材料块(标定块)(图5-1)上进行检测,在每一块标定块上,在每一个检测深度上确立标准密度值和湿度值与射线计数率之间的对应关系,并在仪器的内存中保存这种关系。在坐标图上,标定关系表现为一条条的标定曲线。仪器的微处理器在收到射线计数率后,通过标定关系和计算程序将之换算成单位为 $g/cm^3$ 的实际密度值和湿度值,并直接显示在屏幕上。标定使核子仪从一种间接的检测方法变成可以直接准确地检测密度和湿度的新技术,从而大大简化和减少了现场技术人员的工作量,并有效地提高了核子仪检测结果的准确度和可靠性,极大地促进了核子法检测技术的应用和发展。

本次修订将核子密度仪的标定放入准备工作,规范仪器校验和使用前标定的要求。

**2. 仪器标定的频率和需要到达的标准**

每台仪器的放射源的活度和探测器的探测效率等都不是完全一样的,所以每台仪器的标定关系只适用于本台仪器。同位素的衰减、主要配件的更换等因素等都有可能影响射线计数与检测结果的关系。所以每一台仪器的标定关系都不是一成不变的,一般每隔一年,最多两年就重新建立标定关系(图5-2)。

图5-1 标定块　　　　　图5-2 核子密度仪标定

仪器的标定可以由仪器生产厂家提供,也可以由有资质的机构进行。用户应非常小心地选择仪器检定机构,应确认检定机构拥有必要的资质、合格的检定块和符合要求的检定设施。检定机构完成仪器检定后,必须向用户出具包含所有检定参数的检定证书。仪器完成标定后,核子仪在标准材料块上的检测结果不超出标准密度值(或含水量值)±16kg/m³。

3.2 测试步骤

(1)按照本规程 T 0902 规定的方法确定测试位置,距路面边缘或其他物体的最小距离不得小于 30cm。

(2)检查核子仪周围 8m 之内是否存在其他放射源(含另外的核子仪),如果有应移开或重新选点。

(3)当用散射法测试沥青路面密度时,应先用细砂填平测点表面孔隙(图 T 0922-1),再按图 T 0922-3 所示的方法将仪器置于测点上。

(4)当使用直接透射法测试时,用导板、钻杆等在测点表面打孔,孔深应大于测试深度,且插进探杆后仪器不倾斜(图 T 0922-2)。按图 T 0922-4 所示的方法将探杆插入测试孔内,前后或左右移动仪器,使之稳固。

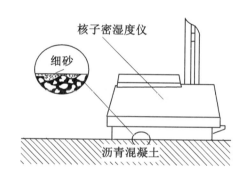

图 T 0922-1　用细砂填平测试位置的方法

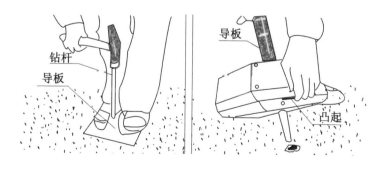

图 T 0922-2　在路表面上打孔的方法

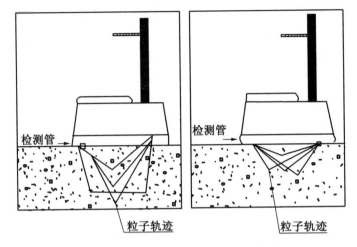

图 T 0922-3　用散射法测试的方法

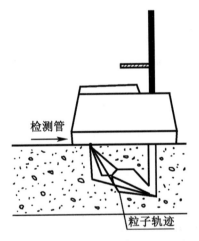

图 T 0922-4　用直接透射法测试的方法

(5) 开机并选定测试时间后进行测量，测试人员退出核子仪 2m 以外。到达测试时间后，测试人员读取并记录示值，迅速关机，将手柄置于安全位置，结束本次测试。

注：不同型号的核子仪在具体操作步骤上略有不同，可按照设备相应要求进行操作。

(6) 测试结束后，核子仪应装入专用的仪器箱内，放置在符合核辐射

## 5 压 实 度

安全规定的地方。

(7)根据相关性试验结果确定材料的湿密度和含水率,并计算干密度及压实度。对于沥青混合料面层,用所确定的材料湿密度直接计算压实度。

用散射法时,一组测值不应少于13点,取平均值作为该段落的压实结果。

密度检测和水分检测适用的检测原理不同,其检测时试样位置和体积也不完全一样,在实际检测时有不同的注意事项。核子仪的反射法和透射法也有不同的特点,仪器的各种检测模式适用于不同的检测条件,根据不同类型的建筑材料的特点和不同的检测环境,将核子仪一般情况下适用的检测方法和注意事项叙述如下:

(1)用透射法检测土壤和土石混合材料。

对于土壤等可以打孔的材料,建议优先使用透射法。透射法检测的材料试样体积较大,对同一个检测点在不同的深度上进行检测,可以获得更好的检测结果。

在各种情况下,核子仪检测的最佳条件都是仪器的底部同被测材料的表面完全接触。被检测材料表面必须平整。检测土壤时,可以用工具刨或刮出一个水平的检测表面,有时依靠刮平机等机械的协助可以快速获得理想的检测面。对于道路基层材料,可以在检测点上用导板或刮平板平刮或拍打几下,使检测点表面平整,仪器放置在检测点上以后,可以试着将仪器转动几下,确认仪器平稳而不会在任何方向上翘。

如果检测点有表面浮土,应该去除,以避免湿度检测时产生表面干燥误差。对于刚刚洒水的材料,应确认表层材料的水分含量是否能够代表所有的被测材料层。因为水分检测的深度是固定的,核子仪总是检测地表至地下约 **15cm** 材料的水分含量。

仪器并不要求一定要水平放置,只要检测面平整,检测孔轴线垂直于检测面,检测就可以准确进行。

检测土壤和土石混合物时,由于施工和材料组成等原因,被测材料有时不均匀,如果检测射线经过的部位含有过大的岩石或空洞,仪器的检测结果将偏高或偏低。出现这种情况,可以挖开被检测部位进行观察,确定该点检测数值能否代表总的施工材料。

对于不均匀的材料,单个检测点的检测结果的代表性相对于均匀的材料要差一些。核子仪检测不均匀材料时,检测结果波动比较大,但这是对材料实际情况的反映。为了增大每个检测结果的代表性,可以在同一个检测地点将核子仪围绕检测孔每旋转90°进行一次检测,将所有的检测结果的平均值作为这个检测点的检测数据。

用透射法进行检测时,仪器的探杆插入检测孔后,应将仪器轻轻推动使探杆紧靠仪器中心那一侧的孔壁上。被检测的材料主体位于仪器的正下方,如果探杆和靠近仪器中心的那一侧的孔壁之间存在空隙,将产生检测误差。

(2)水泥混凝土检测。

检测各种水泥混凝土时,透射法和反射法都可以使用。对于已经凝固的混凝土,使用反射法;对于还没有凝固的混凝土,优先使用透射法。检测结果可能受水泥混凝土中加固用的钢筋的影响。仪器操作人员在检测过程中通过选择检测地点等控制措施,可以将这些影响尽可能地减小。

碾压混凝土(RCC)工程的施工现场,环境湿度总是很高的,使用仪器时应特别注意防潮。检测RCC材料,国际上一般认为双杆分层核子密度仪更加适用。

(3)反射法检测沥青混合料。

沥青混合料不含水分,读取仪器检测结果时可只读取总密度。使用反射法时,检测地点的表面平整度对仪器检测的影响比透射法更大一些。如果检测地点不平整或有大的空隙,应使用当地的细沙填平检测表面。沙子不能填在检测面的高点,这样反而将仪器顶离表面而产生检测误差。

核子仪的反射法包括BS常规反射法(Back Scatter)和AC沥青面层

专用反射法(Asphalt Concrete)两种。其典型的检测厚度分别约为 **7cm** 和 **5cm**，分别适用于较厚和较薄的面层材料检测。

如果沥青面层厚度小于 **5cm**，射线会穿透被检测层，进入其他面层，使用常规的检测模式进行检测时，检测结果将受到其他面层材料的密度的影响。所以，检测薄层材料必须使用有薄层检测模式的仪器进行检测。

如果沥青混合料使用细级配的集料，材料的表面比较致密，核子仪与取芯法的检测结果往往比较接近。然而当沥青混合料使用粗级配的集料时，核子仪与取芯法的检测结果往往有一定的差距。对这种现象，目前国内外都还没有统一的看法。一种观点认为，粗级配混合料的表面粗糙度对核子仪检测结果产生影响，使之偏小。另外一种观点认为，对粗级配混合料取芯时，较多的水分进入试样中，导致试样密度检测时结果偏大。为了缩小核子法与取芯法检测粗级配沥青混合料结果的差距，目前惯常的做法是使用核子仪进行检测前用细沙铺平检测点表面，这种方法是比较可行的。

(4)正确获取对比试验取样的方法。

对比试验不是对核子仪检定的代替，而是因为被检测材料的特殊性对仪器检测结果造成影响而需要进行的调整。正确地进行对比试验，要求用于对比的检测方法适用于被检测材料、正确地获取对比试样，而且核子仪也必须经过合格的检定。以图 **5-3** 举例说明核子仪的密度检测区域和正确获取对比试验取样的方法。

根据 **ASTM** 国际标准 **D6938** 等规定，如果检测深度为 **15cm**，采用直接透射法时，被检测材料试样的体积约为 **0.0057m$^3$**。图 **5-4** 中蓝色区域为核子仪检测密度时被检测区域的剖面图。若要从被检测材料中获取试样用于与其他检测方法做比较，试样的取得方法是：从放射源和探测器之间的连线的中点正下方，取一直径为 **200mm** 的圆柱体作为对比试样材料的体积。圆柱体的高度，如果使用的是直接透射法，可以等于探测杆的深度；用反向散射法检测，圆柱体的高度为 **75mm**。以图 **5-4** 举例说明核子仪的湿度检测区域和正确获取对比试验试样取样的方法。

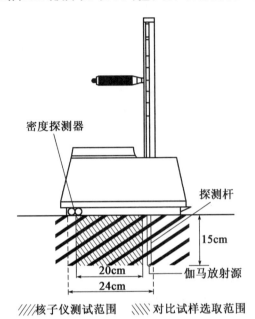

图5-3 核子仪的密度检测区域和正确获取对比试验取样的方法图一

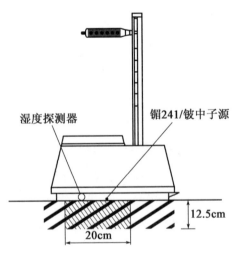

图5-4 核子仪的密度检测区域和正确获取对比试验取样的方法图二

最靠近表面的材料含有的水分对仪器的检测有很大的影响。被检测的土壤和岩石的试样体积不是固定的,随被测材料的含水量而变化。一般情况下,被测材料的含水量越大,被检测材料试样的体积就越小。根据 ASTM 国际标准 6938 等规定,当含水量为 $160 kg/m^3$ 时,大约 50% 的检测结果来自距表面 0~75mm 的被测材料的含水量。图 5-4 中蓝色区域为核子仪检测水分时被检测区域的剖面图。如果要从被检测材料中获取试样用于与其他检测方法做比较,试样的取得方法是:从放射源和探测器之间连线的中点正下方,取一直径为 200mm 的圆柱体作为被测材料的体积。圆柱体的大约高度为:如果含水量为 $320 kg/m^3$,高度为 12.5cm,此时对比试样的体积为 $0.0039 m^3$。

## 4 数据处理

**4.1** 按式(T 0922-1)、式(T 0922-2)计算施工干密度及压实度。

$$\rho_d = \frac{\rho_w}{1+w} \tag{T 0922-1}$$

$$K = \frac{\rho_d}{\rho_c} \times 100 \tag{T 0922-2}$$

式中:$\rho_d$——沥青混合料的实测密度(或路基、基层填料的干密度)($g/cm^3$);

$\rho_w$——试样的湿密度($g/cm^3$);

$w$——含水率,以小数表示;

$\rho_c$——沥青混合料的标准密度(或路基、基层填料的最大干密度)($g/cm^3$)。

**4.2** 按本规程附录 B 的方法,计算一个测试路段压实度的平均值、标准差、变异系数,并计算压实度代表值。

## 5 相关性试验

核子仪在使用前应在试验段上确定与标准方法的相关性。在沥青混合料大规模施工前,应确定核子仪法与钻芯取样法的相关性。在基层或路基大规模施工前,应确定核子仪法与挖坑灌砂法的相关性。步骤如下:

(1)选定200m以上段落作为试验段。

(2)按照本方法第3.2条中步骤(2)~(5)进行测试。

(3)对于沥青路面,按照T 0924的规定在测点位置测试压实度;对于基层或路基,在测点处避开测孔,按照T 0921的规定测试压实度。

(4)对相同的路面厚度、配合比设计、碾压遍数、松铺厚度、机械组合及压实度标准的路面结构层,使用前应在试验段至少测试15处,求取两种不同方法在每处的偏差值$\Delta_{\rho i}$,计算平均值作为修正值$\Delta$,将修正值$\Delta$输入到核子仪中,计算并保存。

(5)对相同的路面厚度、配合比设计、松铺厚度及机械组合,多种不同的压实度标准的路面结构层,使用前可选取多个试验段进行相关性试验,每个试验段至少测试10处,按照本规程附录C的规定,求取两种不同方法测试密度的相关性公式,用于测试结果的修正,其相关系数$R$应不小于0.95。

本次修订将原规程对相关性试验的要求单独形成一节,并对试验方法进行了修订和完善。原规程将该部分内容放在准备工作中,容易给检测人员造成误解,每次使用核子仪前都必须进行相关性试验。实际上,对于相同的路面结构不需要重复做相关性试验。

## 6 报告

本方法应报告下列技术内容:

(1)测试路段信息(桩号、结构层类型及厚度等)。

(2)实测密度、标准密度、压实度。

(3)测试路段压实度的平均值、标准差、变异系数及代表值。

(4)若进行相关性试验,还应报告修正值或相关性关系式及相关系数。

# 5 压 实 度

条文说明

核子仪法是国外用于现场控制压实度常见方法,20世纪90年代初引入我国,曾在路基路面材料的密度、含水率的测试方面有所应用,但由于核子仪使用和保存要求很高,近年来国内大部分检测单位已经停止使用。考虑核子仪法是一种准确度较高的压实度测试方法,为了与国际相关领域的技术衔接,本次修订仍予以保留。

本次修订主要针对核子仪使用时的标定,以及其适用场合等方面,同时注意测试沥青路面压实度时使用的标准密度应按照现行《公路工程质量检验评定标准 第一册 土建工程》(JTG F80/1—2017)和《公路沥青路面施工技术规范》(JTG F40—2004)的规定选用,其他材料的标准密度应通过击实的方法确定。

核子仪有方便、快捷的特点,但易受测试层温度及多种环境因素的影响,测值波动性较大,因此测试过程中通常需要经过标定,同时在压实度测试时要保证与试验段测试时温度一致,对于纹理较大的路面,测试前还需用细砂填平以保证测值准确。

核子仪对靠近表层材料的密度最为敏感,当测试材料的表面与仪器底部之间存在空隙时,测试结果可能存在表面偏差(仅对散射法)。如果采用直接透射法测试,表面偏差不明显。材料的粒度、级配、均匀度以及组成成分等因素对密度的测试结果影响较小,但是对一些如高岭土、云母、石膏、石灰等可能会对水分的测试有明显的影响,测试时需与其他可靠的方法进行对比,对测试结果进行调整。因此,核子仪法不适合用于现场测试含结晶水或含有机物化学成分材料的含水率。

核子仪法还经常用于监测结构层密度或压实度的变化,以确定合适的碾压遍数、机械组合等施工工艺参数,进而确定试验段密度值。

对刚铺筑完的热沥青混合料路面测试时,为避免影响测试结果,仪器不能长时间放置在路面上,测试完后仪器尽快从路面上移走冷却。

从事仪器保管及使用的人员,需符合核辐射测试的相关规定。

核子仪使用的都是双层不锈钢密封源,密封源被放入仪器中可以隔绝射线的掩体。通过专门的设计,核子仪的表面剂量率远低于操作人员或是公众需要进行安全防护的水平,通常操作人员不需要配备任何附加的防护服。

使用核子仪的工作人员,可以通过使用辐射量剂量探测器或佩戴辐射计量胶片等随身设备了解自己所接受到的辐射量。由于工作人员接受的辐射量通常很少,所以此类设备通常不是必需的,但是购买和佩戴都非常方便。

国际辐射防护委员会(ICRP)规定,职业工人每年接受的辐射量不能超过5rem(雷姆)。合每个季度的限值为1 250mrem(毫雷姆),以每年50个工作周计算,合每周限值为100mrem。使用核子仪的人员所接受到的辐射量被限定在每季度1.25rem(1 250mrem)以内。尽管在使用核子仪时总会有一定量的辐射,实际工作中,一般核子仪使用者的年平均辐射量约为100mrem,合每个季度25mrem,远远小于ICRP和我国环保机构设置的辐射安全限值。

# T 0923—2019 环刀测试压实度方法

## 1 适用范围

本方法适用于现场测试细粒土及龄期不超过2d的无机结合料稳定细粒土结构的密度,并计算施工压实度,以评价结构层的压实质量。

## 2 仪具与材料技术要求

(1)人工取土器:包括环刀、环盖、定向筒和击实锤系统(导杆、落锤、手柄),如图T 0923-1所示。环刀内径6~8cm,高2~5.4cm,壁厚1.5~2mm。

(2)电动取土器:由底座、立柱、升降机构、取芯机构、动力和传动机构组成,如图 T 0923-2 所示。

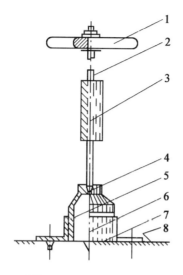

图 T 0923-1　人工取土器
1-手柄;2-导杆;3-落锤;4-环盖;5-环刀;6-定向筒;7-定向筒齿钉;8-试验地面

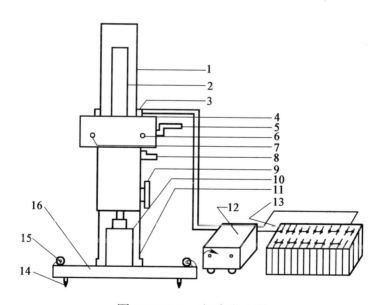

图 T 0923-2　电动取土器
1-立柱;2-升降轴;3-电源输入;4-直流电动机;5-升降手柄;6、7-电源指示;8-锁紧手柄;9-升降手轮;10-取芯头;11-立柱套;12-调速器;13-蓄电池;14-定位销;15-行走轮;16-底座平台

①底座:由底座平台、定位销、行走轮组成。底座平台是整个仪器的支撑基础;定位销用于操作时定位;行走轮用于换点时仪器近距离移动,当定位时四只轮子可扳起。

②立柱:由立柱与立柱套组成,装在底座平台上,作为升降机构、取芯机构、动力和传动机构的支架。

③升降机构:由升降手轮、锁紧手柄组成,用于调整取芯机构高度。松开锁紧手柄,转动升降手轮,取芯机构即可升降到所需位置,然后拧紧手柄定位。

④取芯机构:由取芯头、升降轴组成。取芯头为金属圆筒,下口对称焊接两个合金钢切削刀头,上口端面焊有平盖,其上焊螺母,靠螺旋接于升降轴上。取芯头有三种规格,即 50mm×50mm、70mm×70mm、100mm×100mm,取芯头可更换。配件应包括取芯套筒、扳手、铝盒等。

⑤动力和传动机构:主要由直流电动机、调速器、齿轮箱组成。配件应包括蓄电池和充电器。

(3)天平:分度值不大于 0.01g。

(4)其他:镐、小铁锹、修土刀、毛刷、直尺、钢丝锯、凡士林、木板及测试含水率设备等。

**本次修订根据现有设备的实际情况,修改了环刀的内径与高度以及天平的分度值。**

# 3 方法与步骤

**3.1** 对结构层填料进行击实试验,得到最大干密度及最佳含水率。

**3.2** 在现场选取位置相邻的两处作为平行试验的测点。

**本次修订调整平行试验的位置,做试验时检测人员就已经知道需要取两处作为平行试验的测点,避免试验结束后,直到处理数据时才发现要做平行试验,重回现场补做试验。**

**3.3** 用人工取土器测试黏性土及无机结合料稳定细粒土密度的步骤：

（1）擦净环刀，称取环刀质量 $M_2$，准确至 0.1g。

（2）在试验地点将面积约 30cm×30cm 的地面清扫干净，并铲去压实层表面浮动及不平整的部分。

（3）将定向筒齿钉固定于铲平的地面上。顺次将环刀、环盖放入定向筒内与地面垂直。

（4）将导杆保持垂直状态，用取土器落锤将环刀打入压实层中。在施工过程控制或质量评定时，环刀中部处于压实层厚的 1/2 深度；用于其他需要的测试时，可按其要求深度取样。

**本次修订增加环刀位于压实层厚的深度要求。**

（5）去掉击实锤和定向筒，用镐将环刀及试样挖出。

（6）轻轻取下环盖，用修土刀自边至中削去环刀两端余土，用直尺测试直至修平为止。

（7）擦净环刀外壁，用天平称取环刀及试样合计质量 $M_1$，准确至 0.01g。

（8）自环刀中取出试样，取具有代表性的试样（不少于 100g），测试其含水率 $w$。含水率测试应参照《公路土工试验规程》（JTG E40—2007）的有关规定。

**3.4** 用人工取土器测试砂性土或砂层密度的步骤：

（1）如为湿润的砂土，试验时不宜使用击实锤和定向筒，在铲平的地面上，挖出一个直径较环刀外径略大的砂土柱，将环刀刃口向下，平置于砂土柱上，用两手平稳地将环刀垂直压下，环刀中部处于压实层厚的 1/2 深度。

（2）削掉环刀口上的多余砂土，并用直尺刮平。

（3）在环刀上口盖一块平滑的木板，一手按住木板，另一手用小铁锹将试样从环刀底部切断，然后将装满试样的环刀反转过来，削去环刀刃口上部的多余砂土,并用直尺刮平。

(4)擦净环刀外壁,称环刀与试样合计质量 $M_1$,准确至 0.01g。

(5)自环刀中取具有代表性的试样(不少于100g)测试其含水率。含水率测试应参照《公路土工试验规程》(JTG E40—2007)的有关规定。

(6)干燥的砂土不能挖成砂土柱时,可直接将环刀压入或打入土中至第3.3条步骤(4)要求的深度。

**3.5** 用电动取土器测试无机结合料细粒土和硬塑土密度的步骤:

(1)装上所需规格的取芯头。在施工现场取芯前,选择一块平整的路段,将四只行走轮扳起,四根定位销钉采用人工加压的方法,压入路基土层中。松开锁紧手柄,旋动升降手轮,使取芯头刚好与土层接触,锁紧手柄。

(2)将蓄电池与调速器接通,调速器的输出端接入取芯机电源插口。指示灯亮,显示电路已通;启动开关,电动机带动取芯机构转动。根据土层含水率调节转速,操作升降手柄至第3.3条规定的深度,上提取芯机构,停机,移开电动取土器。将取芯套筒套在切削好的土芯立柱上,摇动即可取出样品。

(3)取出样品,立即按取芯套筒长度用修土刀或钢丝锯修平两端,制成所需规格土芯,如拟进行其他试验项目,装入密封盒中,送试验室备用。

(4)称量土芯带套筒质量 $M_1$,从土芯中心部分取试样测试含水率。

# 4 数据处理

**4.1** 按式(T 0923-1)、式(T 0923-2)计算试样的湿密度及干密度。

$$\rho = \frac{4 \times (M_1 - M_2)}{\pi \cdot d^2 \cdot h} \qquad (\text{T 0923-1})$$

$$\rho_d = \frac{\rho}{1 + 0.01w} \qquad (\text{T 0923-2})$$

式中:$\rho$——试样的湿密度(g/cm³);

$M_1$——环刀或取芯套筒与试样合计质量(g);

$M_2$——环刀或取芯套筒质量(g);

$d$——环刀或取芯套筒直径(cm);

$h$——环刀或取芯套筒高度(cm);

$\rho_d$——试样的干密度(g/cm³);

$w$——试样的含水率(%)。

**4.2** 按式(T 0923-3)计算施工压实度。

$$K = \frac{\rho_d}{\rho_c} \times 100 \quad (\text{T 0923-3})$$

式中:$\rho_c$——由击实试验得到的材料的最大干密度(g/cm³)。

**4.3** 计算两次平行试验结果的差值,若不大于0.03g/cm³,取其算术平均值作为测试结果;若大于0.03g/cm³,则重新测试。

**本次修订补充"对于不满足平行试验限差要求的试验作废"的具体要求,让本试验步骤更具可操作性。**

## 5 报告

本方法应报告下列技术内容:

(1)测点位置信息(桩号、层位等)。

(2)试样干密度、最大干密度、压实度。

条文说明

有研究表明采用环刀法在现场测试路基干密度过程中,会造成环刀内部的部分细粒土扰动,导致测试结果不准确,因此建议有条件的地区或项目开展环刀法扰动系数的测试研究,即在用击实法确定室内细粒土最大干密度时,将环刀压入筒内试验土体,确定环刀内扰动土体密度与试验土体密度比值,得到扰动系数以修正现场压实结果。

# T 0924—2008  钻芯测试路面压实度方法

## 1 适用范围

本方法适用于测试从压实的沥青路面上钻取沥青混合料芯样的密度,并计算施工压实度,以评价结构层的压实质量。

压实度是施工质量管理的最为重要的指标之一,沥青路面铺筑的成败与否,压实是最重要的工序。本方法根据国内实践经验,并参照现行《公路沥青路面施工技术规范》(JTG F40)对钻芯法测压实度的要求,对本方法进行了修订。

压实度的大小取决于实测的压实密度,同样也与标准密度的大小有关。但原来对标准密度的规定并不统一,有些工程在压实度达不到要求时便重新进行马歇尔试验,调整标准密度,只要把标准密度作小一些,压实度马上就高了,如果再把不合格的数据随意舍弃,那么钻孔试件的压实度数据将失去价值。这样实际上是弄虚作假。

## 2 仪具与材料技术要求

(1)路面取芯钻机。
(2)天平:分度值不大于0.1g。
(3)水槽:温度控制在±0.5℃以内。
(4)吊篮。
(5)石蜡。
(6)其他:卡尺、毛刷、取样袋(容器)、电风扇。

## 3 方法与步骤

### 3.1 钻取芯样

(1)按本规程 T 0903 规定的方法钻取路面芯样,芯样直径不宜小于

$\phi100mm$。当一次钻孔取得的芯样包含不同层位的沥青混合料时,应根据结构组合情况用切割机将芯样沿各层结合面锯开分层进行测试。

(2)钻孔取样应在路面完全冷却后进行,对普通沥青路面通常在第二天取样,对改性沥青及 SMA 路面宜在第三天以后取样。

**3.2** 测试试件密度

(1)将钻取的试件在水中用毛刷轻轻刷净黏附的粉尘。如试件边角有浮松颗粒,应仔细清除。

(2)将试件晾干或用电风扇吹干不少于24h,直至恒重。

(3)按《公路工程沥青及沥青混合料试验规程》(JTG E20—2011)的沥青混合料试件密度试验方法测试试件密度$\rho_s$。通常情况下采用表干法测试试件的毛体积相对密度;对吸水率大于2%的试件,宜采用蜡封法测试试件的毛体积相对密度;对吸水率小于0.5%特别致密的沥青混合料,在施工质量检验时,允许采用水中重法测试表观相对密度。

**3.3** 根据《公路沥青路面施工技术规范》(JTG F40—2004)的规定,确定标准密度。

# 4 数据处理

**4.1** 当计算压实度的标准密度采用试验室实测的马歇尔击实试验密度或试验路段钻孔取样密度时,沥青面层的压实度按式(T 0924-1)计算。

$$K = \frac{\rho_s}{\rho_0} \times 100 \qquad (T\ 0924\text{-}1)$$

式中:$\rho_s$——沥青混合料芯样试件的实测密度(g/cm³);

$\rho_0$——沥青混合料的标准密度(g/cm³)。

**4.2** 计算压实度的标准密度采用最大理论密度时,沥青面层的压实度按式(T 0924-2)计算。

$$K = \frac{\rho_s}{\rho_t} \times 100 \qquad (T\ 0924\text{-}2)$$

式中:$\rho_t$——沥青混合料的最大理论密度(g/cm³)。

沥青路面的压实度主要采用碾压遍数及适量钻孔抽检的方法进行校核。对施工及验收过程中的压实度检验不得采用配合比设计时的标准密度，应按如下方法检测确定：

(1)以试验室密度作为标准密度，即沥青拌和厂每天取样 1~2 次实测的马歇尔试件密度，取平均值作为该批混合料铺筑路段压实度的标准密度。其试件成型温度与路面复压温度一致。

(2)以每天实测的最大理论密度作为标准密度。对普通沥青混合料，沥青拌和厂在取样进行马歇尔试验的同时以真空法实测最大理论密度，平行试验的试样数不少于 2 个，以平均值作为该批混合料铺筑路段压实度的标准密度；但对改性沥青混合料、SMA 混合料以计算的最大理论密度为准，也可采用抽提筛分的结果及油石比计算最大理论密度。

(3)以试验路密度作为标准密度。用核子密度仪定点检查密度不再变化为止。然后取不少于 15 个的钻孔试件的平均密度为计算压实度的标准密度。

(4)可根据需要选用试验室标准密度、最大理论密度、试验路密度中的 1~2 种作为钻孔法检验评定的标准密度。

(5)施工中采用核子密度仪等无破损检测设备进行压实度控制时，宜以试验路密度作为标准密度，核子密度仪的测点数不宜少于 39 个，取平均值，但核子密度仪需经标定。

(6)压实度钻孔频率按相关标准规范的要求执行。

**4.3** 按本规程附录 B 的方法，计算一个测试路段的压实度的平均值、标准差、变异系数，并计算压实度代表值。

## 5 报告

本方法应报告下列技术内容：

(1)测点位置(桩号、层位等)。

（2）实测密度、标准密度（或最大理论密度）、压实度。

（3）测试路段压实度的平均值、标准差、变异系数以及代表值。

**条文说明**

本方法根据国内外实践经验,并参照《公路沥青路面施工技术规范》(JTG F40—2004)对钻芯法测试压实度的方法进行了修订。

# T 0925—2008 无核密度仪测试压实度方法

## 1 适用范围

本方法适用于现场无核密度仪快速测试当日铺筑且未开放交通的沥青路面各层沥青混合料的密度,并计算压实度。测试结果不宜用于评定验收。

## 2 仪具与材料技术要求

无核密度仪应内含电子模块和可充电电池。探头应无核,无电容。无核密度仪的技术要求如下:

(1)最大探测深度:≥10cm。

(2)最小探测深度:≤2.5cm。

(3)单次测量时间:不大于5s。

(4)精度:$0.003g/cm^3$。

(5)配有标准密度块供无核密度仪自校时使用。

无核密度仪工作原理如图 5-5 所示,根据沥青路面材料的密度与介电常数之间存在一定的比例关系,通过感应板产生探测磁场来测试压实沥青混合料的介电常数,然后利用电子部件将场信号转换成密度读数。在无核密度仪的设置菜单中输入所测试路面材料的标准密度(即最大理论密度或室内马歇尔密度),即可在无核密度仪显示屏上直接获得相应的压实度读数,并可测得表面温度和湿度,同时,无核密度仪通过调整电磁波强度来改变穿透深度,从而合理地进行不同厚度不同级配类型沥青混合料压实度的检测。因此,无核密度仪具有快速、精度高和携带方便等优点。

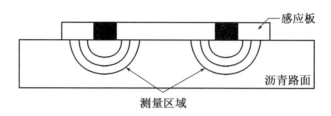

图 5-5 无核密度仪工作原理示意图

## 3 方法与步骤

### 3.1 准备工作

(1)无核密度仪第一次使用前应对软件进行设置并储存,使操作者无须每次开机后都进行软件的设置。

(2)使用无核密度仪前,应严格用标准密度块标定,通过相关性试验检验,确认其可靠性。

### 3.2 测试步骤

(1)按照本规程 T 0902 规定的方法确定测试位置,与路面边缘或其他物体的最小距离不得小于 30cm,且表面干燥。

(2)把无核密度仪平稳地置于测试位置上,保证仪器不晃动。当路表结构凸凹不平时,可用细砂填平测试位置的空隙,使路表面平整,能与仪器紧密接触。

(3)开机后应检查无核密度仪的工作状态,如电池电压、内部温度、设置测试日期、时间、测值编号等。

(4)进入测试界面,设置沥青面层厚度、测量单位、最大公称粒径等参数,选择单点测量模式,进入待测状态。

(5)按动测试键,3s后读取数据,并记录。同时,无核密度仪上显示被测试材料表面的湿度值应在 0~10,当测值超过 10 时,数据作废,应重新选点测试。

(6)当采用修正值方法时,显示原始数据为 $\rho_d$;当采用相关性公式时,将显示原始数据带入相关性公式,计算实测密度 $\rho_d$,准确至 $0.01\text{g/cm}^3$。

**4 数据处理**

**4.1** 按式(T 0925)计算压实度。

$$K = \frac{\rho_d}{\rho_0} \times 100 \qquad (\text{T 0925})$$

式中:$\rho_d$——沥青混合料的实测密度($\text{g/cm}^3$);

$\rho_0$——沥青混合料的标准密度($\text{g/cm}^3$),按《公路沥青路面施工技术规范》(JTG F40—2004)的规定选用。

**4.2** 按本规程附录 B 的方法,计算一个测试路段压实度的平均值、标准差以及变异系数,并计算压实度代表值。

**5 与钻芯法压实度测试结果的相关性试验**

**5.1 路段选择**

(1)选择长度不小于 200m 的试验路段。

(2)按照本方法第 3.2 条步骤(1)的规定确定测试位置。

(3)对同样的路面厚度、配合比设计、碾压遍数、松铺厚度、机械组合及压实度标准的路面结构,应确定不少于 15 处测试位置。对同样的路面厚度、配合比设计、松铺厚度及机械组合,不同的压实度标准的路面结构,应确定不少于 10 处测试位置。

**5.2 试验步骤**

(1)每处测试位置按图 T 0925 所示确定 5 个点位,使用无核密度仪,按照本方法第 3.2 条中步骤(2)~(5)对各测点进行测试,选择平均读取模式依次读取并记录显示的密度、湿度和温度等数值,取密度平均值作为该处密度测试结果。

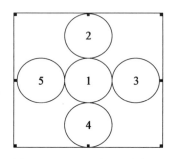

图 T 0925　五点法示意图

（2）在每一处测试位置钻取芯样,按照T 0924规定的方式进行压实度测试。

### 5.3　数据处理

（1）对同样的路面厚度、配合比设计、碾压遍数、松铺厚度、机械组合及压实度标准的路面结构,计算每处测试位置的密度偏差值 $\Delta\rho_i$,即无核密度仪测值与钻芯法测值的差值,并计算所有位置的平均偏差值作为修正值 $\Delta$。

（2）对同样的路面厚度、配合比设计、松铺厚度及机械组合,不同的压实度标准的路面结构,按照本规程附录 C 的规定进行数据处理,得到相关性公式,其相关系数 $R$ 应不小于0.9。

（3）当采用修正值时,一般可将修正值输入无核密度仪,其示值即为修正后测值。当采用相关性公式时,需对无核密度仪示值进行计算处理。

**本方法与 T 0922 的修改方式一致,将原规程对相关性试验的要求单独形成一节。**

本次修订新增无核密度仪与钻芯法压实度测试结果的相关性试验,无核密度仪的相关性试验分为两类,一类是路面结构的压实度相对比较均匀,适用于5.3 的（1）,采用修正值对无核密度仪的测量结果进行修正;另一类是路面结构的压实度标准不同,适用于5.3 的（2）,采用相关性公式对无核密度仪的测量结果进行计算处理。

## 6 报告

本方法应报告下列技术内容：

(1)测点位置(桩号、层位等)。

(2)实测密度、标准密度、压实度。

(3)测试路段压实度的平均值、标准差、变异系数及代表值。

(4)若进行相关性试验,还应报告修正值或相关性关系式及相关系数。

条文说明

国内主流无核密度仪按照工作原理分为电磁法无核密度仪和时域反算法无核密度仪。目前主要用在路面施工过程控制环节,不能用于交工验收或质量鉴定;对于新铺的沥青混合料路面,该仪器能快速、可靠地给出测试结果,有利于施工单位及时控制压实质量。

近期,国内出现土壤无核密度仪,经过调研后发现,无论哪种类型的土壤无核密度仪都对填料级配要求较高,实际应用过程中由于填料不均匀的情况较严重,影响测值的准确性,因此推广条件还不成熟,本次修订未把土壤无核密度仪列入。另外,正在制定的智能压实监控技术行业标准,结合数字化施工,将工艺控制和传统检测控制相结合,能够实现实时、全过程、全作业面测试控制压实度,为提高测试效率、客观评价压实水平提供了新的思路。

为了保证精度,无核密度仪在使用过程中需要注意以下两点:

(1)温度对无核密度仪测试结果影响较小,但为防止仪器损伤一般在170 ℃以下的条件下使用。

(2)被测材料表面的含水量对本方法测试结果影响较大,测试时,无核密度仪显示的湿度一般在0～10,其测试结果才具有一定可靠性。由于钢轮碾压作业过程中需要向轮表面洒水,为减少路表水对测试结果的影响,一般选择干燥的路面部位进行测试。

## T 0926—2019 土石路堤或填石路堤压实沉降差测试方法

沉降法作为土石路堤、填石路堤施工压实质量控制方法,在路基施工技术规范中早有身影,但作为一种试验方法,尚存在测量理论不完善、测试步骤不科学不规范、评价标准不明确不统一等诸多问题。本次修订,在与现行《公路路基设计规范》(JTG D30)、《公路路基施工技术规范》(JTG/T 3610)、《公路工程质量检验评定标准 第一册 土建工程》(JTG F80/1)等标准规范对标的基础上,结合工程实践经验和广东、福建等省的有关科研成果,编制了"土石路堤或填石路堤沉降差法测定压实程度试验方法"。

## 1 适用范围

本方法适用于通过测量土石路堤或填石路堤碾压过程中的沉降变化量,结合施工工艺参数,测试土石路堤或填石路堤的压实程度。

## 2 仪具与材料技术要求

(1)振动压路机:自重20t以上。
(2)水准仪:$DS_3$。
(3)钢卷尺:量程50m,分度值不大于1mm。
(4)其他仪具:铁锤、铁铲等。

《规程》给出的是测试用的仪器设备,并非施工机械。

## 3 方法与步骤

### 3.1 准备工作

(1)在路基碾压施工前,选取试验路段。

(2)沿道路纵向每隔20m作为一个观测断面,每个观测断面沿横断面方向每隔5~10m均匀布设沉降观测点,每个沉降观测点位上埋放一固定物(一般为钢球),确保施工和测试过程中水平方向位置不变。

(3)按照既定的碾压机械组合和工艺参数进行施工,碾压遍数以往返一次计为一遍。碾压至测试路段无明显碾压轮迹。

3.2 测试步骤

(1)路基碾压施工完成后,将振动压路机停放在测试路段前20m处,启动振动压路机,并调至强振挡位。

(2)振动压路机以不大于4km/h的速度对测试路段进行碾压,往返一次计为一遍。

(3)碾压结束后用水准仪逐点测量固定物顶面高程 $h_{i1}$、$h_{i2}$…$h_{ij}$,精确到0.1mm。

(4)重复步骤(2)~(3),测得固定物顶面高程 $h_{(i+1)1}$、$h_{(i+1)2}$…$h_{(i+1)j}$,…,$h_{(i+n)1}$、$h_{(i+n)2}$…$h_{(i+n)j}$,准确至0.1mm。

(5)随机选取有代表性的区域,按照《公路土工试验规程》(JTG E40—2007)灌水法测试材料干密度,按照《公路工程集料试验规程》(JTG E42—2005)测试表观密度(视密度)。回收固定物,记录新的工艺参数,用于测试段相同材料回填并进行终压。

## 4 数据处理

4.1 按式(T 0926-1)计算第 $i$ 遍和第 $i+1$ 遍的沉降差 $\Delta h_{i(i+1)-j}$:

$$\Delta h_{i(i+1)-j} = h_{(i+1)-j} - h_{i-j} \qquad (\text{T 0926-1})$$

式中:$\Delta h_{i(i+1)-j}$——第 $j$ 个固定物在第 $i$ 遍和第 $i+1$ 遍的沉降差(0.1mm);

$h_{(i+1)-j}$——第 $j$ 个固定物在 $i+1$ 遍碾压结束后的顶面高程(0.1mm);

$h_{i-j}$——第 $j$ 个固定物在 $i$ 遍碾压结束后的顶面高程(0.1mm);
$i$——碾压遍数;
$j$——固定物编号:$1,2,\cdots,n$。

**4.2** 按式(T 0926-2)计算第 $i$ 遍和第 $i+1$ 遍的沉降差的平均值 $\Delta \bar{h}_{i(i+1)}$:

$$\Delta \bar{h}_{i(i+1)} = \frac{\sum_{j=1}^{n} \Delta h_{i(i+1)-j}}{n} \qquad (\text{T 0926-2})$$

式中:$\Delta \bar{h}_{i(i+1)}$——第 $i$ 遍和第 $i+1$ 遍的沉降差的平均值(0.1mm)。

**4.3** 按式(T 0926-3)计算第 $i$ 遍和第 $i+1$ 遍的沉降差的标准差 $S_{i(i+1)}$:

$$S_{i(i+1)} = \sqrt{\frac{\sum_{j=1}^{n}[\Delta h_{i(i+1)-j} - \Delta \bar{h}_{i(i+1)}]^2}{n-1}} \qquad (\text{T 0926-3})$$

式中:$S_{i(i+1)}$——第 $i$ 遍和第 $i+1$ 遍的沉降差的标准差(0.1mm)。

**4.4** 按《公路路基设计规范》(JTG D30—2004)计算孔隙率。

**4.5** 按本规程附录 B 的方法,计算一个测试路段沉降差的平均值、标准差,并计算沉降差的代表值。

沉降差法是评价填石路基压实程度比较高效的方法,在施工过程中应用广泛,其评价标准的确定一般来自设计文件或相关规范。当无明确规定时,应同时测试路基填石的干密度、表观密度(视密度),计算孔隙率。如果孔隙率符合规定,该沉降差可作为试验路段确定的评价标准,施工过程中检测的沉降差小于该值,认为路基的压实程度满足要求。如果孔隙率不符合规定,则应继续碾压,并测量沉降差,直至孔隙率符合要求,将此时的沉降差作为评价标准,用于施工质量控制。

填石路堤在施工过程中的质量,宜采用施工参数(压实功率、碾压速度、压实遍数、铺筑层厚等)与压实质量检测联合控制。

## 5 报告

本方法应报告下列技术内容:

(1)测试路段信息(桩号范围、层位等)。
(2)石料等级、填料类型。
(3)机械组合、碾压参数。
(4)沉降差、孔隙率。
(5)测试路段沉降差的平均值、标准差及代表值。

**条文说明**

长期以来,石方路基或土石混填路基压实质量评价一直是个难题,主要原因是现场压实密度难以测量,用压实度指标评价操作性不强,测试效率低下。工程上有的采用沉降差法控制压实质量,还有的采用碾压遍数来控制等。这些方法虽然评价结果较为可靠,但方法本身严密性不够,且缺乏统一的定量指标,更多的靠施工经验判断。随着我国社会和交通运输事业的发展,大型机械设备和测量设备装备水平不断提高,越来越多的建设项目倾向于使用沉降差法控制大量石方路基或土石混填路基压实质量,但是沉降差法在使用过程中存在测试方法、控制标准、评定标准不统一的问题,影响了路基压实质量的提高。

为了提高石方路基或土石混填路基压实质量控制方法的规范性、准确性、针对性,同时减少对施工的影响,提高工效,依据现行《公路路基设计规范》(JTG D30)、《公路路基施工技术规范》(JTG F10)、《公路工程质量检验评定标准 第一册 土建工程》(JTG F80/1)等标准规范,结合工程实践经验和广东、福建等省的有关科研成果,编制了"土石路堤或填石路堤压实沉降差测试方法"。由于该方法是与工艺参数相结合的双控测试方法,通过监测沉降变形的稳定来表征压实程度,因此在使用过程中,既要考虑工艺参数的匹配和持续恒定,也要考虑整体变形的均匀,以保证路基长期稳定。

大规模施工时,在确定填料无明显变化的情况下,可不进行空隙率测试。石方路基或土石混填路基压实沉降差的要求一般参照设计文件或相关规范,空隙率的要求可参照《公路路基设计规范》(JTG D30—2015)。

对于土石混填路基,工程上也常采用《公路土工试验规程》(JTG E40—2007)中表面振动压实仪法或振动台法测试最大密度,现场采用灌水法测试密度以评价路基压实度。

# 6 平 整 度

路面结构层的平整度是反映路面结构施工质量的重要指标,也是评价路面技术状况的关键参数,它与行车舒适性和车辆油耗息息相关,我国设计、施工、检验评定等方面的规范均有涉及。国内外关于平整度的测量和评价技术指标较多,总体上可以分为断面类和反应类两种类型。其中,断面类的评价指标主要有最大间隙($\delta_m$)、标准差($\sigma$)、国际平整度指数(IRI),反应类则以颠簸累积值(VBI)为代表。断面类的评价指标所表征的是被测路面结构表面一种微观几何尺寸,它是被测对象的一种固有属性,对测量仪器的依赖性不强。而反应类,顾名思义,这是被测路表对测量仪器的一种反应效果,它对测量仪器的依赖性就较强。从评价平整度的效果角度,两者各具优劣,断面类由于对测量仪器的依赖性不强,其测量结果更具说服力,但其对舒适性的反应并不直观和易于理解。而反应类指标恰恰相反,对行车舒适性的反应非常直观且易于理解,缺陷则是对测量仪器的依赖过于强烈,导致其测量的科学性和可靠性不高。

最大间隙($H$):用三米直尺进行路面平整度测量时,路表纵断面与基准尺之间的最大垂直距离,以 mm 计。

标准差($\sigma$):用连续平整度仪进行路面平整度测量时,单个计算区间内多点位移值的标准差,以 mm 计。

国际平整度指数(IRI):由国际道路平整度试验(IRRE)引入的路面平整度技术指标,该指标以路面纵断面高程和纵向位置序列为基本输入量,以四分之一车为数据模型计算得到,以 m/km 计。

颠簸累积值(VBI):用颠簸累积仪进行路面平整度测量时,承载车后轴与车体的竖向位移的累积值,以 m/km 计。

# T 0931—2008 三米直尺测试平整度方法

## 1 适用范围

**1.1** 本方法适用于用三米直尺测试路表与三米直尺基准面的最大间隙 $\delta_m$，用以表征路表平整度。

**1.2** 本方法适用于碾压成型后的路基路面各层表面的平整度测试。

## 2 仪具与材料技术要求

（1）三米直尺：测量基准面长度为3m，基准面应平直，用硬木或铝合金钢等材料制成。

（2）最大间隙测量器具：

①楔形塞尺：硬木或金属制的三角形塞尺，有手柄。塞尺的长度与高度之比不小于10，宽度不大于15mm，边部有高度标记，分度值不大于0.5mm。

②深度尺：金属制的深度测量尺，有手柄。深度尺测量杆端头直径不小于10mm，分度值不大于0.5mm。

测量间隙的尺子有两种，楔形塞尺是其中之一，比较常见；深度尺是测量间隙的另一种类型，使用起来较为方便。本次修订还根据对最大间隙的测量仪器的使用现状，以及平整度测量精度需求，调整了塞尺和深度尺的分度值要求。

（3）其他：皮尺或钢尺等。

## 3 方法与步骤

### 3.1 准备工作

（1）确定测试方式。当测试沥青路面施工过程中的质量时，应以单尺方式测试,且测试位置应选在接缝处;其他情况一般以连续10尺方式测试。

(2)选择测试位置。除有特殊需要者外,应以行车道一侧车轮轮迹(距车道线0.8~1.0m)作为连续测试的位置。对既有道路已形成车辙的路面,应取车辙中间位置为测试位置。

(3)清扫路面测试位置处的碎石、杂物等。

## 3.2 测试步骤

(1)将三米直尺沿道路纵向摆在测试位置的路面上。

(2)目测三米直尺底面与路表面之间的间隙情况,确定最大间隙的位置。

(3)将具有高度标线的塞尺塞进间隙处,测试其最大间隙的高度;或者用深度尺在最大间隙位置测试直尺上顶面距地面的深度,该深度减去尺高即为测试点的最大间隙的高度。以 mm 计,准确至0.5mm。

## 4 数据处理

单尺测试路面的平整度计算,以三米直尺与路面的最大间隙 $\delta_m$ 为测试结果;连续测试10尺时,判断每尺最大间隙 $\delta_m$ 是否合格,计算合格率,并计算10个最大间隙的平均值。

## 5 报告

本方法应报告下列技术内容:

(1)测试位置信息(桩号、测试方式等)。

(2)最大间隙 $\delta_m$。

(3)连续测试10尺时,还应报告平均值、不合格尺数及合格率。

**根据测试任务按相关标准规范确定测试方式。《公路工程质量检验评定标准 第一册 土建工程》(JTG F80/1—2017)规定每200m测2处×5尺。《公路沥青路面施工技术规范》(JTG F40—2004)规定3m直**

尺主要用于接缝检测,对正常生产路段,采用连续式平整度仪测定。

**条文说明**

按照现行公路工程质量检验评价的相关标准,评价平整度的技术指标一般用最大间隙 $\delta_m$、标准差 $\sigma$、国际平整度指数 IRI 表示。本测试方法规定了最大间隙的测量方法,该方法广泛地用于碾压成型后路基路面各层施工的平整度测试,尤其是施工过程的质量控制,简便易行。

本次修订还根据最大间隙的测量仪器的使用现状,以及平整度测量精度需求,调整了塞尺和深度尺的分度值要求。

# T 0932—2008 连续式平整度仪测试平整度方法

## 1 适用范围

**1.1** 本方法适用于连续式平整度仪测试路面纵向相对高程的标准差 $\sigma$,用以表征路面的平整度。

**1.2** 本方法不适用于在已有较多坑槽、破损严重的路面上进行测试。

## 2 仪具与材料技术要求

(1)连续式平整度仪:

①整体结构:连续式平整度仪构造示意如图 T 0932-1 所示,除特殊情况外,连续式平整度仪的标准长度为 3m;中间为一个 3m 长的机架,机架可缩短或折叠,前后各 4 个行走轮,前后两组轮的轴间距离为 3m。

②地面高差测量传感器:安装在机架中间,可以是能起落的测定轮,或激光测距仪。

③其他辅助机构:蓄电池电源,距离传感器,与数据采集、处理、存储、输出部分配套的采集控制箱及计算机、打印机等。

## 6 平 整 度

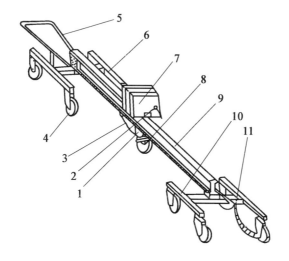

图 T 0932-1　连续式平整度仪示意图

1-测量架；2-离合器；3-拉簧；4-脚轮；5-牵引架；6-前架；7-记录计；8-测定轮；9-纵梁；10-后架；11-软轴

④测试间距为100mm,每一计算区间的长度为100m并输出一次结果。

⑤可记录测试长度、曲线振幅大于某一定值(如3mm、5mm、8mm、10mm等)的次数、曲线振幅的单向(凸起或凹下)累计值及以3m机架为基准的中点路面偏差曲线图,计算打印。

⑥机架装有一牵引钩及手拉柄,可用人力或汽车牵引。

(2)牵引车:小面包车或其他小型牵引汽车。

(3)皮尺或测绳。

## 3　方法与步骤

### 3.1　准备工作

(1)当为施工过程中质量控制需要时,测试地点根据需要确定;当进行路面工程质量检查验收或路况评定时,通常以行车道一侧车轮轮迹带作为连续测试的标准位置;对已形成车辙的路面,取一侧车辙中间位置为测点位置。

(2)清扫路面测试位置处的碎石、杂物等。

(3)检查仪器测试箱,测试箱各部分应完好、灵敏,测定轮胎压正常,并将各连接线接妥,安装记录设备。

**3.2 测试步骤**

(1)将连续式平整度仪置于测试路段路面起点上,保证测定轮位置在轮迹带范围内。

(2)在牵引汽车的后部,将连续式平整度仪与牵引汽车连接好,按照要求依次完成各项操作。

(3)启动牵引汽车,沿道路纵向行驶,横向位置保持稳定。

(4)确认连续式平整度仪工作正常。牵引连续式平整度仪的速度应保持匀速且沿车道方向行驶,速度宜为5km/h,最大不得超过12km/h。在测试路段较短时,亦可用人力拖拉连续式平整度仪测试路面的平整度,但拖拉时应保持匀速前进。

# 4 数据处理

**4.1** 以100m长度为一个计算区间,按式(T 0932)计算该区间内采集的位移值 $d_i$ 的标准差 $\sigma_i$,即该区间的平整度,以 mm 计,保留1位小数。

$$\sigma_i = \sqrt{\frac{\sum d_i^2 - (\sum d_i)^2/N}{N-1}} \qquad (T\ 0932)$$

式中:$\sigma_i$——各计算区间的平整度计算值(mm);

$d_i$——以100m为一个计算区间,每隔一定距离(自动采集间距为10cm,人工采集间距为1.5m)采集的路面凹凸偏差位移值(mm);

$N$——计算区间用于计算标准差的测试数据个数。

**4.2** 按本规程附录B的方法,计算一个测试路段平整度的平均值、标准差、变异系数。

## 5 报告

本方法应报告下列技术内容:
(1)测试路段信息(桩号、长度等)。
(2)计算区间长度、测试间距及平整度。
(3)测试路段平整度的平均值、标准差及变异系数。

## 条文说明

国外连续式平整度仪的种类很多,长度和结构各不相同,同样是3m,有4轮式、8轮式、16轮式等多种,使用最多的是三米八轮平整度仪。我国目前使用的及本规程规定的标准仪器仅限于三米八轮平整度仪。

平整度计算值以标准差表示,所以与计算区间的长度有很大关系(图T 0932-2),计算区间越长,标准差越小。根据国内习惯,参考国外经验(如日本铺装试验法便览7-2规定计算区间长度为100~300m),本方法规定计算区间长度为100m。

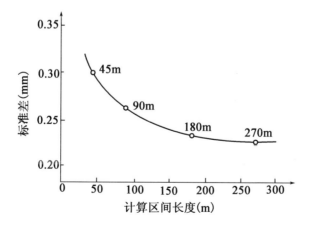

图 T 0932-2 平整度计算值(标准差)与计算区间长度的关系示例

本方法规定的三米平整度仪的测试结果与规定的三米直尺连续测试的平整度在原理上相同，计算方法相同，两种不同的方法有较好的相关性关系。

现在我国的平整度仪大都有自动计算功能，可自动打印输出测试路段的标准差及振幅大于某一定值（如3mm、5mm、8mm、10mm）的超差次数。而进口的平整度仪有的并无自动计算功能，这是因为国外在测试方法中规定要将某些异常数据，如由于坑洞、接缝、构造物接头、雨水井等人工构造物引起的跳动从记录的曲线中剔除，不参加计算，而自动平整度仪则缺乏自动识别功能。为此，本方法对两种方法即人工计算及自动计算均做了规定。

# T 0933—2008 车载式颠簸累积仪测试平整度方法

## 1 适用范围

**1.1** 本方法适用于车载式颠簸累积仪连续采集路面颠簸产生的累积位移值，以表征路面平整度。

**1.2** 本方法不适用于有严重坑槽、车辙等病害路面的平整度测试。

## 2 仪具与材料技术要求

测试系统由承载车、距离测量装置、颠簸累积值测试装置和主控制系统组成，基本技术参数要求如下：

(1) 测试速度：30～80km/h。

(2) 测试幅值：-0.2～0.2m。

(3) 垂直位移分辨率：1mm。

(4) 距离标定误差：<0.5%。

颠簸累积仪对承载车的要求很高，用户在采购设备时应该根据设备生产商的要求采购车辆。为避免整套系统测值不稳定，不能随意选择车辆作为承载车。

## 3 方法与步骤

### 3.1 准备工作

（1）承载车出现以下情况之一时,均应进行仪器测值与国际平整度指数 IRI 的相关性试验:在正常状态下行驶超过 2 000km;相关性试验的时间间隔超过 1 年;减震器、轮胎等发生更换、维修。

颠簸累积仪测值受承载车行驶车速、轮胎状况、车内载物变化、承载车减震器等多种因素的影响,为了保证测试结果的准确性,在有条件情况下应该经常标定。根据对国内车载式颠簸累积仪生产商的调查,相关性标定试验的相关系数 $R$ 完全可以达到 0.99。本次修订对进行相关性试验的情形做了修改,"在正常状态下行驶超过 20 000km" 修改为"2 000km"。

（2）检查测试车轮胎气压,应达到车辆轮胎规定的标准气压,车胎应清洁,不得黏附杂物,承载车载重及分布应与仪器相关性标定试验时一致。

（3）现场安装距离测量系统,应确保紧固装置安装牢固,螺丝无松动。

（4）检查测试系统,各部分应符合测试要求,不应有明显的可视性破损。

（5）打开系统电源,启动控制程序,检查系统各部分的工作状态。

### 3.2 测试步骤

（1）测试开始之前应让测试车以测试速度行驶 5～10km,按照规定的预热时间对测试系统进行预热。

（2）测试车停在测试起点前 300～500m 处,启动平整度测试系统程序,按照测试路段的现场技术要求设置完毕所需的测试状态。

测试车加速过程的测值不能反映路面平整度的真实情况,因此要求测试车在距离测试路段起点 300~500m 位置开始起步,确保测试车进入测试路段时达到规定测试速度。

(3)驾驶员在进入测试路段前应保持标定时的车速,沿正常行车轨迹驶入测试路段。

(4)进入测试路段后,测试人员启动系统的采集和记录程序,在测试过程中必须及时准确地将测试路段的起终点和其他需要特殊标记的位置输入测试数据记录中。

(5)当测试车辆驶出测试路段后,测试人员停止数据采集和记录,并恢复仪器各部分至初始状态。

(6)测试人员检查数据文件,文件应完整,内容应正常,否则需要重新测试。

(7)关闭测试系统电源,结束测试。

## 4 数据处理

根据颠簸累积仪测试的颠簸累积值 VBI,按照本方法第 5 条规定进行相关性试验,得到换算公式,并以 100m 为计算区间换算成国际平整度指数 IRI,以 m/km 计,保留 2 位小数。

## 5 颠簸累积仪测值与国际平整度指数 IRI 的相关性试验

### 5.1 基本要求

由于颠簸累积仪测值受测试速度等因素影响,因此测试系统的每一种实际采用的测试速度均应单独进行试验,建立相关性关系式。试验过程及分析结果应详细记录并存档。

### 5.2 试验条件

(1)按照每段 IRI 值间距大于 1.0 的范围选择不少于 4 段不同平整度水平的路段,每路段有足够加速或减速长度。根据实际测试道路 IRI

# 6 平 整 度

的分布情况,可以增加某些范围内的标定路段。

(2)每路段长度不小于300m。

(3)每一段内的平整度应均匀,包括路段前50m的引道。

(4)选择坡度变化较小的直线路段,路段交通量小,便于疏导。

(5)标定宜选择在车道的正常行驶轮迹上进行,明确标出标定路段的轮迹、起终点。

### 5.3 试验步骤

(1)距离标定:

①选择坡度变化较小的平坦直线路段,长度不小于500m,标出起终点和行驶轨迹。

**本次修订明确距离标定的长度不小于500mm,更具可操作性。**

②标定开始前应让测试车以测试速度行驶5~10km,按照规定的预热时间对测试系统进行预热。

③将测试车的前轮对准起点线,启动距离校准程序,然后令车辆沿着路段轨迹直线行驶,避免突然加速或减速,接近终点时,减速停车,确保测试车的前轮对准终点线,结束距离校准程序。重复此过程,确保距离传感器脉冲当量的准确性,应在允许误差范围内。

(2)参照本方法第3.2条的规定,令颠簸累积仪按选定的测试速度测试每个标定路段的反应值,重复测试至少5次,取其平均值作为该路段的反应值。

(3)IRI值的确定:

①以精密水准仪作为标准仪具,分别测量标定路段两个轮迹的纵断面高程,要求采样间隔为250mm,高程测试精度为0.5mm。然后用IRI标准计算程序对每个轮迹的纵断面测试值进行模型计算,得到该轮迹的IRI值。两个轮迹IRI值的平均值即为该路段的IRI值。

②其他符合世界银行一类平整度测试标准的纵断面测试仪具也可以

作为确定标定路段标准 IRI 值的仪具。

轮迹带国际平整度指数(IRI)可以用上述两种方法中的其中一种来确定。目前,国内用户基本采用手推式断面仪替代精密水准仪测量纵断面高程。澳大利亚 ARRB 生产的手推式断面仪使用较为方便,其测值与水准仪法测值相关程度为 1。

## 5.4 试验数据处理

按照本规程附录 C 的规定,将各路段的 IRI 值和相应的颠簸累积仪测值进行回归分析,建立相关性关系式,相关系数 $R$ 应不小于 0.99。

## 6 报告

本方法应报告下列技术内容:
(1)测试路段信息(桩号、长度等)。
(2)测试速度、颠簸累积值 VBI、国际平整度指数 IRI。
(3)若进行相关性试验,还应报告相关性关系式及相关系数。

**条文说明**

目前国内车载式反应类平整度仪(如颠簸累积仪)由于结构和原理简单、价格便宜,故使用范围依然较广,但由于反应类系统的测试结果与自身的动态性能、测试的速度及路面类型有关,放置较长时间、行驶较长距离及轮胎和减震器维修、更换等都会影响其动态性能,因此需要用较为完善的测试方法保证测试结果的准确性。

本方法适用于车载式颠簸累积仪,其他反应类测试设备可参考使用。

# T 0934—2008 车载式激光平整度仪测试平整度方法

## 1 适用范围

**1.1** 本方法适用于车载式激光平整度仪测量路面国际平整度指数

# 6 平 整 度

IRI,以表征路面平整度。

**1.2** 本方法适用于在无严重坑槽、车辙等病害及无积水、无冰雪、无泥浆的正常通车条件下的路面上进行平整度测试。

**激光平整度仪受水的影响很大,路面有流动水的情况下,不适合用此类型设备检测路面平整度。**

## 2 仪具与材料技术要求

车载式激光平整度仪(以下简称"激光平整度仪")由承载车、距离传感器、纵断面高程传感器和主控制系统组成,基本技术参数要求如下:

(1)测试速度:30~100km/h。
(2)采样间隔:≤500mm。
(3)传感器测试精度:1.0mm。
(4)距离标定误差:≤0.05%。

**根据现行《车载式路面激光平整度仪》(JT/T 676)以及工程测量需求,修改传感器和距离标定误差的准确度要求,满足Ⅱ级要求即可。**

## 3 方法与步骤

### 3.1 准备工作

(1)检查激光平整度仪的各传感器。
(2)检查承载车轮胎气压,应达到车辆轮胎规定的标准气压,车胎应清洁,不得黏附杂物。
(3)现场安装距离测量装置,应确保机械紧固装置安装牢固,螺丝无松动。
(4)检查激光平整度仪,仪器各部分应符合测试要求,不应有破损。
(5)打开系统电源,启动控制程序,检查各部分的工作状态。

### 3.2 测试步骤

(1) 测试开始前应让承载车以测试速度行驶 5~10km,按照规定的预热时间对激光平整度仪进行预热。

**激光平整度仪为电子类产品,应该确保预热时间以保证系统整体运行的稳定。**

(2) 承载车停在测试起点前 50~100m 处,启动平整度测试系统程序,按照测试路段的现场技术要求设置完毕所需的测试状态。

(3) 驾驶员应按照要求的测试速度范围驾驶承载车,宜为 50~80km/h,避免急加速和急减速,急弯路段应放慢车速,沿正常行车轨迹驶入测试路段。

**车载式激光平整度仪受行车速度的影响很小,但是急加减速会引起较大偏差,应避免检测过程中出现急加减速情况。**

(4) 进入测试路段后,测试人员启动系统的采集和记录程序,在测试过程中必须及时准确地将测试路段的起终点和其他需要特殊标记的位置输入测试数据记录中。

(5) 当承载车辆驶出测试路段后,测试人员停止数据采集和记录,并恢复仪器各部分至初始状态。

(6) 检查测试数据文件,文件应完整,内容应正常,否则需重新测试。

(7) 关闭系统电源,结束测试。

## 4 数据处理

激光平整度仪采集的数据是路面相对高程值,应以 100m 为计算区间长度用 IRI 标准计算程序计算 IRI 值,以 m/km 计,保留 2 位小数。

国内试验中,选取 1km 具有典型意义的高速公路沥青路面,以手推式断面仪对其进行纵段高程测量,分别按 10m,20m,30m,…,200m 为基

## 6 平 整 度

本计算单位计算,计算出 IRI 及对应的变异系数,如图 6-1 所示。可以发现低于 80m 计算长度的时候,变异系数一般都超过了 5%,高于 80m 以后,逐渐趋于稳定,一般都在 5% 以内。因此,目前行业相关规范中一般都选取 100m 为基本的计算区间。

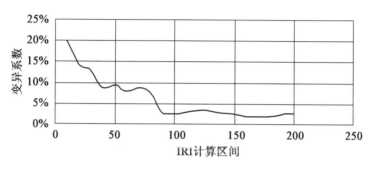

图 6-1 IRI 对应的变异系数图

### 5 激光平整度仪测值与国际平整度指数 IRI 相关性关系试验

#### 5.1 试验条件

(1)选择不少于 4 段不同平整度水平的路段,每路段 IRI 值的间距应大于 1.0,且有足够加速或减速长度。根据实际测试道路 IRI 的分布情况,可以适当增加某些范围内的标定路段。

(2)每路段长度不小于 300m。

(3)每一段内的平整度应均匀,包括路段前 50m 的引道。

**为了降低试验过程中对驾驶员的要求,规定每一个试验路段的平整度水平都尽量均匀。**

(4)选择坡度变化较小的直线路段,路段交通量小,便于疏导。

(5)一台承载车安装的多套平整度测试设备,需要分别试验。

(6)宜选择在车道的正常行驶轮迹上进行,明确标记试验路段起终点位置。

## 5.2 试验步骤

（1）距离标定：

①选择坡度变化较小的平坦直线路段，长度不小于500m，标记起终点。

**由于纵向距离对IRI测量影响显著，本次修订规定了"相关性试验距离标定最小长度500m"。**

②标定开始前应让承载车以测试速度行驶5～10km，按照规定的预热时间对测试系统进行预热。

③将承载车的前轮对准起点线，启动测试系统，然后令承载车沿着路段轨迹直线行驶，避免突然加速或减速，接近终点时，减速停车，确保承载车的前轮对准终点线，输出距离测值。重复此过程，确保距离传感器测试结果和路段标称长度的差值在允许误差范围内。

（2）按照本方法第3.2条的规定，对试验路段进行5次平整度重复测试，取其IRI计算值的平均值作为该路段的测试值。

（3）IRI值的确定：

①以精密水准仪作为标准仪具，测量标定路段上测线的纵断面高程，要求采样间隔为250mm，高程测量精度为0.5mm。然后用IRI标准计算程序对纵断面测量值进行模型计算，得到标定线路的IRI值。

②其他符合世界银行一类平整度测试标准的纵断面测试仪具也可以作为确定标定路段IRI值的仪具。

**可以选择上述两种方法中的一种作为标准方法。**

## 5.3 试验数据处理

按照本规程附录C的规定将各试验路段的IRI值和相应的平整度仪测值进行回归分析，建立相关性关系式，相关系数$R$不得小于0.99。

# 6 报 告

本方法应报告以下技术内容：

(1)测试路段信息(桩号、长度等)。

(2)IRI 值及其换算值。

(3)若进行相关性试验,还应报告相关性关系式及相关系数。

条文说明

高效自动化平整度测试系统种类繁多,结构、原理、操作以及所用的指标均存在较大差异,参照世界银行 46 号报告对平整度测试方法的研究成果,按其对道路纵断面测试的直接程度及精确度分为反应类平整度测试系统和纵断面平整度测试系统。

反应类平整度测试系统是通过测量车辆在路面上通行时车轴与车身之间的垂直位移或车身的加速度作为其对路面不平整度的反应值,其测试结果与车辆的动态性能有关,因而具有时间不稳定、不易于转换、难以进行比较等固有特征,需要通过与国际平整度指数 IRI 之间的相关性关系,间接换算成国际平整度指数 IRI 表征路面的平整度,如车载式颠簸累积仪、BPR 平整度测试仪、NAASRA 平整度测试仪等。纵断面平整度测试系统是通过测量路面纵向断面高程值,直接计算出国际平整度指数 IRI 表征路面的平整度,如激光断面测试仪、超声波断面测试仪、APL 纵断面分析仪、多轮式平整度测试仪等,这类测试系统要求采样间隔不超过 250mm,传感器测距允许误差为 1mm,达不到要求的,则应视为反应类平整度测试系统。

国际平整度指数 IRI 是由世界银行推荐使用的标准平整度测试指标,并且在其 46 号报告里发表了 IRI 的标准计算程序,采用了 1/4 车模型。IRI 是一个断面类的数学统计指标,具有时间稳定性,易于重现,对路面 1.2~30.5m 范围内的波长有较好的频率响应特征,与大多数平整度测试结果有良好的相关性关系,与我国现行规范中使用的标准差 $\sigma$ 也有良好的线性关系。以 IRI 为标准的平整度测试指标,使不同平整度测试系统的测试结果可以相互比较。

根据世界银行的分类标准,采样间隔小于或等于 250mm、断面测量精度为 0.5mm 的纵断面测试系统为一类平整度测试系统,如精密水准仪、手推车断面仪、部分激光平整度仪等。通过选取 5 段 IRI 在 0~5m/km 范围内不同水平路面的试验表明,同时用水准仪、手推车断面仪、激光平整度仪进行 IRI 测试,三种方法的 IRI 测试结果一致,且激光平整度仪不同速度的测试结果也具有很好的一致性。因此,符合世界银行一类平整度标准的仪具,经过系统校准,均可以作为建立反应类平整度测试系统与 IRI 相关性关系的标定工具。

超声波平整度仪的使用可参照本方法。

# T 0935—2019 手推式断面仪测试平整度方法

## 1 适用范围

1.1 本方法适用于手推式断面仪测量路面国际平整度指数 IRI,以表征路面平整度。

根据世界银行的分类标准,采样间隔小于或等于 **250mm**,断面测量精度为 **0.5mm** 的纵断面测试系统,为一类平整度测试系统,如精密水准仪、手推式断面仪等,可以作为建立反应类测试系统与 IRI 相关性关系的标定工具。但因其速度较慢,用于较大规模路面检测受到一定限制,多用于单位自我检评及行业管理部门标定使用。

1.2 本方法适用于无积水、无积雪、无泥浆的正常通车条件下路面的平整度测试。

该类仪器不适合在路面污染或坑槽多、破损严重时使用。

## 2 仪具与材料技术要求

（1）手推式断面仪由传感器、数据采集与处理系统、测定梁、距离测定轮、测脚、车架系统等基本部分组成，如图 T 0935 所示，技术要求如下：

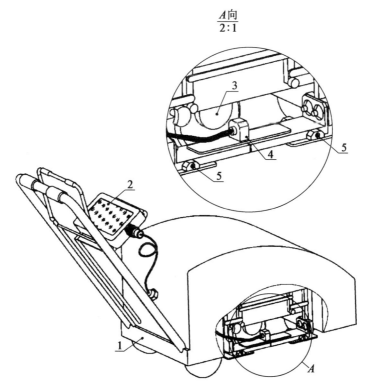

图 T 0935　手推式断面仪示意图

1-车架系统；2-数据采集与处理系统；3-距离测定轮；4-传感器；5-测脚；A-测定梁放大图

①最大测试速度：0.80km/h。

②采样间隔：≤25.4mm。

③距离标定误差：≤0.1%。

④高度测量精度：±0.1mm。

⑤断面精度：±0.381mm。

⑥最大测量纵向坡度:9.5°。

(2)其他:皮尺或钢卷尺、粉笔、扫帚等。

## 3　方法与步骤

### 3.1　准备工作

(1)清扫待测路面,检查机械部件有无松动或损坏,检查测脚有无损坏、黏附物等。

(2)将各种数据线连接后,打开电源,按要求进行预热。

(3)检查电池蓄电情况,确保测试期间电量充足。

(4)使用前应按要求完成系统标定,且宜选择温度变化幅度较小的时段进行测试。

### 3.2　测试步骤

(1)在待测路面上沿行车迹线附近标记起始点的位置。

(2)将设备停放在测量路段起点,启动程序设置所需的测试状态,开始采集数据。

(3)测试人员将手推式断面仪按规定速度沿直线向前匀速推行,并保证两测脚落脚点都在测线上,不要在手柄上施加垂直力。中途如需临时停止,需将测定梁提起到达最高点后锁定测定轮。到达测试终点时,在测定梁处于提起状态时锁住测定轮。

(4)保存数据,关闭电源。

## 4　数据处理

根据路面纵断面相对高程数据,以100m为计算区间长度用IRI标准计算程序计算IRI值,以m/km计,保留2位小数。

## 5　报告

本方法应报告下列技术内容:

(1)测试路段信息(桩号、长度等)。

## 6 平 整 度

（2）IRI 值。

条文说明

手推式断面仪是一种用于连续采集和测量路面信息（包括距离、断面坡度和国际平整度指数 IRI）的高精度仪器，符合 ASTM E950 一级产品要求，属于世界银行标准一级断面设备。手推式断面仪可用于道路或机场跑道路面施工质量验收，还可为响应式平整度检测仪及其他类平整度检测仪提供标定参照。

手推式断面仪体型小，携带方便，操作简单，在科研和工程应用领域具有一定使用需求，故本次修订增加此测试方法。测试时，仪器的放置时间、行驶距离以及温度、湿度等都会影响其测试结果，因此该仪器使用前需要进行系统标定，并在测试过程中关注上述因素的变化情况。

# 7 承载能力

道路结构的承载能力是道路能够承受车辆荷载作用的能力,体现道路结构关键力学特性。一般认为,沥青路面开裂造成的结构性破坏主要与面层材料中的最大拉应力或最大拉应变有关,路面出现车辙或平整度降低造成的功能性破坏主要与基层或路基散粒体材料中的最大压应力或最大压应变有关。国际沥青路面协会1989年颁发的《沥青路面评价和罩面设计指南》推荐的沥青路面承载能力计算公式为:

对沥青面层:

$$N = 10^6 \times \left[\frac{\varepsilon_t}{240} \times \left(\frac{E_{ac}}{3\,000}\right)^{0.85}\right]^{-3.29} \quad (7\text{-}1)$$

对散粒体材料(基层及路基):

$$N = 10^6 \times \left[\frac{\sigma_v}{0.164} \times \left(\frac{E_u}{160}\right)^b\right]^{-3.26} \quad (7\text{-}2)$$

式中:$N$——路面承载力,标准轴载下的容许累计当量次数;

$\varepsilon_t$——沥青面层的最大拉应变($\times 10^{-6}$);

$E_{ac}$——沥青面层的弹性模量(MPa);

$\sigma_v$——基层或路基的最大压应力(MPa);

$E_u$——相应基层或路基的弹性模量(MPa)。

其中,$E_u < 160$MPa 时,$b = -1.16$,其他 $b = -1.0$,$N$ 取各层中的最小值。

关于承载能力的定量表达,工程界有不同的观点,较为普遍认可的一种是,道路结构在发生结构性破坏前所能承受的累计当量轴次的多少,但随着认知水平的提升,这些观点也在不断改进。可见,承载能力是一项影响因素较多的综合性指标,从试验的角度,它不易于被直接测量。因此,

# 7 承载能力

关于承载能力的测量,只能是检测其影响因素,间接表达其大小。在我国现行规范中,与承载能力有关的技术指标主要有抗压或抗折强度、回弹模量、弯沉及承载比 CBR。因此,本次修订将原规程的第 7 章"强度与模量"与第 8 章"弯沉"合并,统称为"承载能力"。修订的目的是提高标准技术内容的逻辑性和系统性,方便根据认知和科技水平的进步,不断扩充和完善测试方法的相关内容。

(1)承载比(CBR)值是规定贯入量时荷载压强与标准压强的比值,最早用于评定路基土和路面材料的强度指标。该指标列入了我国公路路基设计与施工规范,作为路基填料选择的依据。

(2)弯沉是表征道路路基路面整体强度的重要参数,反映了路面各结构层及土基的整体强度和刚度,也直接反映了路面的使用性能,是路面设计、验收及养护的一个重要参考指标,其测量结果可用于评定道路承载能力及预估道路的剩余使用年限,所以对路面结构进行检测显得尤为重要。主要方法有贝克曼梁法、自动弯沉仪法、落锤式弯沉仪法、激光弯沉仪法。

(3)回弹模量是指路基、路面及筑路材料在荷载作用下产生的应力与其相应的回弹应变的比值,土基回弹模量表示土基在弹性变形阶段内,在垂直荷载作用下,抵抗竖向变形的能力,如果垂直荷载为定值,土基回弹模量值越大则产生的垂直位移就越小;如果竖向位移是定值,回弹模量值越大,则土基承受外荷载作用的能力就越大,因此,路面设计中采用回弹模量作为土基抗压强度的指标。主要方法有承载板法、贝克曼梁法、DCP 法及落球仪法等。

## T 0941—2008 土基现场 CBR 值测试方法

### 1 适用范围

1.1 本方法适用于在现场测试各种土基材料的现场 CBR 值,也适合于基层、底基层砂性土、天然砂砾、级配碎石等材料现场 CBR 值的试验,以评价材料的承载能力。

本方法所说的 CBR 值与土工试验中谈到的 CBR 值有所区别,首先是试验条件不同,本方法所指的是在公路现场条件下测定,而且试验的出发点不同,土工试验是为了评价路用材料的强度,而本方法更多是为了衡量土基的整体承载能力。

1.2 本方法不适用于填料粒径超过 31.5mm 的土基现场 CBR 值测试。

本方法适用于在现场测定各种土基材料的现场 CBR 值,并不适用于大粒径的土石混填或填石路基。

## 2 仪具与材料技术要求

(1)反力装置:载重汽车后轴重不小于 60kN,在汽车大梁的后轴之后设有一加劲横梁作反力架用。

(2)荷载装置:由千斤顶、测力计(测力环或压力表)及球座组成,如图 T 0941-1 所示。千斤顶可使贯入杆的贯入速度调节成 1mm/min。测力计的量程不小于土基强度,测试精度不小于测力计量程的 1%。

(3)贯入杆:直径 $\phi$50mm,长约 200mm 的金属圆柱体。

(4)承载板:直径 $\phi$150mm,中心孔眼直径 $\phi$52mm,每块 1.25kg,共 4 块,并沿直径分为两个半圆块。

(5)贯入量测定装置:由图 T 0941-1 中所示的刚性平台及百分表组成,百分表量程 20mm,精度 0.01mm,数量 2 个,对称固定于贯入杆上,端部与刚性平台接触,平台跨度不小于 500mm。此设备也可用两台贝克曼梁弯沉仪代替。

(6)细砂:洁净干燥的细砂,粒径 0.3~0.6mm。

(7)其他:铁铲、盘、直尺、毛刷、天平等。

# 7 承载能力

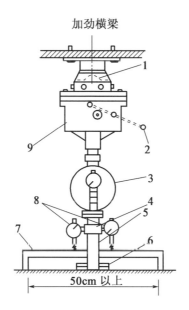

图 T 0941-1 CBR 值现场测试装置示意图

1-球座;2-手柄;3-测力计;4-百分表夹具;5-贯入杆;6-承载板;7-刚性平台;8-百分表;9-千斤顶

应选择合适量程的测力装置,一般土基强度相对路面材料较低,为了保证测力装置容量不小于土基强度而一味选用大量程测力计,可能会导致小贯入量期间测力计无法读数的情况发生,这时需要更换较小量程的测力装置。对于土基材料,可采用 **10kN** 或 **7.5kN** 测力计。技术人员应在试验中注意总结经验。

当采用贝克曼梁弯沉仪作为贯入量测定装置时,应注意需要进行贯入量的换算。平台跨度应不小于 **50cm**,以免造成贯入量读数失真,试验过程中如发现平台有明显位移,应重新进行试验。

## 3 方法与步骤

### 3.1 准备工作

(1)将测试地点直径约 $\phi$300mm 范围的表面找平,用毛刷刷净浮土,如表面为粗粒土时,应撒布少许洁净的细砂填平,但不能覆盖全部土基表面避免形成夹层。

(2)按图 T 0941-1 设置贯入杆及千斤顶,千斤顶顶在加劲横梁上且调节至高度适中。贯入杆应与土基表面紧密接触。

(3)将支架平台、百分表(或两台贝克曼梁弯沉仪)按图 T 0941-1 安装好。

**贯入杆与土基表面紧密接触,但不应在土基表面形成贯入痕迹。**

### 3.2 测试步骤

(1)在贯入杆位置安放 4 块 1.25kg 的分开成半圆的承载板,共 5kg。

(2)试验贯入前,先在贯入杆上施加 45N 荷载后,将测力计及百分表调零,记录初始读数。

(3)用千斤顶连续加载,使贯入杆以 1mm/min 的速度压入土基,分别记录贯入量为 0.5mm、1.0mm、1.5mm、2.0mm、2.5mm、3.0mm、4.0mm、5.0mm、7.5mm、10.0mm 及12.5mm时的测力计和百分表读数,每级贯入量测力计和百分表的读数应保持同步。贯入量以两个百分表读数的平均值计,当两个百分表读数差值超过其平均值的30%时,应停止测试,并检查原因。根据情况,也可在贯入量达 7.5mm 时结束试验。

(4)卸除荷载,移去测试装置。

(5)在试验点取样,测试材料含水率。取样数量如下:
①最大粒径不大于 4.75mm,试样数量约 120g;
②最大粒径不大于 19.0mm,试样数量约 250g;
③最大粒径不大于 31.5mm,试样数量约 500g。

(6)在紧靠试验点旁边的适当位置,用灌砂法(T 0921)或环刀法(T 0923)测试土基的密度。

**原规程图 T 0941-2 荷载压强-贯入量关系曲线存在问题,未对曲线 1 和曲线 2 进行详细阐述。本次修订重新给出了荷载压强-贯入量关系曲**

线,并对曲线的修正进行了示例说明。

在贯入杆位置安放半圆形承载板,限制贯入杆的侧向倾斜,当发生细微倾斜时,不应人为扶正;当发生较大倾斜时,应重新试验。

在加荷装置上安装贯入杆后,为了使贯入杆端面与土基表面充分接触,应在贯入杆上施加 **45N** 的预压力,将此荷载作为试验时的零荷载,并将该状态的贯入量设为零点。绘制的压力和贯入量关系曲线,起始部分呈反弯,则表示试验开始时贯入杆端面与土表面接触不好,应对曲线进行修正。

试验结束的判定标准应根据土基强度而定,当土基强度较大时,可在贯入量达 **6.5mm** 时结束试验。荷载压强及贯入量读数不宜过少,一般要求在达到 **2.5mm** 贯入量时应不少于 **5** 个读数。

## 4 数据处理

**4.1** 将贯入试验得到的等级荷重数除以贯入断面积($1963.5mm^2$),得到各级压强(MPa),绘制荷载压强-贯入量曲线,如图 T 0941-2 所示。图上曲线 1 不需要修正,曲线 2 在起点处有明显凹凸,需要进行修正。修正时在拐点引一切线,与纵坐标交于 $O'$ 点,$O'$ 即为修正后的原点。

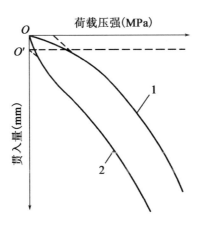

图 T 0941-2 荷载压强-贯入量关系曲线

**4.2** 从荷载压强-贯入量曲线上读取贯入量为2.5mm及5.0mm时的荷载压强 $p_1$，按式（T 0941）计算现场CBR值。CBR一般以贯入量2.5mm时的测试值为准，当贯入量为5.0mm时的CBR大于2.5mm时的CBR时，应重新试验，如重新试验仍然如此，则以贯入量5.0mm时的CBR为准。

$$CBR_{现场} = \frac{p_1}{p_0} \times 100 \qquad (T\ 0941)$$

式中：$CBR_{现场}$——承载比(%)，准确至0.1%；

$p_1$——荷载压强(MPa)；

$p_0$——标准压强，当贯入量为2.5mm时为7MPa，当贯入量为5.0mm时为10.5MPa。

原点修正时，应注意压强或贯入量值须随平移后的原点而变化。各级贯入量下的标准压强见表7-1。

表7-1 各级贯入量下的标准压强对应表

| 贯入量(cm) | 0.254 | 0.508 | 0.762 | 1.016 | 1.270 |
|---|---|---|---|---|---|
| 标准压力(kPa) | 7030 | 10550 | 13360 | 16170 | 18230 |

## 5 报告

本方法应报告下列技术内容：

(1)测试位置信息(桩号、现场材料类型、材料粒径等)。

(2)含水率、干密度。

(3)荷载压强、标准压强、CBR及相应的贯入量。

我国柔性路面设计中，以路基土和路面材料的回弹模量值作为设计参数，但CBR试验过程简捷，还是被许多单位所青睐，不少科研单位对回弹模量和CBR的关系进行了大量的试验工作，通过数值分析或理论得出各地区各类土基CBR与 $E_0$ 之间的近似关系式，见表7-2。

# 7 承载能力

表 7-2　土基的 $E_0$ 与 CBR 的关系

| 资料来源 | 关系式 | 备注 |
|---|---|---|
| SHELL 公司 | $E_0 = 10\text{CBR}$ | 动模量 |
|  | $E_0 = 5\text{CBR}$ | 静模量 |
| 英国 TRRL | $E_0 = 17.6\text{CBR}^{0.64}$ | 动模量 |
| AI 协会 | $E_0 = 10.5\text{CBR}$ | 动模量 |
| 日本道路公团 | $E_0 = (2\sim4)\text{CBR}$ | 静模量 |

条文说明

原规程中图 T 0941-2 荷载压强-贯入量关系曲线未对曲线 1 和曲线 2 进行详细阐述。本次修订重新给出了荷载压强-贯入量关系曲线,并对曲线的修正进行了示例说明。本方法的测试结果对填料粒径较为敏感,一般用于填料粒径小于 19.0mm 的土基测试,能够取得较好的测试效果。

**本次修订在适用范围中取消"本方法测试的材料最大粒径宜小于 19.0mm",条文说明中补充"本方法的测试结果对填料粒径较为敏感,一般用于填料粒径小于 19.0mm 的土基测试,能够取得较好的测试效果。"** 本方法并不是不能适用于填料粒径较大的土基,只是测试效果会差一些,测试效果好坏的判断人为因素较多,因此不在正文的适用范围中规定,仅在条文说明中做提示。

## T 0943—2008　承载板测试土基回弹模量方法

承载板法利用承载板对路基逐级加载、卸载,测定各级荷载所对应的回弹变形值,进而求得路基回弹模量,该回弹模量可用于路面设计。该方法是路基回弹模量测定的标准方法之一,在公路工程中应用广泛。路基弹性模量的较小变化就会对路面结构设计产生显著影响,导致设计浪费或不满足安全要求。采用承载板法检测路基回弹模量的难点在于合理确定试验加载上限,使其与道路路基实际受力和变形特性相一致,从而避免或降低路面设计偏差。此外,现场承载板法较烦琐,效率低,难以满足公路工程中快速检测的需要;该方法所测回弹模量为静态模量,难以完全反映路基在车辆动荷载作用下的变形特性,尤其是高速公路路基在车辆荷载作用下的动力变形特性。

## 1 适用范围

本方法适用于在现场土基表面,通过承载板对土基逐级加载、卸载的方法,测出每级荷载下相应的土基回弹变形值,通过计算求得土基回弹模量。

## 2 仪具与材料技术要求

(1)反力装置:载重汽车后轴重不小于60kN,在汽车大梁的后轴之后设有一加劲横梁作反力架用。

加载设备采用载重汽车装载铁块或砂石材料等重物,使其后轴重不小于60kN。在汽车大梁的后轴之后约80cm处,附设加劲横梁一根作反力架。汽车轮胎充气压力0.50MPa。

(2)荷载装置:由千斤顶、测力计(测力环或压力表)及球座组成,如图T 0943-1所示。

(3)刚性承载板一块,板厚20mm,直径为$\phi$300mm,直径两端设有立柱和可以调整高度的支座,供安放贝克曼梁测头用,承载板安放在土基表面上。

(4)贝克曼梁、百分表及其支架2套。

(5)液压千斤顶一台,80~100kN,装有压力表或测力环,其量程不小于土基强度,测试精度不小于测力计量程的1%。

# 7 承载能力

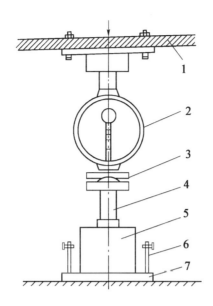

图 T 0943-1 承载板试验现场测试装置示意图
1-加劲横梁;2-测力计;3-钢板及球座;4-钢圆筒;5-千斤顶;6-立柱及支座;7-承载板

(6)秒表。

(7)水平尺。

(8)其他:细砂、毛刷、垂球、镐、铁锹、铲等。

## 3 方法与步骤

### 3.1 准备工作

(1)根据需要选择有代表性的测点,测点应位于水平的路基上,土质均匀,不含杂物。

**测点不宜选在大纵坡及超高路段上**,尽可能位于水平的路基上,且土质均匀,不含杂物。平整土基表面是必要的,但找平过程中应避免形成人为夹层,使试验结果失真。

(2)平整土基表面,撒干燥洁净的细砂填平土基凹处,砂子不可覆盖全部土基表面避免形成夹层。

(3)安置承载板,并用水平尺进行校正,使承载板处于水平状态。

**承载板应置于水平状态,且试验车加劲横梁中部应恰好对准承载板中心。**

(4)将试验车置于测点上,在加劲横梁中部悬挂垂球进行测试,使之恰好对准承载板中心,然后收起垂球。

(5)在承载板上安放千斤顶,上面衬垫钢圆筒、钢板,并将球座置于顶部与加劲横梁接触,如用测力环时,应将测力环置于千斤顶与横梁中间,千斤顶及衬垫物必须保持垂直,以免加压时千斤顶倾倒发生事故并影响测试数据的准确性。

(6)将两台贝克曼梁的测头分别置于承载板立柱的支座上。

### 3.2 测试步骤

(1)用千斤顶开始加载,注视测力环或压力表,至预压 0.05MPa,稳压 1min,使承载板与土基紧密接触,同时检查百分表的工作情况是否正常,然后放松千斤顶油门卸载,稳压 1min 后,将百分表调零或其他合适的初始位置上,记录初始读数。

(2)测试土基的压力-变形曲线。用千斤顶加载,采用逐级加载卸载法,用压力表或测力环控制加载量,荷载小于 0.1MPa 时,每级增加 0.02MPa,以后每级增加 0.04MPa 左右。为了使加载和计算方便,加载数值可适当调整为整数。每次加载至预定荷载 $p$ 后,稳定 1min,立即读记两个百分表数值,然后轻轻放开千斤顶油门卸载至零,待卸载稳定 1min 后,再次读数,每次卸载后百分表不再调零。当两个百分表读数之差小于平均值的 30% 时,取平均值;如超过 30%,则应重测。当回弹变形值超过 1mm 时,即可停止加载。

(3)各级荷载的回弹变形和总变形,按下列方法计算:

回弹变形 =(加载后读数平均值 − 卸载后读数平均值)× 贝克曼梁杠杆比

总变形 =(加载后读数平均值 − 加载初始前读数平均值)×
贝克曼梁杠杆比

原规程总影响量 $a$ 的公式未考虑贝克曼梁杠杆比,本次修订做了相应修正。

总影响量是指汽车自重对土基变形的影响大小。根据测试车悬架系统的几何结构,基于弹性力学理论的假设,可以计算出各级压力下影响量。其力学图示如图 **7-1** 所示。

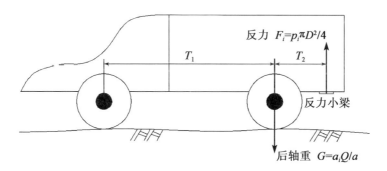

图 7-1 承载板试验力学图式

**根据力矩平衡的力学原理,容易得出 T 0943-1 给出的通用公式。**

(4)最后一次加载卸载循环结束后,取走千斤顶,重新读取百分表初读数,然后将汽车开出 10m 以外,读取终读数,按下列方法计算总影响量 $a$:

总影响量 $a$ =(百分表初读数平均值 − 百分表终读数平均值)×
贝克曼梁杠杆比

(5)在试验点下取样,测试材料含水率。取样数量如下:
①最大粒径不大于 4.75mm,试样数量约 120g;
②最大粒径不大于 19.0mm,试样数量约 250g;
③最大粒径不大于 31.5mm,试样数量约 500g。
(6)在紧靠试验点旁边的适当位置,用灌砂法(T 0921)或环刀法

(T 0923)等测试土基的密度。

采用逐级加载卸载法,测定土基的压力——变形曲线,荷载增量可视土基承载能力大小而定。土基承载能力小,荷载增量可减小,反之可适当加大。一般情况下,荷载小于 **0.1MPa** 时,每级增加 **0.02MPa**,以后每级增加 **0.04MPa** 左右。

国产贝克曼梁弯沉仪的杠杆比一般为 **2 : 1**。

# 4 数据处理

**4.1** 各级压力下的影响量 $a_i$,按式(T 0943-1)计算:

$$a_i = \frac{(T_1 + T_2)\pi D^2 p_i}{4T_1 Q} \cdot a \qquad (\text{T 0943-1})$$

式中:$a_i$——第 $i$ 级压力下的影响量(0.01mm);

$T_1$——载重汽车前后轴距(m);

$T_2$——加劲小梁距后轴距离(m);

$D$——承载板直径(m),记为 0.3m;

$p_i$——第 $i$ 级承载板压力(Pa);

$Q$——载重汽车后轴重(N);

$a$——总影响量(0.01mm)。

由于现在载重汽车未规定车辆类型,导致其前后轴距及加劲小梁距后轴距离不确定,原规程中的表 T 0943-1 各级荷载影响量(后轴 60kN)已不适用,本次修订取消表 T 0943-1,各级影响量采用式(T 0943-1)进行计算。

**4.2** 回弹变形计算值 $L_i$ 为各级压力的回弹变形值加上该级的影响量。排除显著偏离的异常点,绘出顺滑的 $p$-$L$ 曲线,如曲线起始部分出现反弯,应按图 T 0943-2 所示修正原点 $O,O'$ 则是修正后的原点。

# 7 承载能力

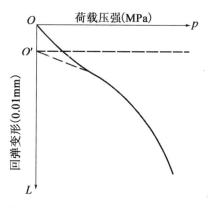

图 T 0943-2  修正原点示意图

**4.3** 按式(T 0943-2)计算相应于各级荷载下的土基回弹模量 $E_i$ 值:

$$E_i = \frac{\pi D}{4} \cdot \frac{p_i}{L_i}(1 - \mu_0^2) \qquad (\text{T 0943-2})$$

式中:$E_i$——相应于第 $i$ 级荷载下的土基回弹模量(MPa);

$\mu_0$——土的泊松比,根据路面设计规范规定取用,当无规定时,非黏性土可取 0.30,高黏性土取 0.50,一般可取 0.35 或 0.40;

$L_i$——相对于荷载 $p_i$ 时的第 $i$ 级回弹变形计算值(cm)。

本方法采用刚性承载板,压板下土基顶面的挠度为等值,不随坐标 $r$ 而变化,故变形易于测量,压力容易控制。但是板底接触压力随 $r$ 值的变化,成鞍形分布,如图 7-2 所示。

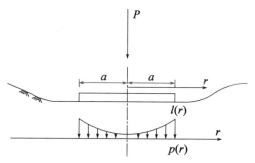

图 7-2  刚性承载板力学模型

根据弹性体系理论,土基的弹性力学模型为半无限体,其板底挠度按式(7-3)计算:

$$l = \frac{pD(1-\mu^2)}{E} \cdot \frac{\pi}{4} \tag{7-3}$$

由式(7-3)可以得到反算回弹模量 $E$ 的计算式(T 0943-2)。

**4.4** 取结束试验前的各级回弹变形计算值,按线性回归方法由式(T 0943-3)计算土基回弹模量 $E_0$ 值。

$$E_0 = \frac{\pi D}{4} \cdot \frac{\sum p_i}{\sum L_i}(1-\mu_0^2) \tag{T 0943-3}$$

计算路基回弹模量 $E_i$ 值时,泊松比 $\mu_0$ 是必用的指标,可根据有关设计规范的规定选用;当无规定时,非黏性土可取 0.30,高黏性土取 0.50,一般可取 0.35 或 0.40。

## 5 报告

本方法应报告下列技术内容:
(1)测试位置信息(桩号等)。
(2)试验时土基的含水率、土基密度。
(3)回弹变形、影响量及土基回弹模量。

条文说明

本方法属于静态回弹模量测试方法。

由于现在载重汽车未规定车辆类型,导致其前后轴距及加劲小梁距后轴距离不确定,原表 T 0943-1 中各级荷载影响量(后轴60kN)已不适用,故本次修订取消了表 T 0943-1,各级影响量采用式(T 0943-1)进行计算。另外,补充了总影响量 $a$ 的计算公式。

现场测试级配碎(砾)石、沥青稳定碎石等柔性基层回弹模量的测试可参考本方法。

## T 0944—1995 贝克曼梁测试路基路面回弹模量方法

本方法根据弯沉反算回弹模量参数,它避免了逐级加载卸载的复杂操作,利用弯沉检测数据,根据弹性层状体系理论,视土基为弹性半无限体,通过拟合实测弯沉与理论计算弯沉,从而实现反推土基回弹模量的目的。

### 1 适用范围

本方法适用于土基、厚度不小于1m的粒料整层表面,用贝克曼梁测试各测点的回弹弯沉值,通过计算求得该材料的回弹模量值,也适用于在既有道路表面测试路基路面的综合回弹模量。

本方法适用于在土基、厚度不小于1m的粒料整层表面,用贝克曼梁测试各测点的回弹弯沉值,通过计算求得该材料的回弹模量值,也适用于在旧路表面测定路基路面的综合回弹模量。相对于承载板法,本方法实质上是采用了柔性承载板,通过回弹弯沉反算土基回弹模量。区别在于,这里的"柔性承载板"是由汽车轮胎来充当,简化力学模型则为圆形均布荷载下的弹性半无限体,如图7-3所示。

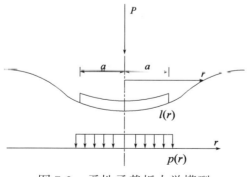

图7-3 柔性承载板力学模型

**2  仪具与材料技术要求**

（1）加载车、贝克曼梁、百分表及表架、路表温度计：按本规程 T 0951 的规定选用。

（2）其他：卷尺等。

土基弯沉检测是本方法的主要工作，所用仪具应满足 T 0951 的要求。

**3  方法与步骤**

**3.1  准备工作**

选择洁净的路基路面表面作为测点，在测点处做好标记并编号。

**3.2  测试步骤**

按本规程 T 0951 的规定测试各测点处的路面回弹弯沉值 $L_i$。

各测点的弯沉检测应有一定的时间间隔，以便给土基恢复弹性变形的时间。

**4  数据处理**

**4.1** 按本规程附录 B 的方法，计算全部测试值的算术平均值 $\bar{L}$、标准差 $S$，并按式（T 0944-1）计算自然误差 $r_0$。

$$r_0 = 0.675S \quad\quad\quad (\text{T 0944-1})$$

式中：$r_0$——回弹弯沉测试值的自然误差（0.01mm）；

$S$——回弹弯沉测试值的标准差（0.01mm）。

**4.2** 计算各测点的测试值与算术平均值的偏差值 $d_i = L_i - \bar{L}$，并计算较大的偏差与自然误差之比 $d_i/r_0$。当某个测点的观测值的 $d_i/r_0$ 值大于表 T 0944 中的 $d/r$ 极限值时应舍弃该测点。然后按本规程附录 B 的方法，计算所余各测点的算术平均值 $\bar{L}$ 及标准差 $S$。

表 T 0944　相应于测点总数 $N$ 的 $d/r$ 极限值

| $N$ | 5 | 10 | 15 | 20 | 50 |
|---|---|---|---|---|---|
| $d/r$ | 2.5 | 2.9 | 3.2 | 3.3 | 3.8 |

**4.3** 按式(T 0944-2)计算代表弯沉。

$$L_1 = \bar{L} + S \quad (\text{T 0944-2})$$

式中：$L_1$——计算的代表弯沉(0.01mm)；

$\bar{L}$——舍弃不合要求的测点后所余各测点弯沉的算术平均值(0.01mm)；

$S$——舍弃不合要求的测点后所余测各点弯沉的标准差(0.01mm)。

**4.4** 按式(T 0944-3)计算土基、整层材料路基路面材料的回弹模量或既有道路的综合回弹模量 $E_1$(MPa)。

$$E_1 = \frac{200p\delta}{L_1}(1-\mu^2)a \quad (\text{T 0944-3})$$

式中：$p$——测试车轮的平均垂直荷载(MPa)；

$\delta$——测试用加载车双圆荷载单轮传压面当量圆的半径(mm)；

$\mu$——测试层材料的泊松比，根据相关路面设计规范的规定取用；

$a$——弯沉系数，为 0.712。

原规程"测试用加载车双圆荷载单轮传压面当量圆的半径"的单位标注有误，本次修订将单位"cm"修改为"mm"。

采用《规程》T 0951 规定的标准车，轮胎接地压强 $p = 0.7\text{MPa}$，当量圆半径 $\delta = 106.5\text{mm}$。

双圆荷载单轮传压面当量圆的半径按式(7-4)计算：

$$\delta = \frac{1}{2}\sqrt{\frac{4P}{\pi p}} \quad (7\text{-}4)$$

式中：$P$——车轮上的荷载(kN)；

$p$——轮胎接地压力(kPa)。

材料泊松比是反算回弹模量的必要指标，而且对反算结果影响较大，其值随测定方法及使用条件不同而异。但我国历来取用相同的值，为此《规程》没有作具体规定，取用时可参照设计规范的值。当无规定时，可参考美国 AASHTO 路面设计指南 1987 年版的规定，如表 7-3 所列（此表规定仅适用于弯沉计算）。其中路基 $\mu$ 值我国习惯通常采用 0.35，沥青材料通常采用 0.25，有所不同。

表 7-3　AASHTO 规定的道路材料供弯沉计算用的泊松比 $\mu$ 值

| 材　料 | 泊松比范围 | 备　注 | | 常用泊松比 |
|---|---|---|---|---|
| 水泥混凝土 | 0.10~0.20 | | | 0.15 |
| 沥青混凝土、沥青碎石 | 0.15~0.45 | 温度(℃) | <0、20、30、40、>50 | 0.35 |
| | | $\mu$ | 0.15、0.2、0.3、0.4、0.45 | |
| 水泥稳定基层 | 0.15~0.30 | 无裂缝龄期长取小值，裂缝多龄期短取大值 | | 0.20 |
| 石灰粉煤灰稳定基层 | 0.15~0.30 | 同上 | | 0.25 |
| 无结合料粒料基层 | 0.30~0.40 | 碎石取低值 | | 0.35 |
| 土基 | 0.30~0.50 | 非黏性土 0.30，高黏性土可近 0.50 | | 0.40 |

贝克曼梁所测弯沉为轮隙中心的竖向变形。根据弹性层状体系下双圆均布荷载图式可知，轮隙中心的计算弯沉值可由图 7-4、式(7-5)得出：

$$W = -\frac{1+\mu_j}{E_j}q\delta \int_0^\infty \frac{J_0\left(\frac{r}{\delta}x\right)J_1(x)}{x}\left\{\left[A_j + \left(2-4\mu_j + \frac{z}{\delta}x\right)B_j\right]e^{-\frac{z}{\delta}x} + \left[C_j - \left(2-4\mu_j - \frac{z}{\delta}x\right)D_j\right]e^{-\frac{z}{\delta}x}\right\}dx \quad (7-5)$$

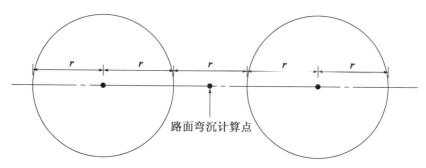

图 7-4 双圆均布荷载图

轮隙中心的计算弯沉值实际上是双圆在中心处产生竖向变形的叠加值,将其换算成当量圆单圆荷载下的弯沉,去除荷载、荷载半径、模量等常量的影响,即可得弯沉系数 $a = 0.712$。

## 5 报告

本方法应报告下列技术内容:
(1)测试位置信息(桩号等)。
(2)回弹弯沉值及代表弯沉。
(3)泊松比、回弹模量。

**条文说明**

本次修订取消了无结合料粒料材料回弹模量值测试时,对整层试验段(试槽)的要求。

## T 0945—2008 动力锥贯入仪测试路基路面 CBR 方法

动力锥贯入仪(Dynamic Cone Penetrometer,简称 DCP)在英国、美国、南非等国家被广泛用于测定路面结构性能,通过测定路基路面对锥杆的贯入阻力来评价路基路面强度。对于 DCP 与回弹模量的关系,目前国内还处于探研阶段,实际应用中宜根据实际情况标定后采用。

## 《公路路基路面现场测试规程》释义手册

**1 适用范围**

本方法适用于动力锥贯入仪(DCP)现场快速测试无结合料材料路基、路面 CBR 值,用于评估其强度。

本方法适用于 **DCP 现场快速测定或评估无结合料材料路基、路面的强度**。实际使用中,对细粒土的检测效果较好,对于粗粒土、土石混填、压实后的粒料基层,检测过程有一定难度。

**2 仪具与材料技术要求**

(1)DCP:结构与形状如图 T 0945-1 所示,包括手柄、落锤、导向杆、联轴器(锤座)、扶手、夹紧环、探杆、1m 刻度尺、锥头。

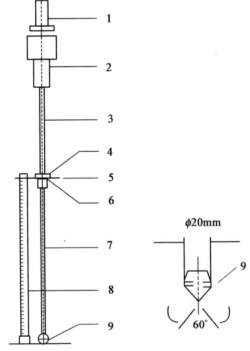

图 T 0945-1　DCP 的结构与形状示意图

1-手柄;2-落锤;3-导向杆;4-联轴器(锤座);5-扶手;6-夹紧环;7-探杆;8-1m 刻度尺;9-锥头

# 7 承载能力

标准落锤质量为 10kg,落锤材料应采用 45 号碳素钢或优于 45 号碳素钢的钢材,表面淬火后硬度 HRC 取 45~50,探杆和接头材料应采用耐疲劳强度的钢材。

**本次修订增加标准落锤的材料、硬度及耐疲劳强度要求,确保标准落锤自身的性能稳定,在试验过程中,不宜发生损坏。**

锥头锥尖角度为 60°,最大直径为 20mm,允许磨损尺寸为 2mm。锥头尖端最大允许磨损尺寸为 4mm,否则必须更换。

(2)其他:扳手、铁铲等。

## 3 方法与步骤

### 3.1 准备工作

(1)放入落锤,将仪器的导向杆与探杆在联轴器处紧固连接,保证不会松动。

(2)将 DCP 竖直立于硬地(如混凝土)上,然后记录零读数。

(3)根据需要选择有代表性的测点,测点应位于平整的路基、路面基层、面层上。如果要探测的层位上面有难以穿透的坚硬结构层时,应钻孔或刨挖至其顶面。

### 3.2 测试步骤

(1)将 DCP 放至测点位置。一人手扶仪器手柄,使探杆保持竖直。一人提起落锤至导向杆顶端,然后松开,使之呈自由落体下落。如果试验中探杆稍有倾斜,不可扶正;如果倾斜较大,造成落锤不是自由落体,则该点试验应废弃。

在实际现场试验时,往往由于以下两个原因,在装配好仪器后,一般直接在确定的测点位置垂直竖立起贯入仪,待平稳后读取初始读数。

**(1)** 由于贯入仪及落锤自身的重量,竖立好仪器后在土质表面已经贯入少量深度,采用在硬质表面读取的初始读数就会带来误差。若在竖立贯入仪同时托起落锤不使其重量加在贯入杆上相对好一些,但操作困难。

(2)测试现场表面并不平整,1m 立点位置和贯入点位置的高差每次均不同。

(2)读取贯入深度。每贯入约 10mm 读一次数,记录锤击数和贯入量。对于粒料基层,可每 5 次或 10 次锤击读数一次;对于比较软弱的结构层,可每 1~2 次锤击读数一次。

(3)连续锤击、测量,直到需要的结构层深度。当材料层坚硬,贯入量低到连续锤击 10 次而无变化时,可以停止试验或钻孔透过后继续试验。

(4)将落锤移走,从探坑中取出 DCP 仪器。

试验时往往至少需要 3~4 人,一人扶贯入杆,一人举升落锤,一人读取并记录贯入读数(或一人读数,一人记录)。根据贯入点土质的坚硬程度,可以选择锤击 1~5 次记录一次 1m 刻度尺读数,以使每次读数间隔大于 10mm,从而减少读数误差。

每个测试点建议进行两次平行测试,以作校验。

## 4 数据处理

**4.1** DCP 的测试结果可用以锤击次数为横坐标、贯入深度为纵坐标的贯入曲线表示。

**4.2** 按式(T 0945-1)计算平均每次的贯入量,即贯入度 $D_d$,按本方法第 5 部分得出的相关性公式(T 0945-2)计算 CBR 值。

$$D_d = \frac{D}{n} \qquad (T\ 0945\text{-}1)$$

式中:$D_d$——贯入度(mm);

$D$——贯入量(mm);

$n$——锤击次数。

$$\lg(CBR) = a + b \cdot \lg D_d \qquad (T\ 0945\text{-}2)$$

式中：CBR——结构层材料的现场 CBR 值；

$a$、$b$——换算系数。

**4.3** 也可按式（T 0945-3）计算动贯入阻力 $Q_d$，按本方法第 5 部分得出的相关性公式（T 0945-4）计算 CBR 值。

$$Q_d = \frac{M}{M+m} \cdot \frac{MgH}{AD_d} \qquad (\text{T 0945-3})$$

式中：$Q_d$——动贯入阻力（kPa）；

$M$——落锤质量（kg）；

$m$——贯入器即被打入部分（包括锥头、探杆、锤座和导向杆等）的质量（kg）；

$g$——重力加速度，$g = 9.8 \text{m/s}^2$；

$H$——落距（m）；

$A$——探头截面积（$\text{cm}^2$）。

$$\lg(\text{CBR}) = a + b \cdot \lg Q_d \qquad (\text{T 0945-4})$$

为了使计算过程的逻辑更加清晰，本次修订增加贯入度的计算公式（**T 0945-1**）。

根据现场测试结果，一般需要整理计算贯入度，即平均每次的贯入量 $D_d$（mm）。贯入度也可以利用专门计算机程序处理，以下举例说明贯入度计算方法。假设现场测试采集的贯入量见表 7-4，贯入量计算贯入度的过程如图 7-5 所示。

表 7-4 试验原始记录

| 锤击次数 | 点 位 | |
|:---:|:---:|:---:|
| | K000+000 | K000+001 |
| 0 | 53 | 53 |
| 1 | 156 | 161 |
| 2 | 281 | 257 |
| 3 | 385 | 338 |
| 4 | 440 | 410 |

表 7-4(续)

| 锤击次数 | 点位 | |
|---|---|---|
| | K000+000 | K000+001 |
| 5 | 475 | 465 |
| 6 | 518 | 505 |

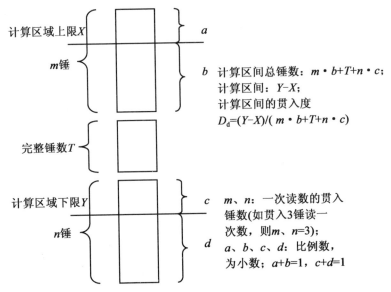

图 7-5　贯入量计算贯入度的过程

计算区间总锤数：$m \cdot b + T + n \cdot c$；
计算区间：$Y - X$；
计算区间的贯入度
$D_d = (Y-X)/(m \cdot b + T + n \cdot c)$

$m$、$n$：一次读数的贯入锤数(如贯入3锤读一次数，则 $m$、$n=3$)；

$a$、$b$、$c$、$d$：比例数，为小数；$a+b=1$，$c+d=1$

根据上述计算方法，计算出的分级贯入度见表 7-5。

表 7-5　计算后的分级贯入度(mm)

| 锤击次数 | 点位 | |
|---|---|---|
| | 1号 | 2号 |
| 1 | 103 | 108 |
| 2 | 125 | 96 |
| 3 | 104 | 81 |
| 4 | 55 | 72 |
| 5 | 35 | 55 |
| 6 | 43 | 40 |

由图 7-6 采用等比例内插的方式,可以计算出任意区间的贯入度。以 1 号点位为例,计算 0~30cm 的贯入度(DN 值),过程如下:

由图 7-6 可知,第三锤已经穿过 30cm。第三锤累计贯入深度为 332mm,超过 30cm 部分 32mm,第三锤的分级贯入度是 104mm,因此第三锤在 30cm 以下部分所占比例为 32/104 = 0.31,在 30cm 以上部分所占比例为 1 - 0.31 = 0.69,所以仪器贯入 0~30cm 仅用了 2 + 0.69 = 2.69 锤,因此 $D_d$ 值就是单位锤数贯入度 DN = 300mm/2.69 = 111.5mm。

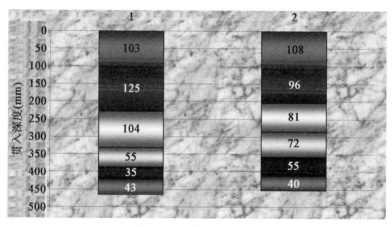

图 7-6 贯入深度图

若求 30~60cm 范围的贯入度,则将跨过 30cm 及 60cm 的锤数按比例折算成小数计入总锤数。

## 5 相关性试验

利用当地材料进行相关性试验,参照本规程附录 C 的规定建立现场 CBR 值与用 DCP 测试的贯入度 $D_d$ 或动贯入阻力 $Q_d$ 之间的相关性关系式,见式(T 0945-2)或式(T 0945-4)。测点数宜不少于 15 个,相关系数 $R$ 应不小于 0.95。

南非在使用中积累了 DN 值与土的弹性模量($E$)、加州承载比(CBR)、无侧限抗压强度(UCS)等相应土性指标的关系,现列出以供参考。

DN 与 CBR 关系式：
$$CBR = 441 DN^{-1.31} \tag{7-6}$$

DN 与 $E$ 关系式：
$$E = 1\,123 DN^{-1.064} \tag{7-7}$$

DN 与 UCS 关系式：
$$UCS = 3\,218 DN^{-1.158} \tag{7-8}$$

各单位在实践中应注意积累相关数据，以供规程修订时研用。

本次修订将现场 CBR 值与用 DCP 测定的贯入度 $D_d$ 或贯入阻力 $Q_d$ 之间的相关关系作为相关性试验，单独形成一章，逻辑上更加清晰和明确。

## 6 报告

本方法应报告下列技术内容：
(1) 测试位置信息（桩号等）。
(2) 锤击次数及相应的贯入量。
(3) 试验停止时对应的结构层深度。
(4) CBR 值、相关性关系式及相关系数。

条文说明

本次修订参照《铁路工程地质原位测试规程》(TB 10018—2003) 对动力锥落锤材料作出了规定，由于锥头锥尖角度对测试结果的影响并不显著，故本次统一规定落锤质量为 10kg，锥头锥尖角度为 60°。

国内外有关贯入度或贯入阻力与 CBR 等指标的关系式很多，但应根据实际情况建立相关性关系后采用。美国 AASHTO 规定，DCP 测试结果与 CBR 之间存在如下的关系：

$$CBR = \frac{405.3}{D_d^{1.259}} \quad (D_d \text{为贯入度})$$

英国 TRL 的《沥青路面结构设计指南（第 31 号）》也给出 CBR 与贯入度 DCR 关系图，如图 T 0945-2 所示。

# 7 承载能力

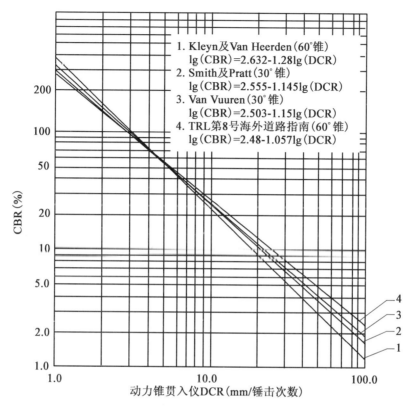

图 T 0945-2　DCR-CBR 关系图

## T 0946—2019　落球仪测试土质路基模量方法

美国联邦高速公路管理局(Federal Highway Administration,FHA)就曾指出:"如果每层覆盖层的平均刚度的不均匀性只减少25%,路面的寿命就会延长1倍。"《公路水泥混凝土路面设计规范》(JTG D40—2011)提出路床顶面的综合回弹模量值,轻交通荷载时不得低于40MPa,中等或重交通荷载时不得低于60MPa,特重或极重交通荷载时不得低于80MPa。《公路沥青路面设计规范》(JTG D50—2017)明确:按交通荷载等级,回弹模量不低于40~70MPa。

131

落球仪法能够检测路基的动态回弹模量、压缩模量,推算 **CBR**、***K*30** 等指标,是路基现场变形特性的快速检测技术和评价方法,具有实施方便,可真实反映大范围动态承载情况,且可做均匀性评价检测等特点,能够加强施工过程中变形特性的检测和控制。

## 1 适用范围

**1.1** 本方法适用于落球仪快速测试黏土、粉土、砂石土、砾石土土质路基的压缩模量和回弹模量。

**1.2** 本方法不适用于最大粒径超过 100mm 的土质路基模量测试。

## 2 仪具与材料技术要求

(1)落球仪由碰撞装置、信号采集装置、测试及解析软件等组成,其最大影响深度为 250mm,结构与形状如图 T 0946-1 所示,主要技术要求如下:

①碰撞装置:由球冠、把手构成,材质采用不锈钢,退火硬度不大于 235HB,淬火回火硬度不小于 192HB。球冠曲率半径为 120mm±5mm,当球冠表面有凹凸时,应更换,球冠质量为 19.1kg±0.2kg,把手质量应小于 1.3kg。

②信号采集装置:采用加速度传感器,该加速度传感器安装在碰撞球冠中,可记录下落体与结构对象发生碰撞时的加速度变化过程。信号采集装置应满足下列要求:

——系统应具有预触发机能;

——信号增益应可调,以适应不同强

图 T 0946-1 落球仪的结构与形状示意图
1-电荷电缆;2-主机;3-把手;4-限位支架;5-球冠

度的土体；

——A/D 卡的采样间隔不应长于 2μs，分辨率不应低于 16Bit。

③测试及解析软件：能够记录、保存测试数据，具备滤波功能并能够自动分析各测试参数。

（2）其他：卷尺、限位支架、安装工具。

落球仪（图 7-7）的工作原理为 Hertz 弹性接触理论，由于接触区附近的变形受周围介质的强烈约束，因而各点处于三向应力状态，且接触应力的分布呈高度局部性，随接触面距离的增加而迅速衰减。此外，接触应力与外加压力呈非线性关系，并与材料的弹性模量和泊松比有关。可通过数学弹性力学方法导出接触问题的计算公式。

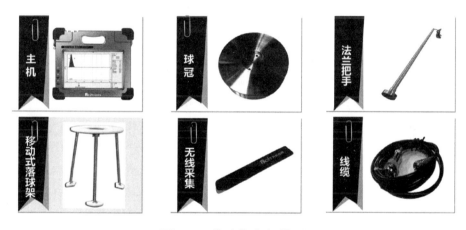

图 7-7　落球仪各部件图

落球仪测试理论的概要图见图 7-8，典型波形图见图 7-9。

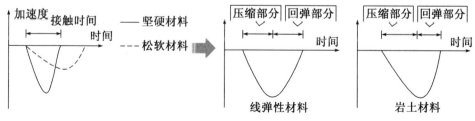

图 7-8　落球仪测试理论的概要图

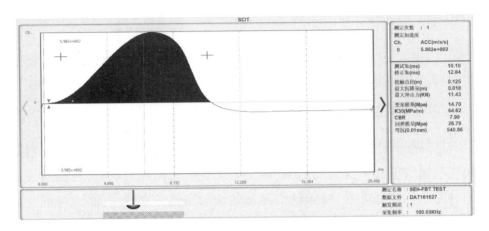

图 7-9 落球仪测试的典型波形图

## 3 方法与步骤

### 3.1 准备工作

(1)选择测试区域,在测试区域做好标记并编号,每车道可 10~20m 设一测区,测区还应满足下列条件:

①表面无明显积水或潮湿现象,无明显碎石等杂物,表面填筑材料较为均匀。

②土基面坡度小于 10°。

③附近无影响测试的施工作业、磁场、静电等。

(2)每个测区至少包含 7 个测点,各测点间距应大于 500mm,并避开明显的大粒径填料。测点布置可参考图 T 0946-2。

(3)连接并调试好仪器设备。

(4)设定球冠的质量、曲率半径、模量、泊松比及其下落高度,并根据测试路段的材料种类,依据表 T 0946 选取合适的泊松比 $\mu_s$ 和修正系数 $\kappa$。

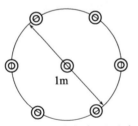

图 T 0946-2 测点布置示意图
(◎为测点)

## 7 承载能力

**表 T 0946　各材料泊松比及修正系数**

| 材料 | 砾石土 | 砂土 | 粉土 | 黏土 |
|---|---|---|---|---|
| 泊松比 $\mu_s$ | 0.20 | 0.30 | 0.35 | 0.40 |
| 修正系数 $\kappa$ | 0.66 | 0.85 | 0.90 | 1.00 |

### 3.2　测试步骤

(1)将落球仪放至测点区域,调节限位支架以保证球冠底部距测点表面的距离为0.5m。若不采用限位支架,则应用直尺量测球冠底部距测点表面的高度,并保证其为0.5m。

(2)手扶把手垂直提升至限定位置,松开把手,让球冠做自由落体,并与测试面碰撞,设备自动采集并输出该测点的压缩或回弹模量$E_i$。

(3)有效测点的测试波形应近似为半个正弦波,如果波形噪声太大(如毛刺太多),可在测点铺一层报纸或塑料薄膜,以减少土体材料与球冠的摩擦静电。

(4)确认测点数据有效后,保存采集数据。每个测点只能测试1次,在同一位置不能重复测试。

## 4　数据处理

按式(T 0946-1)计算每个测区的模量。

$$\widetilde{E} = \frac{N}{\sum\limits_{i=1}^{N}(1/E_i)} \quad (\text{T 0946-1})$$

式中:$\widetilde{E}$——测区的模量(MPa);

$N$——测点数;

$E_i$——各测点的模量(MPa)。

**公式(T 0946-1)**未采用简单的算术平均值计算方法求每个测区的模量,规避了个别测点值漂移对整个测区模量的影响。

## 5 报告

本方法应报告下列技术内容：
(1)测试路段信息(桩号、材料种类等)。
(2)模量。

条文说明

弹性模量可根据测试碰撞体与路基碰撞时的加速度-时间过程,通过Hertz接触理论计算得到。该碰撞过程可分离为压缩过程和回弹过程,因此可以分别计算出压缩时和回弹时的弹性模量。对于碾压后的路基材料,由于反复加载、卸载,其压缩过程和回弹过程的时间差异相对较小,所以本方法中回弹模量的计算直接采用整个碰撞接触时间。各测点的回弹模量及压缩模量分别按式(T 0946-2)和式(T 0946-3)进行计算。

$$E_{li} = \frac{\kappa \cdot (1-\mu_s^2) \cdot m_f E_f}{0.071\,9 E_f \cdot \sqrt{R_f v_0} \cdot T_c^{2.5} - m_f(1-\mu_f^2)} \quad (T\ 0946\text{-}2)$$

$$E_{si} = \frac{\kappa \cdot (1-\mu_s^2) \cdot m_f E_f}{0.071\,9 E_f \cdot \sqrt{R_f v_0} \cdot (2T_{cc})^{2.5} - m_f(1-\mu_f^2)} \quad (T\ 0946\text{-}3)$$

式中：$E_{li}$——回弹模量；

$E_{si}$——压缩模量；

$\kappa$——材料修正系数,见表 T 0946；

$\mu_s$——路基材料的泊松比,见表 T 0946；

$\mu_f$——不锈钢的泊松比,取 0.3；

$m_f$——碰撞体的质量(kg),取 19.1 kg；

$E_f$——碰撞体材料(不锈钢)的变形模量(MPa),取 $200 \times 10^3$ MPa；

$T_c$——碰撞接触时间(s)；

$T_{cc}$——碰撞压缩过程时间(s)；

$R_f$——自由下落球体的曲率半径(m),为 0.12 m；

$v_0$——自由下落球体与被碰撞对象碰撞时的速度(m/s),$v_0 = \sqrt{2gH}$,其中 $g = 9.80 \text{m/s}^2$;

$H$——球体的下落高度(m),为 0.5m 时,$v_0 = 3.10 \text{m/s}$。

由于路基材料为岩土类材料,具有较强的非线性和不均匀性。因此,不同的测试方法往往得到不同的结果。根据大量的试验数据,发现影响落球测试结果的主要因素有材料的粒径和级配。与承载板试验相比,落球测试的结果一般偏大,而且粒径越大的材料,其偏差程度往往也越高。编写组根据国内外 50 余个工程、项目的测试数据,给出了表 T 0946 的数值。图 T 0946-3 是经修正后的落球-承载板试验对比验证结果,可以看出:

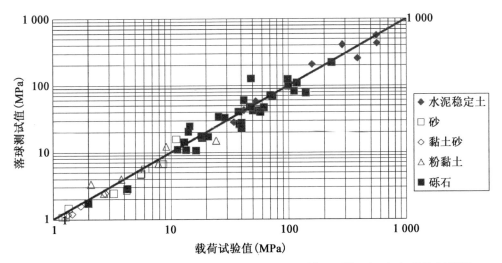

图 T 0946-3 岩土材料落球-承载板试验对比验证结果(横坐标应为承载板测值)

(1)落球测试结果平均约有 8% 的低估,这是考虑误差偏安全方面。

(2)相关系数为 0.957,表明相关性良好。

同时,在山西的忻州、晋中,浙江的杭州,河南的洛阳,湖北的襄阳以及重庆等地的十余条公路上进行了落球与贝克曼梁弯沉试验的对比,结果表明:

（1）在大多数情况下，落球测试得到的回弹模量与贝克曼梁弯沉推算得到的回弹模量，在均值、趋势等方面基本一致。

（2）由于落球测试的深度范围要浅于贝克曼梁弯沉，因此落球测试受材料表面影响较大。当表面湿润时，落球测试的回弹模量结果明显偏小，而在有重车反复过往的路段，落球测试结果则明显偏大。

落球仪测值与岩土材料动态模量也有较好的相关性，可以根据使用需求，参照本规程附录C的规定，与动态模量进行相关性试验，得到落球仪测值与动态模量的转换关系。

## T 0951—2008 贝克曼梁测试路基路面回弹弯沉方法

贝克曼梁法利用弯沉仪测量路面在标准差作用下的回弹弯沉值，通过公式反算求得路基回弹模量。该方法加载方式直观，测点位置改变方便，在公路工程路基回弹模量检测中得到了广泛应用。贝克曼梁法应用中影响因素较多，弯沉车轮胎荷载与充气压力、车速、弯沉测头垂直度、测点位置、支点变形、环境因素、人为因素及现场管理等都会影响其检测精度。与现场承载板法一样，贝克曼梁法所测路基回弹模量为静态模量，难以反映路基在行车动荷载作用下的变形特点。

### 1 适用范围

1.1 本方法适用于测试路基及沥青路面的回弹弯沉，以便评价其承载能力。

1.2 本方法不适用于路基冻结后的回弹弯沉检测。

本方法测试的是路面结构体的静态回弹弯沉，而非总弯沉。总弯沉测定应采用后退加载法，对半刚性基层来说，弯沉影响范围为 3~5m，汽车必须距离测定点很远，对司机操作技术要求很高，精确测定十分困难。为此，本试验方法仅列入广泛应用的回弹弯沉测定方法。

由于现行《公路沥青路面设计规范》(JTG D50)调整,该方法不再作为沥青路面设计时使用的方法,因此适用范围中删除"可供路面结构设计使用"。同时,考虑冻融作用对路基弯沉测量结果的影响,增加"不适用于路基冻结后的回弹弯沉检测"的规定。

温度修正属于结果处理的内容,不应该放在适用范围,因此,本次修订将温度修正的相关内容调整至"4 数据处理"。

## 2 仪具与材料技术要求

(1)贝克曼梁:由合金铝制成,上有水准泡,其前臂与后臂长度比为2∶1。贝克曼梁按长度分为5.4m(3.6m+1.8m)梁和3.6m(2.4m+1.2m)梁两种,如图 T 0951-1 所示。长度为 5.4m 的贝克曼梁适用于各种类型的路面结构回弹弯沉的测试;长度为 3.6m 的贝克曼梁适用于柔性基层沥青路面回弹弯沉的测试。

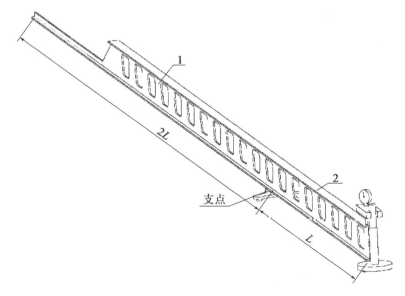

图 T 0951-1　贝克曼梁结构示意图

1-前臂;2-后臂

(2)加载车:单后轴、单侧双轮组的载重车,双轮轮隙应能满足自由插入贝克曼梁测头的要求,轴载、轮胎气压等技术参数应符合表 T 0951-1 的要求。

(3)百分表及表架。

(4)路表温度计:分辨力不大于1℃。

(5)其他:钢直尺等。

表 T 0951-1　加载车的参数要求

| 技 术 参 数 | 要　　　求 |
| --- | --- |
| 后轴标准轴载 $P$(kN) | 100±1 |
| 单侧双轮荷载(kN) | 50±0.5 |
| 轮胎气压(MPa) | 0.7±0.05 |
| 单轮传压面当量圆面积(mm$^2$) | (3.56±0.20)×10$^4$ |

原规程规定单轮传压面当量圆的直径为 $(21.30±0.5)$ cm,实际试验过程中,测量的是当量圆的面积,为了确定直径是否满足要求,需要将面积进行转换,换算成直径,操作烦琐,因此本次修订直接对当量圆面积提出要求。直径与面积的换算过程如下:

$$R = \frac{D}{2} = \frac{21.30±0.5}{2} = (106.5±2.5) \text{ mm}$$

$$S = \pi R^2 = 3.14 \times (106.5±2.5)^2 = (3.56±0.20) \times 10^4 \text{ mm}^2$$

## 3　方法与步骤

### 3.1　准备工作

(1)检查并保持测试用加载车的车况及制动性能良好,轮胎气压应符合表 T 0951-1 的要求。

(2)给加载车配重,并用地中衡称量后轴总质量及单侧双轮荷载等,均应符合表 T 0951-1 的要求,加载车行驶及测试过程中,轴重不应变化。

(3)若启用新加载车或加载车轮胎发生较大磨损时应测试轮胎传压

# 7 承载能力

面面积。轮胎传压面面积测试方法如下:确保加载车双侧轮载及其轮胎气压满足表 T 0951-1 的要求,在平整光滑的硬质路面上用千斤顶将汽车后轴顶起,在轮胎下方铺一张新的复写纸和一张方格纸,轻轻落下千斤顶,即在方格纸上印上轮胎印痕。用求积仪或数方格的方法测算单个轮胎印迹范围内的面积,均应符合表 T 0951-1 中单轮传压面当量圆面积的要求。

(4)当在沥青路面上测试时,通过气象台了解前 5d 的日平均气温(日最高气温与最低气温的平均值)。

(5)记录沥青路面结构层材料类型、设计厚度等情况。

## 3.2 测试步骤

(1)将加载车停放在测试路段的测试位置,后轮一般应置于道路行车轮迹带上。将贝克曼梁插入加载车后轮轮隙处,与加载车行车方向一致,梁臂不得接触轮胎。贝克曼梁测头置于轮隙中心前方 30～50mm 处测点上。用路表温度计测量并记录测点附近的路表温度。可采用两台贝克曼梁对双侧轮迹同时进行回弹弯沉测试。

(2)将百分表安装在表架上,并将百分表的测头安放在贝克曼梁的测定杆顶面。轻轻叩击贝克曼梁,确保百分表正常归位。

(3)指挥加载车缓缓前进,速度一般为 5km/h 左右,百分表示值随路面变形持续增加。当示值最大时,迅速读取初读数 $L_1$。加载车仍继续前进,示值开始反向变化,待加载车驶出弯沉影响范围(约 3m 以上),百分表示值稳定后,读取终读数 $L_2$。

**为了能够清晰地看到百分表正转和反转的过程,可适当加大轮隙与测点的距离,但不宜大于 15cm,否则容易发生碰梁现象。**

**安装百分表时,应注意留有一定的余地,因为测试过程中百分表既要正转,也要反转,应调节百分表架与测定杆到合适的接触深度,然后百分表调零,用手指轻轻叩打弯沉仪,检查百分表应稳定回零。连续测试时,一般不必每次调零,但须记录百分表初始读数,这样可以提高检测效率。**

取消原规程中"将加载车后轮轮隙对准测点后约 3~5cm 处的位置上"的规定,这个规定不易实现,并且实际工作中是以轮隙中心为基准确定测点,而不是确定测点再来做对准。

(4)指挥加载车沿轮迹带前行,驶向下一测试位置,重复步骤(1)~(3),完成测试路段的回弹弯沉测试。

3.3 当采用 5.4m 贝克曼梁测试弯沉时,一般可不进行支点变形修正。若有可能引起贝克曼梁支座处变形,在测试时应检验支点有无变形。如果有变形,此时应用另一台测试用贝克曼梁安装在测定用贝克曼梁的后方,其测点架于测定用贝克曼梁的支点旁。当加载车开出时,同时测定两台贝克曼梁的弯沉读数,如检验贝克曼梁百分表有读数,即应记录并进行支点变形修正。当在同一结构层上测定时,可在不同位置测定 5 次,求取平均值,以后每次测定时以此作为修正值。支点变形修正的原理如图 T 0951-2 所示。

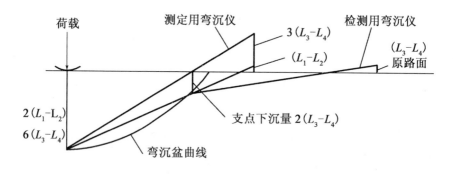

图 T 0951-2 贝克曼梁支点变形修正原理

为避免支点变形带来的麻烦,目前一般均采用 5.4m 梁进行检测。贝克曼梁弯沉仪是该方法的关键仪器。试验前,应按照贝克曼梁相关行业标准及检定规程,对仪器挠度、顺直度等关键性能指标进行必要的检验,为试验准确性提供保障。

## 4 数据处理

**4.1** 路面测点的回弹弯沉值按式(T 0951-1)计算。

$$l_t = 2(L_1 - L_2) \qquad (\text{T 0951-1})$$

式中：$l_t$——在沥青面层平均温度 $t$ 时的回弹弯沉值(0.01mm)；

$L_1$——车轮中心临近贝克曼梁测头时百分表的最大读数(0.01mm)；

$L_2$——加载车驶出弯沉影响半径后待百分表稳定后的终读数(0.01mm)。

**4.2** 当需进行弯沉仪支点变形修正时，按式(T 0951-2)计算路面测点回弹弯沉值。

$$l_t = 2(L_1 - L_2) + 6(L_3 - L_4) \qquad (\text{T 0951-2})$$

式中：$L_3$——加载车中心临近贝克曼梁测头时检验用贝克曼梁的最大读数(0.01mm)；

$L_4$——加载车驶出弯沉影响半径后检验用贝克曼梁的终读数(0.01mm)。

注：此式适用于测定用贝克曼梁支座处有变形，但百分表架处路面已无变形的情况。

**4.3** 当沥青面层厚度大于50mm时，回弹弯沉值应根据沥青面层平均温度进行温度修正，按下列步骤进行。

（1）按式(T 0951-3)计算测定时的沥青面层平均温度。

$$t = \frac{t_{25} + t_m + t_e}{3} \qquad (\text{T 0951-3})$$

式中：$t$——测定时沥青面层平均温度(℃)；

$t_{25}$——根据 $t_0$ 由图 T 0951-3 决定的路表下25mm处的温度(℃)；

$t_m$——根据 $t_0$ 由图 T 0951-3 决定的沥青面层中间深度的温度(℃)；

$t_e$——根据 $t_0$ 由图 T 0951-3 决定的沥青面层底面处的温度(℃)。

其中 $t_0$ 为测定时路表温度与测定前 5d 日平均气温的平均值之和(℃),日平均气温为日最高气温与最低气温的平均值。

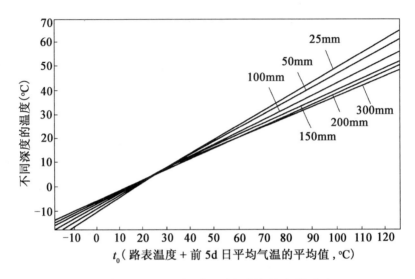

图 T 0951-3　沥青面层平均温度的确定

注:线上的数字表示从路表向下的不同深度(mm)。

(2)当沥青面层平均温度在20℃±2℃时,温度修正系数 $\kappa=1$。当沥青面层平均温度为其他温度时,应根据沥青面层厚度,分别由图 T 0951-4 及图 T 0951-5 求取不同基层的沥青路面弯沉值的温度修正系数 $\kappa$。

(3)按式(T 0951-4)计算修正后的沥青路面回弹弯沉值。

$$l_{20} = l_t \cdot \kappa \qquad (T\ 0951\text{-}4)$$

式中: $l_{20}$ ——修正后的沥青路面回弹弯沉值(0.01mm);

$\kappa$ ——温度修正系数。

**4.4** 按照本规程附录 B 的方法,计算测试路段的弯沉平均值、标准差。弯沉代表值应根据测试目的,按照相应标准进行计算。

弯沉代表值计算采用的是正态分布计算方法,而《规程》附录 B 列明的是 $t$ 分布计算方法,因此不能按照附录 B 的方法计算弯沉代表值。

# 7 承载能力

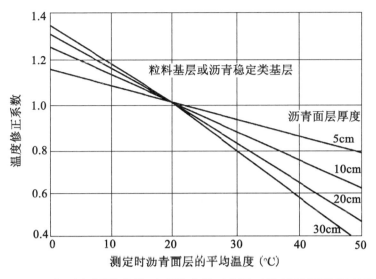

图 T 0951-4 路面弯沉温度修正系数曲线(适用于粒料基层及沥青稳定基层)

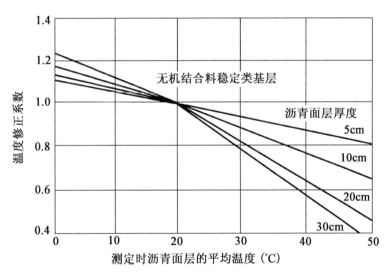

图 T 0951-5 路面弯沉温度修正系数曲线(适用于无机结合料稳定的半刚性基层)

## 5 报告

本方法应报告下列技术内容:

(1)测试路段信息(桩号、路面结构层材料类型及设计厚度等)。
(2)沥青面层平均温度、温度修正系数、回弹弯沉值。
(3)测试路段的回弹弯沉平均值、标准差及代表值。

条文说明

贝克曼梁测试路基路面回弹弯沉中加载车很重要,我国一直规定用解放牌 CA-10B 型及黄河牌 JN-150 型作为两个荷载等级的标准车。但这两种车型已很少使用,显然已不能作为标准车型。本次修订取消对加载车车型的规定,表 T 0951-1 中对加载车的后轴标准轴载、单侧双轮荷载、轮胎气压、单轮传压面当量圆面积等主要参数提出要求,凡是符合这些参数的加载车均可以使用。原规程表 T 0951 中对单轮传压面当量圆半径进行了规定,而准备工作中实际测试的是单轮传压面当量圆面积,本次修订统一规定单轮传压面当量圆面积的要求。同时,本次修订明确了单轮传压面当量圆面积必须测试的条件,并重新细化梳理了测试方法的操作步骤。

沥青路面的回弹弯沉受温度变化影响较大,为保证回弹弯沉值的可比性,现场测试的沥青路面回弹弯沉值以沥青面层平均温度20℃为准。当沥青面层厚度大于50mm 时,需要进行温度修正,按本方法第4.3条的步骤处理。在原规程使用过程中,普遍反映温度修正采用查表法,人为误差较大,但由于《公路路基路面现场测试规程》(JTJ 059—1995)(以下简称"1995 版规程")编制时的原始数据已无法查证,交通运输部公路科学研究院根据1995 版规程中温度修正的放大图,反复验证后形成的公式见表 T 0951-2、表 T 0951-3、表 T 0951-4。

表 T 0951-2  沥青层平均温度的确定

| 从路表向下的不同深度 | 路表下不同深度的温度 |
| --- | --- |
| 25mm | $T_{25} = 0.5943 T_0 - 12.3120$ |
| 50mm | $T_{50} = 0.5383 T_0 - 9.2248$ |
| 100mm | $T_{100} = 0.5034 T_0 - 9.8736$ |

表 T 0951-2(续)

| 从路表向下的不同深度 | 路表下不同深度的温度 |
|---|---|
| 150mm | $T_{150} = 0.4667T_0 - 8.6477$ |
| 200mm | $T_{200} = 0.4464T_0 - 7.8857$ |
| 300mm | $T_{300} = 0.4227T_0 - 7.0723$ |

表 T 0951-3　路面弯沉温度修正系数(适用于粒料基层及沥青稳定基层)

| 沥青层厚度 | 温度修正系数 | |
|---|---|---|
| | 0~20℃ | 20~50℃ |
| 50mm | $\kappa_{50,1} = -0.0077T + 1.1544$ | $\kappa_{50,2} = -0.0068T + 1.1328$ |
| 100mm | $\kappa_{100,1} = -0.0136T + 1.2688$ | $\kappa_{100,2} = -0.0118T + 1.2340$ |
| 200mm | $\kappa_{200,1} = -0.0159T + 1.3153$ | $\kappa_{200,2} = -0.0169T + 1.3321$ |
| 300mm | $\kappa_{300,1} = -0.0172T + 1.3425$ | $\kappa_{300,2} = -0.0208T + 1.4124$ |

表 T 0951-4　路面弯沉温度修正系数(适用于无机结合料稳定的半刚性基层)

| 沥青层厚度 | 温度修正系数 | |
|---|---|---|
| | 0~20℃ | 20~50℃ |
| 50mm | $\kappa_{50,1} = -0.0045T + 1.0916$ | $\kappa_{50,2} = -0.0065T + 1.1319$ |
| 100mm | $\kappa_{100,1} = -0.0061T + 1.1220$ | $\kappa_{100,2} = -0.0117T + 1.2365$ |
| 200mm | $\kappa_{200,1} = -0.0084T + 1.1690$ | $\kappa_{200,2} = -0.0179T + 1.3599$ |
| 300mm | $\kappa_{300,1} = -0.0112T + 1.2251$ | $\kappa_{300,2} = -0.0208T + 1.4173$ |

弯沉的测试值普遍较小或半刚性基层的弯沉盆较大时,需要考虑支点变形修订,并按照本方法第3.3条给出的测试步骤进行。

条文说明中将温度修正图公式化后,一方面便于计算,另一方面将计算结果统一,达到结果一致的目的,减少查图过程中因人为误差导致的结果不一致。

# T 0952—2008 自动弯沉仪测试路面弯沉方法

为了减轻测试人员的劳动强度,提高工作效率,改善采样数据的准确度,英法等国于20世纪70年代末期利用快速发展的电子和计算机技术研制开发出了自动弯沉仪。自动弯沉仪的基本测试原理是模仿贝克曼梁的工作方式,只是采用位移传感器替换了百分表进行自动测量,同时改变了测臂的长度比例,通过工业计算机固化程序控制测量机构自动运作,并将所测弯沉值直接自动记录到计算机中,从而减轻测试人员的劳动强度。

## 1 适用范围

**1.1** 本方法适用于Lacroix型自动弯沉仪测试沥青路面的总弯沉,以评价其承载能力。

**1.2** 本方法不适用于有严重坑槽、车辙等病害,不具备正常通车条件路面的弯沉测试。

本方法测试的是路面结构体的静态总弯沉,而非回弹弯沉,与贝克曼梁法有所区别。由于采取连续测量的方式,探测梁需要在被测路面上拖动,因此要求路面无严重坑槽、车辙等病害,避免损坏测梁。

## 2 仪具与材料技术要求

Lacroix型自动弯沉仪:由承载车、测量机架及控制系统,位移、温度和距离传感器,数据采集与处理系统等基本部分组成,如图T 0952所示。

(1)承载车:单后轴、单侧双轮组的载重车,其轴载、轮胎气压等参数应符合表T 0951-1的要求。

(2)位移及距离传感器:

①位移传感器分辨率:≤0.01mm。

②位移传感器量程:≥3mm。

# 7 承载能力

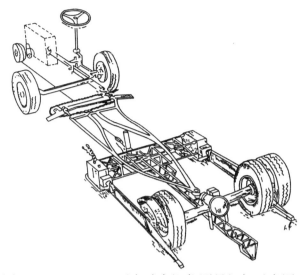

图 T 0952 Lacroix 型自动弯沉仪测量机架示意图

③距离传感器的示值误差：≤1%。

一般来说,长期停放后的初次使用需要进行传感器校准,且每年至少校准一次。检测时,启动系统后,如发现位移传感器为零,则表示工作不正常,须检查传感器,重新启动系统,若情况未发生改变,则可进行位移传感器校准。

## 3 方法与步骤

### 3.1 准备工作

(1)检查并保持承载车的车况及制动性能良好,轮胎气压应该符合表 T 0951-1 的要求。

**检查轮胎气压容易被忽视,但轮胎气压是表征检测车是否满足标准的关键指标,每次测试之前,必须检查。**

(2)如果承载车因改装等原因改变了后轴载,应按照本规程 T 0951 的规定检查设备承载车轮载,确保满足表 T 0951-1 的要求。

（3）检查测量机架的易损部件情况，及时更换损坏部件。

（4）打开设备电源进行检查，控制面板功能键、指示灯、显示器等应正常。

（5）每次测试之前应进行位移传感器的标定，记录标定数据并存档。

（6）开动承载车试测2~3个步距，确保测量系统正常运行。

（7）当在沥青路面上测试时，通过气象台了解前5d的日平均气温（日最高气温与最低气温的平均值）。

（8）记录沥青路面结构层材料类型、设计厚度、横坡等情况。

### 3.2 测试步骤

（1）通电预热测试系统。

（2）开启工程警灯和导向标等警告标志，在测试路段前20m处将测量机架放落在路面上。

（3）按照测试路段的现场技术要求设置所需的测试状态参数。

（4）缓慢加速承载车到测试速度，一般应控制在3.5km/h以内。当实际采用的现场测试速度超出此范围时，应进行设备的相关性试验对测试结果进行修正。承载车沿正常行车轨迹驶入测试路段，开始测试。在测试过程中，根据承载车实际到达的位置，将测试路段起终点、桥涵等特征位置的桩号输入到记录数据中。同时，应测量并记录路表温度。

（5）当承载车驶出测试路段后，停止数据采集和记录，并缓慢停止承载车，提起测量机架。

（6）检查数据文件的完整性，确保测试内容正常，否则需要重新测试。

（7）关闭测试系统电源，结束测试。

## 4 数据处理

### 4.1 自动弯沉仪采集路面弯沉盆峰值为路面总弯沉。左臂测值、右臂

测值按单独弯沉处理。

自动弯沉仪测定的是路面结构总弯沉,我国现行设计规范中所采用的设计弯沉值都是指路面回弹弯沉值,因此需要经过相关性修正后才能用于路面评价或设计。关于自动弯沉仪所采集的弯沉盆数据,目前还没有统一的认识,因为它所采集的弯沉盆是在测点不变、荷载位置发生变化的情况下采集得到的,与落锤式弯沉仪(FWD)采集的弯沉盆不是一个概念,并非真正意义上的弯沉盆。

**4.2** 按照本规程 T 0951 的规定,对弯沉值进行温度修正。

**4.3** 弯沉值的横坡修正:当路面横坡不超过 4% 时,不进行横坡修正;当横坡超过 4% 时,横坡修正按表 T 0952 的规定进行。

表 T 0952 弯沉值横坡修正

| 横坡范围 | 高位修正系数 | 低位修正系数 |
| --- | --- | --- |
| >4% | $\dfrac{1}{1-i}$ | $\dfrac{1}{1+i}$ |

注:$i$ 是路面横坡(%)。

路面正常横坡一般在 1.5~2.0 之间,但在一些小半径的平曲线路段,路面横坡的超高会使自动弯沉仪两侧轮重差异加大,从而导致两个轮迹在不同荷载条件下进行弯沉测试。为了量化路面超高对弯沉测值的影响,首先分析自动弯沉仪在路面上的受力情况,如图 7-10 所示。

从受力和力矩平衡原理分析,可以得到下面的受力平衡方程式:

$$\begin{cases} F_A + F_B = G \cdot \cos\alpha & (1) \\ f = G \cdot \sin\alpha & (2) \\ f \cdot h + F_A \cdot \dfrac{L}{2} = F_B \cdot \dfrac{L}{2} & (3) \end{cases} \quad (7\text{-}9)$$

由力矩平衡公式(7-9)的(3)得到:

$$F_B = F_A + 2f\frac{h}{L} \qquad (7\text{-}10)$$

由式(7-9)的(1)、(2)以及式(7-10)得到:

$$2F_A + 2G \cdot \sin\alpha \frac{h}{L} = G \cdot \cos\alpha$$
$$\Rightarrow F_A = G\left(\frac{1}{2}\cos\alpha - \frac{h}{L}\sin\alpha\right) \qquad (7\text{-}11)$$

$$2F_A - 2G \cdot \sin\alpha \cdot \frac{h}{L} = G \cdot \cos\alpha$$
$$\Rightarrow F_B = G\left(\frac{1}{2}\cos\alpha + \frac{h}{L}\sin\alpha\right) \qquad (7\text{-}12)$$

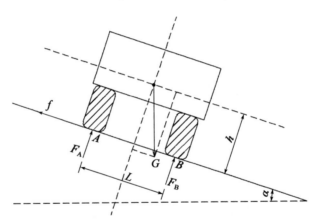

图 7-10　自动弯沉仪受力分析图

$G$-重力;$L$-轮距;$h$-重心距路面距离;$\alpha$-路面倾角

从目前国内现有型号自动弯沉仪测量结果来看,$L$ 近似为 $h$ 的 2 倍。这样可以将式(7-11)、式(7-12)简化为下列公式:

$$F_A = \frac{G}{2}(\cos\alpha - \sin\alpha) = \frac{\sqrt{2}}{2}G \cdot \sin(45° - \alpha) \qquad (7\text{-}13)$$

$$F_B = \frac{G}{2}(\cos\alpha + \sin\alpha) = \frac{\sqrt{2}}{2}G \cdot \sin(45° + \alpha) \qquad (7\text{-}14)$$

由式(7-13)、式(7-14)可知,随着横坡的增加,自动弯沉仪两个轮子的轮重都在变化,高位轮重逐渐减少,低位轮重逐渐增大。当 $\alpha$(弧度)很小时,$\cos\alpha$ 近似为 1,$\alpha \approx \sin\alpha \approx \tan\alpha$,$\tan\alpha = i$。$F_A$ 可表示为:

$$F_A = \frac{1}{2} G \cdot (1 - \alpha)$$

所以,高位修正系数为 $\frac{1}{1-i}$,低位修正系数为 $\frac{1}{1+i}$。

**4.4** 当测试速度大于 3.5km/h 时,应根据本方法第 5 部分进行相关性试验,并对弯沉值予以换算。

**4.5** 按照本规程附录 B 的方法,计算测试路段的弯沉平均值、标准差。弯沉代表值应根据测试目的,按照相应标准进行计算。

## 5 自动弯沉仪与贝克曼梁弯沉测值的相关性试验

### 5.1 试验条件

(1)按弯沉值不同水平范围选择不少于 4 段路面结构相似的测试路段,长度一般为 300~500m,标记好起终点位置。

(2)测试路段的路面应清洁干燥,附近不应有重型交通和震动。

(3)试验宜选择晴天无风的天气条件,测试温度宜在 10~35℃ 范围内,且应选择温度变化不大的时段进行。

### 5.2 试验步骤

(1)自动弯沉仪按照本方法第 3.2 条的步骤以正常车速对测试路段进行弯沉测试,每隔 3 个测试步距或约 20m 标记测点位置。

(2)自动弯沉仪测试完毕后,等待 30min,然后在每一个标记位置用贝克曼梁按照本规程 T 0951 的方法测试各点回弹弯沉值。

### 5.3 数据处理

按照贝克曼梁弯沉测点对应的桩号,从自动弯沉仪记录数据中提取各测点的弯沉值,并与贝克曼梁测值一一对应,按照本规程附录 C 的规定得到贝克曼梁测值和自动弯沉仪测值之间的相关性关系式,相关系数 $R$

应不小于 0.95。

由于路面结构和路基条件的不同都会影响相关性关系式的建立,因此选择对比试验的路段时,路面路基条件应基本相同。对于一个地区而言,可以选择几种不同的路面结构及路基条件,分别建立相关关系式进行换算。为了使关系式更具有代表性,对比试验路段的弯沉分布应尽量加宽。在做对比试验时,路段附近应没有重型交通和振动,因为这两种情况都对测值有较大影响;且测试路段宜选在正常横坡、纵坡较小的路段。自动弯沉仪测试速度一定,不考虑测试速度的影响。

在做贝克曼梁测试时,承载车不可长时间作用在测点的路面上。因此,选择每隔 3 个测试步距确定 1 个对比点。为了给路面充分的恢复时间,当自动弯沉仪测完后,等待 30min 后再进行贝克曼梁弯沉测试。

## 6 报告

本方法应报告下列技术内容:

(1)测试路段信息(桩号、路面结构层材料类型及设计厚度、横坡等)。

(2)沥青面层平均温度、温度修正系数、横坡修正系数、弯沉。

(3)若进行相关性试验,还应报告相关性关系式及相关系数。

条文说明

英国及国内的试验资料表明,测试速度会影响弯沉的测试结果。试验结果显示当弯沉水平不超过 40(0.01mm)时,这种影响较小,可不予考虑,但当弯沉水平超过 40(0.01mm)时,测试结果的差别较大。

自动弯沉仪一般具有自动测量并记录路表温度的功能。当无此功能时,应根据测试时的温度变化情况,以适当的时间间隔测量并记录路表温度,以便用于温度修正。

由于路面结构和路基条件的不同都会影响相关关系式的建立,因此选择对比试验的路段时,路面路基条件应基本相同。对于一个地区而言,可以选择几种不同的路面结构及路基条件,分别建立相关性关系式进行换算。为了使关系式更具有代表性,对比试验路段的弯沉分布应尽量加宽。在做相关性试验时,路段附近应没有重型交通和震动,因为这两种情况都对测值有较大影响。

在做贝克曼梁测试时,承载车不可长时间作用在测点的路面上。因此,选择每隔3个测试步距确定一个对比点。为了给路面一个充分的恢复时间,当自动弯沉仪测完后,等待30min再进行贝克曼梁弯沉测试。

## T 0953—2008 落锤式弯沉仪测试弯沉方法

对于落锤式弯沉仪(FWD),弯沉是指与落锤质量对应的当量荷载使路表面产生的瞬时变形值,而弯沉盆是指弯沉的分布曲面。本方法适用于测定在落锤式弯沉仪(FWD)标准质量的重锤落下一定高度发生的冲击荷载作用下,路基或路面表面所产生的瞬时变形,即测定在动态荷载作用下产生的动态弯沉及弯沉盆。

(1)落锤式弯沉仪(FWD)采用的是冲击荷载,与贝克曼梁及自动弯沉仪的荷载形式有所区别。从某种程度上讲,它的冲击荷载更好地模拟了车辆在实际行驶中对路面的作用。FWD是测定在动态荷载作用下产生的动态弯沉及弯沉盆,而且FWD输出的弯沉峰值是总弯沉,而不是回弹弯沉。因此,其值与贝克曼梁的静态弯沉不可直接对比。按照我国现行路面结构设计及评价体系,FWD所测结果经转换至回弹弯沉值后才可用于评定道路承载能力。

(2)利用落锤式弯沉仪(FWD)数据反算路基路面各层材料弹性模量的技术,一直是国际上的热门研究课题,各种反算方法层出不穷,但目前反算技术在我国的应用范围极为有限。

## 1 适用范围

本方法适用于采用落锤式弯沉仪测试路表在冲击荷载作用下产生的瞬时变形,即动态弯沉,以便评价路基路面承载能力。

## 2 仪具与材料技术要求

落锤式弯沉仪(FWD)由荷载发生装置、弯沉检测装置、控制系统与牵引车等组成,具体要求如下:

(1)荷载发生装置:重锤的质量及落高根据使用目的与道路等级选择,荷载由传感器测试。如无特殊需要,重锤的质量为200kg±10kg,可产生50kN±2.5kN的冲击荷载。承载板呈十字对称分开成四部分,且底部固定有橡胶片,直径一般为300mm,也可为450mm。

**本次修订根据市场现有落锤式弯沉仪的实际情况,增加直径为450mm的承载板。**

(2)弯沉检测装置:由一个或多个位移传感器组成,位移分辨力不大于0.001mm,如图 T 0953 所示。承载板中心应设有一个位移传感器,其他位移传感器与中心处传感器呈线性布置,一般分布在距离承载板中心2 500mm的范围内。用于反算路面结构层模量时,位移传感器总数应不少于7个,且应包括0mm、300mm、600mm、900mm处4个位置。

(3)控制系统:在冲击荷载作用期间,测量并记录冲击荷载及各个位移传感器所在位置的动态变形。

(4)牵引车:牵引FWD并安装控制装置的车辆。

**本方法列明的FWD的设备指标仅适用于本方法的测试,不适用于其他测试方法。FWD属于自动化程度较高的公路仪器设备,其测得的弯沉值的准确性依赖于设备自身的准确性。同时,FWD工作时采用冲击荷载提供激励,高频率的振动对设备整体稳定性以及传感器准确性的要**

求较高。因此,应当高度重视设备的准确性,并按照《落锤式弯沉仪》[JJG(交通)133—2017]送到有能力的计量技术机构进行检定/校准。

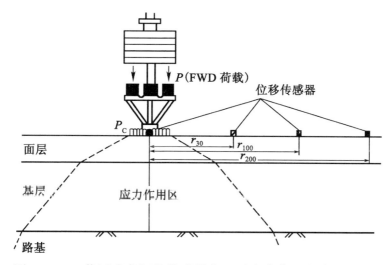

图 T 0953　落锤式弯沉仪传感器布置及应力作用状态示意图

FWD 通过一定质量的重物自由落下锤击一块具有一定刚性的承载板作用于路表,然后通过按一定间距布置的传感器测定路表的变形响应(即所谓的弯沉盆),其分析模型见图 **7-11**。

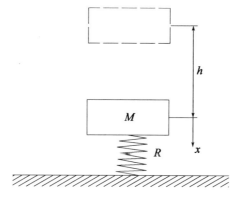

图 7-11　FWD 分析模型

假定质量为 $M$ 的落锤从 $h$ 高度落下,根据能量转换公式:

$$Mgh = \frac{1}{2}Mv^2 \tag{7-15}$$

刚度为 $k$ 的承载板,受到落锤冲击后产生振动,其振动方程为:
$$z = C_1 \cos\omega t + C_2 \sin\omega t \qquad (7\text{-}16)$$

式中:$\omega$——振动频率;

$t$——时间;

$C_1$、$C_2$——待定系数。

由初始条件:$z_{t=0} = 0$,$\dot{z}_{t=0} = v$,解得振动方程的系数:$C_1 = 0$,$C_2 = \dfrac{\sqrt{2gh}}{\omega}$;并注意到:$\omega = \sqrt{k/M}$。

将系数代入振动方程,并计算 $z$ 的二阶导数得:
$$z'' = \omega\sqrt{2gh} = \sqrt{\dfrac{2ghk}{M}} \qquad (7\text{-}17)$$

最后可根据牛顿定律,得到路面所受的最大冲击力为:
$$F_{\max} = Mz'' = \sqrt{2ghkM} \qquad (7\text{-}18)$$

由上式可知,通过改变落锤的质量和落高就可对路表施加不同级位的荷载。重锤提升方法一般有液压式和电动式两种,调整重锤质量及落高时,应注意整个系统的负荷条件,锤重或落高过大,可能会使系统负荷过重而发生故障,特别对于电动式的提升方法,更应注意。

## 3 方法与步骤

### 3.1 准备工作

(1)调整重锤的质量及落高,使重锤的质量及产生的冲击荷载符合本方法第 2 部分的要求。

(2)检查 FWD 的车况及使用性能,确保功能正常。

(3)将 FWD 牵引至测试地点,牵引 FWD 行驶的速度不宜超过 50km/h。

(4)开启 FWD,对传感器进行标定。

### 3.2 测试步骤

(1)将 FWD 牵引至测试路段起始位置,输入测试位置信息,设定好状态参数。

(2)将承载板中心位置对准测点,测点一般应布置在车道轮迹带处。落下承载板,放下弯沉检测装置的各传感器。

(3)启动荷载发生装置,落锤瞬即自由落下,冲击力作用于承载板上,又立即自动提升至原来位置固定。同时记录荷载数据,各个位移传感器测量并记录路表变形数据,变形峰值即为弯沉值。每个测点重复测试应不少于3次。

(4)提起传感器及承载板,牵引车向前移动至下一个测点,重复步骤(2)~(3)完成测试路段的测试。

## 4 数据处理

(1)舍去承载板中心位移传感器的首次弯沉测试值,计算其后几次弯沉测试值的平均值作为该测点的弯沉值。

**每个测点落锤不少于3次,一般认为第一锤可让路基结构基本稳定,第二锤仪器自身稳定,试验可直接取第三次落锤测值,也可取后几次测值的平均值。**

(2)按照《公路沥青路面设计规范》(JTG D50—2017)的规定,对弯沉值进行温度修正。

(3)按照本规程附录B的方法,计算测试路段的弯沉平均值、标准差。弯沉代表值应根据测试目的,按照相应标准进行计算。

## 5 报告

本方法应报告下列技术内容:

(1)测试路段信息(桩号、路面结构层材料类型及设计厚度等)。

(2)路表弯沉温度影响系数、弯沉。

(3)测试路段的弯沉平均值、标准差及代表值。

(4)如有需要可报告弯沉盆数据。

# 《公路路基路面现场测试规程》释义手册

本次修订增加了第 11 章"路基路面损坏",将原规程中"5 水泥混凝土路面板调查的方法与步骤"调整至"T 0975—2019 弯沉法测试水泥混凝土路面脱空方法"。

条文说明

按照沥青路面设计规范,弯沉值不再作为设计指标,但仍可作为路面和路基的竣(交)工验收指标。本次修订不再对落锤式弯沉仪与贝克曼梁弯沉仪相关性试验做强制要求,如有需要得到二者相关性关系时,可按如下步骤进行:

(1)路段选择

选择结构类型完全相同的路段,针对不同地区选择某种路面结构的代表性路段,进行两种测试方法的对比试验,以便将落锤式弯沉仪测试的动弯沉换算成贝克曼梁弯沉仪测试的回弹弯沉值。选择的路段长度为 300~500m,弯沉值一般有一定的变化幅度。

(2)相关性试验步骤

①采用与实际使用相同且符合要求的落锤式弯沉仪及贝克曼梁弯沉仪测试车。落锤式弯沉仪的冲击荷载应与贝克曼梁弯沉仪测试车的后轴双轮荷载相同。

②标记路段起点位置。

③按本方法第 3.1 条布置测点位置,按本规程 T 0951 的方法用贝克曼梁定点测试回弹弯沉。测试车开走后,以测点为圆心在周围画一个半径为 150mm 的圆,标明测点位置。

④将落锤式弯沉仪的承载板对准圆圈,位置偏差不超过 30mm,按本方法第 3 部分进行测试。两种仪器对同一点弯沉测试的时间间隔不应超过 10min。

⑤逐点对应计算两者的相关性关系。通过对比试验得出回归方程式 $L_B = a + bL_{FWD}$,式中 $L_{FWD}$、$L_B$ 分别为落锤式弯沉仪、贝克曼梁弯沉仪测试

的弯沉值。回归方程式的相关系数 $R$ 应不小于0.95。

由于路面结构和材料、路基状况、温度、水文条件、路面使用状况不同,相关性关系也有所不同,为了提高数据的准确性,一般需分各种情况作相关性试验。

本规程修订过程中,《公路沥青路面设计规范》(JTG D50—2017)、《公路工程质量检验评定标准 第一册 土建工程》(JTG F80/1—2017)修订并发布实施,均推荐采用落锤式弯沉仪测量弯沉,将相关性试验调整至条文说明,不再做强制要求,仅供需要使用相关性试验的人员参考。

在实际对比试验中,由于不同路面结构和材料,路基状况、温度、水文条件、路面使用状况不同以及动静弯沉的固有区别,两者的相关性很难达到要求,在这种情况下,一般可从以下两个因素考虑:

(1)综合考虑路面结构和材料,路基状况、温度、水文条件、路面使用状况等因素,对路面进行分类,分别做此项对比试验。

(2)利用 **FWD** 的荷载及时程数据(图 **7-12**),换算出路面的回弹弯沉,再与贝克曼梁弯沉做对比分析。

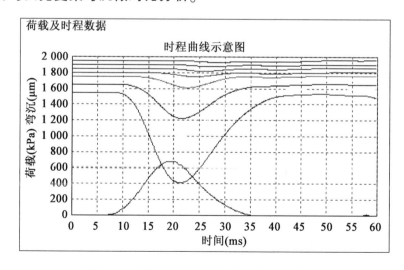

图 7-12 落锤式弯沉仪时程曲线示意图

# T 0957—2019 激光式高速路面弯沉测定仪测试路面弯沉方法

激光式高速路面弯沉测定仪测量方法是目前世界上最先进的弯沉测试技术，它在高速行驶过程中利用激光多普勒(Laser-Doppler)技术测试地面在荷载作用下的垂直下沉速度，再通过预设模型计算出最大弯沉及弯沉盆数据，具有测试效率高、受人为操作影响小的特点。此项测量技术早在21世纪初就已投入研究，近几年，国内外才有一些成型仪器设备产品投入工程应用。

## 1 适用范围

本方法适用于应用多普勒测速原理的激光式高速路面弯沉测定仪测试路面弯沉，以评价路基路面承载能力。

## 2 仪具与材料技术要求

激光式高速路面弯沉测定仪由承载车、检测控制系统、多普勒激光传感器、距离测量系统、温度控制系统等基本部分组成，如图 T 0957-1 所示，其基本技术参数的要求如下：

(1)测试速度的范围:30~90km/h。

(2)激光传感器分辨率:0.01mm/s。

激光式高速路面弯沉测定仪可实现弯沉的高精度检测，测量精度为 **0.01mm**，可实现空间分辨率 **0.1m** 的数值输出，即将弯沉测试间隔缩小至 **10cm**，实现弯沉检测的"连续性"。

(3)测试激光器数量:不少于4个。

(4)距离标定误差:≤0.1%。

(5)承载车应不少于两轴，中后轴双侧四轮的载重车，其技术参数

(后轴标准轴载、单侧双轮荷载、轮胎气压)应符合表 T 0951-1 的要求。

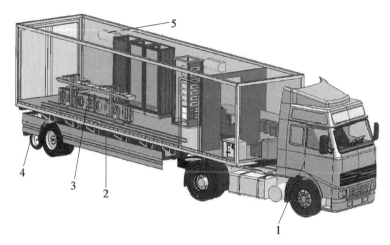

图 T 0957-1　激光式高速路面弯沉测定仪结构示意图

1-承载车;2-检测控制系统;3-多普勒激光传感器;4-距离测量系统;5-温度控制系统

　　激光式高速路面弯沉测定仪是指以正常的车流速度利用多普勒激光传感器测量由于标准载货汽车行驶所致的路面变形速度,通过预设在不同位置上的传感器采集到的路面变形速度反演出动态荷载作用下的路面弯沉盆的一种路面结构强度测试仪器,如图 7-13 所示。

图 7-13　激光式高速路面弯沉测定仪实物图

激光式高速路面弯沉测定仪在不封闭交通条件下能自动化快速检测弯沉,检测速度允许范围为 0～120km/h,因此其突出优点是检测效率高。据粗略测算,高速路面弯沉测定仪在 12 周可完成 19 000km 的路网检测,而要达到同样的检测量,FWD 需要 15 年。贝克曼梁弯沉仪是静态测试,FWD 是单点动态测试,而激光式高速路面弯沉测定仪是行驶速度下的动态测试。

## 3　方法与步骤

### 3.1　准备工作

(1)检查承载车后轴标准轴载、单侧双轮荷载、轮胎气压等参数,应符合本方法第 2 部分的要求。

(2)检查承载车和传感器的性能。

(3)开启并检查设备的全部系统,计算机、软件采集与计算、警示灯均应正常。

(4)开动激光式高速路面弯沉测定仪,进行试测,确保系统正常运行。

(5)当在沥青路面上测试时,通过气象台了解前 5d 的日平均气温(日最高气温与最低气温的平均值)。

(6)记录沥青路面结构层类型、设计厚度等情况。

### 3.2　测试步骤

(1)通电预热,保证设备舱内达到要求的温度,并开启警示灯及导向灯等警告标志。

(2)放下距离测试轮,按照测试路段的现场技术要求设置所需的测试状态。

(3)加速承载车到正常车速,沿正常行车轨迹驶入测试路段,保持正常行驶。

(4)在承载车到达测试路段起点前开始测量,确保至少有 200m 的有效路段,并在承载车到达测试路段起点时进行标记。在测试路段中如遇桥面、路面条件差或偏离当前测试路段等特殊位置,应做相应的标记来记录桩号等信息。

(5)当承载车到达测试路段终点时,应做终点标记,在车辆驶离终点至少200m后停止数据采集,并将系统各部分恢复至准备状态。

(6)检查测试数据,文件应完整,数据结果应正常,否则需要重新测试。

(7)关闭测试系统电源,结束测试。

路面在重载车轮碾压下产生沉降,其中沉降速度反映了路面结构的强度。激光式高速路面弯沉测定仪采用4~7个传感器测量路表的变形速度,其中3~6个传感器位于弯沉盆内部,1个传感器在弯沉盆外部作为参考值。采用角速度传感器测量运动状态,然后通过不同位置的变形速度即可反演得出测点弯沉值。激光式高速路面弯沉测定仪的快速、连续式测量,可实现弯沉的网级检测,有利于路网结构性能的全面掌握。图7-14为弯沉数据的网级可视化展示图。

图7-14 弯沉数据的网级可视化展示

## 4 数据处理

**4.1** 通过专用的数据处理软件和计算模型对采集到的数据进行处理。

**4.2** 按本规程T 0951及T 0952的方法进行温度、坡度修正,根据实际需要,得到测试路段的路面弯沉值。

**4.3** 按本规程附录 B 的方法,计算测试路段的弯沉平均值、标准差。弯沉代表值应根据测试目的,按照相应标准进行计算。

## 5 激光式高速路面弯沉测定仪与落锤式弯沉仪测值相关性试验

### 5.1 试验条件

(1)按弯沉值不同水平范围选择不少于 4 段路面结构相似的测试路段,长度不少于 500m,标记好起终点位置。

(2)测试路段应平直,无严重破损、无积水、无污染、无交叉口。

(3)测试路段的路面应清洁干燥,附近不应有重型交通和震动。

(4)试验宜选择晴天无风的天气条件,测试温度宜在 10~35℃ 范围内,且应选择温度变化不大的时段进行。

### 5.2 试验步骤

(1)落锤式弯沉仪按照本规程 T 0953 的方法以正常车速对测试路段进行弯沉测试,每隔约 10m 标记测点位置。

(2)落锤式弯沉仪测试完毕后,等待 10min,然后用激光式高速路面弯沉测定仪测试各点弯沉值。

### 5.3 数据处理

按照落锤式弯沉仪测点对应的桩号,从激光式高速路面弯沉测定仪记录数据中提取各测点的弯沉值,并与落锤式弯沉仪测值一一对应,按照本规程附录 C 的规定得到落锤式弯沉仪测值和激光式高速路面弯沉测定仪测值之间的相关性关系式,相关系数 R 应不小于 0.90。

## 6 报告

本方法应报告以下技术内容:

(1)测试路段信息(桩号、路面结构层材料类型及设计厚度等)。

(2)沥青面层平均温度、温度修正系数、横坡修正系数、弯沉。

(3)若进行相关性试验,还应报告相关性关系式及相关系数。

# 7 承载能力

条文说明

激光式高速路面弯沉测定仪是目前世界上最先进的弯沉测试装置，它在高速行驶过程中利用激光多普勒（Laser-Doppler）技术测试地面在荷载作用下的垂直下沉速度，再通过分析程序计算出最大弯沉及弯沉盆数据，该类设备最早由丹麦 GreenWood 公司研发。目前，我国科研机构已经研制了具有自主知识产权的激光式高速路面弯沉测定仪，并在国内推广使用。

激光式高速路面弯沉测定仪的测试原理是测试系统在高速行驶过程中通过激光多普勒效应来测试地面在荷载作用下的垂直下沉速度，通过一套惯性系统实时记录多普勒激光传感器的振动情况和运行姿态修正计算路面实际弯沉变化的速度，其测试原理如图 T 0957-2 所示。

图 T 0957-2　激光式高速路面弯沉测定仪工作原理

激光多普勒效应的原理是当一束频率为 $f_{d1}$ 的光波发射到测试表面，会在荷载作用下的测试表面发生垂直移动，该光波被发生垂直移动的测试表面反射出去的频率为 $f_{d2}$，通过激光多普勒传感器测出频率变化后，计算测试表面垂直移动速度，见式（T 0957），多普勒效应原理示意图如图 T 0957-3 所示。

$$v_D = \frac{(f_{d1} - f_{d2}) \cdot \lambda}{2} \quad (\text{T 0957})$$

式中：$v_D$——测试表面垂直移动速度；
$f_{d1}$——光波发射频率；
$f_{d2}$——光波反射频率；
$\lambda$——发射光波波长。

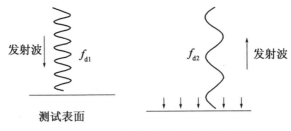

图 T 0957-3　多普勒效应原理示意图

当测试表面达到最大弯沉时,表面速度应为零,通过对沿弯沉盆分布各点的速度变化的分析与计算,能够得到最大弯沉值。激光式高速路面弯沉测定仪因采用非接触测试方式工作,故能够以高达 120km/h 的速度精确测试路面弯沉。

当前我国路面弯沉测试的自动化设备主要有激光自动弯沉仪和落锤式自动弯沉仪两种,这两种设备虽然采用不同的原理对路面进行弯沉测试,但是测量速度一般都控制在 3.5km/h 的范围内,测试效率很低,由于行驶速度慢,此类设备在高速上测试时危险性较高,而激光式高速路面弯沉测定仪的测试速度可在 30~90km/h 的范围内,以正常行车速度在高速公路上进行测试,测试效率大大提高,此外,还具有不影响交通、安全性好等优点。

# 8 水泥混凝土强度

强度是水泥混凝土结构最为重要的力学指标,对于水泥混凝土路面结构,强度包括抗压强度和抗弯拉强度。由于抗弯拉强度测量效率较低且应用效果不佳,工程上常用劈裂强度评价水泥混凝土路面结构的抗弯拉性能。我国现行标准对水泥混凝土强度的测量均有所涉及,但考虑《规程》技术内容的完整性和工程使用的便利性,以及水泥混凝土路面结构本身的特殊性,本次修订除按照现行相关标准进行更新修改外,还增加了取芯法测试水泥混凝土路面结构强度的方法;取消了射钉法快速测定水泥混凝土强度的方法,原因是该方法具有较多安全隐患,且测量理论不够完善,工程应用也基本消失。

## T 0954—1995 回弹仪测试水泥混凝土强度方法

### 1 适用范围

**1.1** 本方法适用于快速测试水泥混凝土路面的抗压强度,不作为混凝土路面的强度评定、仲裁试验或工程验收使用。

**1.2** 本方法不适用于表面与内部质量有明显差异或内部存在缺陷的水泥混凝土强度测试。

**1.3** 本方法不适用于厚度小于100mm水泥混凝土强度测试。

试验的水泥混凝土厚度不得小于**100mm**,是为了防止回弹时产生颤动造成回弹能量损失,使检测结果偏低。

### 2 仪具与材料技术要求

(1)混凝土回弹仪:指针直读式混凝土回弹仪,构造和主要零件名称

如图 T 0954 所示,也可采用数字显示式或自记录式回弹仪。回弹仪应符合下列技术要求:

①水平弹击时,在弹击锤脱钩的瞬间,回弹仪的标称能量应为 2.207J。

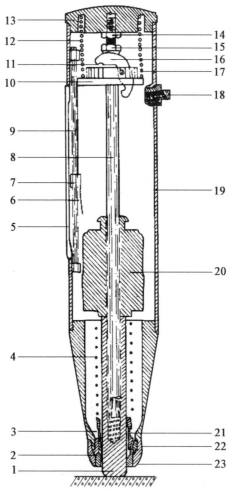

图 T 0954　混凝土回弹仪的结构

1-弹击杆;2-盖帽;3-缓冲压簧;4-弹击拉簧;5-刻度尺;6-指针片;7-指针块;8-中心导杆;9-指针轴;10-导向法兰;11-挂钩压簧;12-压簧;13-尾盖;14-紧固螺母;15-调零螺丝;16-挂钩;17-挂钩销子;18-按钮;19-外壳;20-弹击重锤;21-拉簧座;22-卡环;23-密封毡圈

②弹击锤与弹击杆碰撞的瞬间,弹击拉簧处于自由状态,此时弹击锤起点应位于刻度尺的零点处。

③在洛氏硬度为(60±2)HRC 的钢砧上,回弹仪的率定值应为 80±2。

④数字显示式回弹仪应带有指针直读示值系统,数字显示的回弹值与指针直读示值相差不应超过 1。

回弹法是用一弹簧驱动的重锤,通过弹击杆(传力杆)弹击混凝土表面,并测出重锤被反弹回来的距离,以回弹值(反弹距离与弹簧初始长度之比)作为与强度相关的指标来推定混凝土强度的一种方法。由于检测是在混凝土表面进行,所以该方法属于一种表面硬度法,是基于混凝土表面硬度和强度之间存在相关性而建立的一种检测方法。回弹值测试原理见图 8-1。

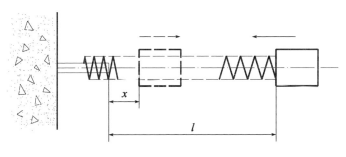

图 8-1　回弹值测试原理

回弹值 $R=x/l$ ,在回弹仪中,弹簧初始长度 $l$ 为定值,所以 $R$ 与反弹距离 $x$ 成正比。

(2)酚酞酒精溶液:浓度 1%~2%。

(3)游标卡尺:分度值 0.02mm。

(4)碳化深度测定仪:分度值 0.25mm。

(5)钢砧:洛氏硬度(60±2)HRC。

(6)其他:手提式砂轮、凿子、锤、吸耳球等。

回弹仪应符合现行国家计量检定规程《回弹仪》(JJG 817)的要求,有计算功能的应检查其计算过程是否符合《规程》的相关规定。

弹击锤与弹击杆碰撞的瞬间,弹击拉簧处于自由状态,此时弹击锤起点应位于刻度尺的零点处;在洛氏硬度为HRC(60±2)的钢砧上,回弹仪的率定值应为(80±2)。以上均是检验回弹仪的标准能量是否为2.207J。

水平弹击时,弹击锤脱钩的瞬间,回弹仪的标准能量即弹击拉簧恢复原始状态所做的功为:

$$E = \frac{1}{2}KL^2 = \frac{1}{2} \times 784.532 \times 0.075^2 = 2.207J$$

式中:$K$——拉力弹簧的刚度系数(N/m);

$L$——拉力弹簧工作时的拉伸长度(m)。

本次修订增加了数字式回弹仪的技术要求,即数字式回弹仪应带有指针直读示读系统。数字式回弹仪技术要求参照《回弹法检测混凝土抗压强度技术规程》(JGJ/T 23—2011)提出。通过市场调研,现有大多数数字式回弹仪都是在传统机械构造和标准技术参数的基础上实现回弹值的数字化采样,大部分能达到技术要求,少数一些劣质设备工作不久就出现采样数据与指针回弹值发生偏离的问题。规定数字式回弹仪应带有指针直读示读系统是保证数字式回弹仪的数字显示与指针显示一致性的基本要求。

## 3 方法与步骤

### 3.1 准备工作

(1)确保测试时环境温度为-4~40℃。

(2)回弹仪率定:

①回弹仪使用前,应在钢砧上进行率定,在每天测试完毕后率定一次,测试过程中对回弹值有怀疑时也应进行率定。

②回弹仪率定试验,宜在温度为 5~35℃ 的条件下进行。率定时钢砧表面应干燥、清洁,钢砧应稳固地平放在刚度大的地面上,回弹仪向下弹击时,弹击杆应分 4 次旋转,每次旋转约 90°,弹击 3~5 次,取其中最后连续 3 次且读数稳定的回弹值进行平均作为率定值。

(3)布置测区和测点:

①按照本规程 T 0902 规定的方法确定测试的混凝土板。每个混凝土板的测区数不宜少于 10 个,相邻两测区的间距不宜大于 2m;测区宜在混凝土板表面上均匀分布,并避开板边板角。

②测区表面应清洁、干燥、平整,不应有疏松层、饰面层、粉刷层、浮浆、油垢以及蜂窝、麻面等,必要时可用砂轮清除表面的杂物和不平整处,磨光的表面不应有残留粉尘或碎屑。

③一个测区的面积不宜大于 200mm×200mm,每一测区测试 16 个测点,相邻两测点的间距不宜小于 30mm,测点距路面边缘或接缝的距离不应小于 200mm。

**每个试样的测区数不宜少于 10 个**是综合测区覆盖面、计算统计等因素确定的,同时也考虑了国家标准和其他行业标准一般均以 10 个测区数作为界限。

对于薄壁构件或板角部位,如果约束力不够,回弹时产生颤动,会造成回弹能量损失,使检测结果偏低。

检测面应为混凝土原浆面,已经粉刷的构件应将粉刷层清除干净,不可将粉刷层作为混凝土原浆面进行检测。如果养护不当,混凝土表面会产生疏松层,尤其在气候干燥地区更应注意,应将疏松层清除后方可检测,否则会造成误判。

弹击点附近混凝土表面质量及较浅的预埋件都会对回弹值产生影响,因此要求测区表面应达到一定要求,如确实很难找到表面质量完好的整片 **200mm×200mm** 的区域,在弹击时,则应尽量选择局部完好的区域施测并注意避开预埋件。当在试样的两相对表面上有另两个基本对称的测试面时，每侧测定 8 个测点。

### 3.2 测试步骤

（1）回弹值测试

在测试过程中，回弹仪的轴线应始终垂直于混凝土表面，具体操作应符合下列要求：

①将回弹仪的弹击杆顶住混凝土表面，轻压仪器，使按钮松开，弹击杆徐徐伸出，并使挂钩挂上弹击锤。

②手持回弹仪对混凝土表面缓慢均匀施压，待弹击锤脱钩，冲击弹击杆后，弹击锤即带动指针向后移动到一定位置，指针刻度线在刻度尺上的示值即为该点的回弹值，测点不应在气孔或外露石子上，同一测点只弹击一次。

③使用上述方法在混凝土表面依次读数并记录回弹值，如条件不利于读数，可按下按钮，锁住机芯，将回弹仪移至他处读数，准确至 1 个单位。

④使用完毕后应将弹击杆压入仪器内，经弹击后按下按钮，锁住机芯，待下一次使用。

测量回弹值时，回弹仪的轴线应始终垂直于混凝土检测面，将弹击杆顶住混凝土表面，缓慢施压不能冲击，否则回弹值读数不准确。

同一测点只允许弹击一次，若重复弹击则后者回弹值高于前者，这是因为经弹击后该局部位置较密实，在弹击时吸收的能量较小，从而使回弹值偏高。

如因弹击点存在表观无法判断的气孔或石子等引起回弹值异常，这两种数值与该测区的正常回弹值偏差较大，很好判断，应予以舍去，并重新找点实测。

（2）碳化深度测试

①回弹值测量完毕后，应在有代表性的测区测量碳化深度值，测点数

不应少于构件测区数的30%,应取其平均值作为该构件每个测区的碳化深度值。当碳化深度值极差大于2.0mm时,在每一测区分别测量碳化深度值。

②测量碳化深度值时,可用合适的工具在测区表面形成直径约为15mm的孔洞(其深度略大于混凝土的碳化深度),然后用吸耳球吹去孔洞中的粉末和碎屑(不得用液体冲洗),并立即用浓度为1%~2%酚酞酒精溶液洒在孔洞内壁的边缘处,当已碳化与未碳化界限清楚时(未碳化部分变成紫红色),用碳化深度测定仪或深度游标卡尺测试已碳化与未碳化交界面至混凝土表面的垂直距离三次,取三次测试的平均值作为碳化深度测试结果,准确至0.5mm。

混凝土强度换算值由回弹值及碳化深度值两个因素确定,一般认为碳化层会提高表面回弹值,所以用回弹法检测时要测量碳化深度,修正回弹值。当出现碳化深度值极差大于2.0mm的情况时,可能预示该构件混凝土强度不均匀,因此要求每一测区应分别测量碳化深度值。

由于现在所用水泥掺合料品种繁多,有些水泥水化后不能立即呈现碳化与未碳化的界限,需等待一段时间显现。因此本条规定了量测碳化深度时,需待碳化与未碳化界限清楚时再进行量测的内容。与回弹值一样,碳化深度值的测量准确与否,直接影响推定混凝土强度的准确性,因此在测量碳化深度值时应为垂直距离,并非孔洞中显现的非垂直距离。测量碳化深度值时应采用专用碳化深度测量仪,每个点测量3次,每次测量碳化深度可以精确到0.25mm,3次测量结果取平均值,精确到0.5mm。

# 4 数据处理

**4.1** 将一个测区的16个测点的回弹值,去掉3个最大值及3个最小值,其余10个回弹值按式(T 0954-1)计算测区平均回弹值。

$$\overline{N}_s = \frac{\sum N_i}{10} \qquad (\text{T } 0954\text{-}1)$$

式中：$\overline{N}_s$——测区平均回弹值，准确至 0.1，无量纲；

$N_i$——第 $i$ 个测点的回弹值。

**4.2** 根据回弹仪轴线与水平方向的角度将测得的数据按式（T 0954-2）进行修正，计算非水平方向测试的回弹修正值。当测试水泥混凝土路面为向下垂直方向时，测试角度为 $-90°$，回弹修正值 $\Delta N$ 见表 T 0954-1。

$$\overline{N} = \overline{N}_s + \Delta N \qquad (\text{T } 0954\text{-}2)$$

式中：$\overline{N}$——经非水平测试修正的测区平均回弹值；

$\Delta N$——非水平方向测试的回弹值修正值，由表 T 0954-1 或内插法求得，准确至 0.1。

表 T 0954-1 非水平方向测试的回弹值修正值

| $\overline{N}_s$ | 回弹仪轴线与水平方向所成的角度 | | | | | | | |
|---|---|---|---|---|---|---|---|---|
| | +90° | +60° | +45° | +30° | -30° | -45° | -60° | -90° |
| 20 | -6.0 | -5.0 | -4.0 | -3.0 | +2.5 | +3.0 | +3.5 | +4.0 |
| 30 | -5.0 | -4.0 | -3.5 | -2.5 | +2.0 | +2.5 | +3.0 | +3.5 |
| 40 | -4.0 | -3.5 | -3.0 | -2.0 | +1.5 | +2.0 | +2.5 | +3.0 |
| 50 | -3.5 | -3.0 | -2.5 | -1.5 | +1.0 | +1.5 | +2.0 | +2.5 |

注：表中未列入的 $\overline{N}_s$，可用内插法求得。

计算时应首先进行角度修正，再进行碳化深度修正。角度为回弹仪弹击方向与水平方向所成的锐角，回弹仪向上弹击则角度为正，反之角度为负。当测定水泥混凝土路面为向下垂直方向时，测试角度为 $-90°$，然后将测得的数据按公式（T 0954-2）进行修正即可。

测试角度示意见图 **8-2**。

# 8 水泥混凝土强度

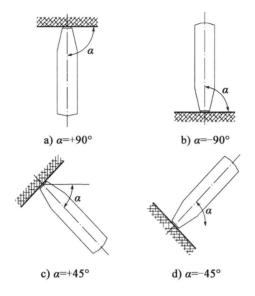

图 8-2 测试角度示意图

**4.3** 平均碳化深度按式(T 0954-3)计算。

$$L = \frac{1}{n}\sum_{i=1}^{n} L_i \quad \text{(T 0954-3)}$$

式中：$L$——碳化深度(mm)；

$L_i$——第 $i$ 个测点的碳化深度(mm)；

$n$——测点数。

平均碳化深度值大于或等于 6.0mm 时,取 6.0mm。

**4.4** 混凝土强度推算。

将回弹值换算为混凝土强度时,宜采用下列方法:

(1)有试验条件时,宜通过试验建立专用测强曲线,但测强曲线仅适用于材料质量、成型、养护和龄期等条件基本相同的混凝土。混凝土标准试块为 150mm×150mm×150mm,采用 1.5、1.75、2.0、2.25、2.50 五个灰水比,以便得到不少于 30 对数据,试件与被测对象有相同的养护条件,到达龄期后,将试块用压力机加压至 30~50kN 稳住,用回弹仪在两侧面分别测试 8 个测点,按式(T 0954-1)计算平均回弹值,然后进行抗压强度试验,用最小二乘法建立二者相关性关系的推定式,推定式可为直线式或其他适当的形式,但相关系数 R 不得小于 0.95。然后根据测区平均回弹值利用测强曲线推定混凝土抗压强度。

(2)没有条件通过试验建立专用测强曲线时,每个测区混凝土的抗压强度值 $R_i$ 可按平均回弹值及平均碳化深度值 $\overline{L}$ 根据表 T 0954-2 查出。

**表 T 0954-2 测区混凝土抗压强度值换算表**

| 平均回弹值 $\overline{N}$ | 测区混凝土抗压强度值 $R_i$(MPa) ||||||||||||
| --- | --- | --- | --- | --- | --- | --- | --- | --- | --- | --- | --- | --- |
| | 平均碳化深度值 $\overline{L}$(mm) ||||||||||||
| | 0.0 | 0.5 | 1.0 | 1.5 | 2.0 | 2.5 | 3.0 | 3.5 | 4.0 | 4.5 | 5.0 | 5.5 | ≥6 |
| 20 | 10.3 | 10.1 | | | | | | | | | | | |
| 21 | 11.4 | 11.2 | 10.8 | 10.5 | 10.0 | | | | | | | | |
| 22 | 12.5 | 12.2 | 11.9 | 11.5 | 11.0 | 10.6 | 10.2 | | | | | | |
| 23 | 13.7 | 13.4 | 13.0 | 12.6 | 12.1 | 11.6 | 11.2 | 10.8 | 10.5 | 10.1 | | | |
| 24 | 14.9 | 14.6 | 14.2 | 13.7 | 13.1 | 12.7 | 12.2 | 11.8 | 11.5 | 11.0 | 10.7 | 10.4 | 10.1 |
| 25 | 16.2 | 15.9 | 15.4 | 14.9 | 14.3 | 13.8 | 13.3 | 12.8 | 12.5 | 12.0 | 11.7 | 11.3 | 10.9 |
| 26 | 17.5 | 17.2 | 16.6 | 16.1 | 15.4 | 14.9 | 14.4 | 13.8 | 13.5 | 13.0 | 12.6 | 12.2 | 11.6 |
| 27 | 18.9 | 18.5 | 18.0 | 17.4 | 16.6 | 16.1 | 15.5 | 14.8 | 14.6 | 14.0 | 13.6 | 13.1 | 12.4 |
| 28 | 20.3 | 19.7 | 19.2 | 18.4 | 17.6 | 17.0 | 16.5 | 15.8 | 15.4 | 14.8 | 14.4 | 13.9 | 13.2 |
| 29 | 21.8 | 21.1 | 20.5 | 19.6 | 18.7 | 18.1 | 17.5 | 16.8 | 16.4 | 15.8 | 15.4 | 14.6 | 13.9 |
| 30 | 23.3 | 22.6 | 21.9 | 21.0 | 20.0 | 19.3 | 18.6 | 17.9 | 17.4 | 16.8 | 16.4 | 15.4 | 14.7 |
| 31 | 24.9 | 24.2 | 23.4 | 22.4 | 21.4 | 20.7 | 19.9 | 19.2 | 18.4 | 17.9 | 17.4 | 16.4 | 15.5 |
| 32 | 26.5 | 25.7 | 24.9 | 23.9 | 22.8 | 22.0 | 21.2 | 20.4 | 19.6 | 19.1 | 18.4 | 17.5 | 16.4 |
| 33 | 28.2 | 27.4 | 26.5 | 25.4 | 24.3 | 23.4 | 22.6 | 21.7 | 20.9 | 20.3 | 19.4 | 18.5 | 17.4 |
| 34 | 30.0 | 29.1 | 28.0 | 26.8 | 25.6 | 24.6 | 23.7 | 23.0 | 22.1 | 21.3 | 20.4 | 19.5 | 18.3 |
| 35 | 31.8 | 30.8 | 29.6 | 28.0 | 26.7 | 25.8 | 24.8 | 24.0 | 23.2 | 22.3 | 21.4 | 20.4 | 19.2 |
| 36 | 33.6 | 32.6 | 31.2 | 29.6 | 28.2 | 27.2 | 26.2 | 25.2 | 24.5 | 23.5 | 22.4 | 21.4 | 20.2 |
| 37 | 35.5 | 34.4 | 33.0 | 31.2 | 29.8 | 28.8 | 27.7 | 26.6 | 25.9 | 24.8 | 23.4 | 22.4 | 21.3 |

## 8 水泥混凝土强度

表 T 0954-2(续)

| 平均回弹值 $\overline{N}$ | 测区混凝土抗压强度值 $R_i$ (MPa) 平均碳化深度值 $\overline{L}$ (mm) | | | | | | | | | | | | |
|---|---|---|---|---|---|---|---|---|---|---|---|---|---|
| | 0.0 | 0.5 | 1.0 | 1.5 | 2.0 | 2.5 | 3.0 | 3.5 | 4.0 | 4.5 | 5.0 | 5.5 | ≥6 |
| 38 | 37.5 | 36.4 | 34.9 | 33.0 | 31.5 | 30.3 | 29.2 | 28.1 | 27.4 | 26.2 | 24.8 | 23.6 | 22.5 |
| 39 | 39.5 | 38.2 | 36.7 | 34.7 | 33.0 | 31.8 | 30.6 | 29.6 | 28.8 | 27.4 | 26.0 | 24.8 | 23.7 |
| 40 | 41.6 | 39.9 | 38.3 | 36.2 | 34.5 | 33.3 | 31.7 | 30.8 | 30.0 | 28.4 | 27.0 | 25.8 | 25.0 |
| 41 | 43.7 | 42.0 | 40.2 | 38.0 | 36.0 | 34.8 | 33.2 | 32.3 | 31.5 | 29.7 | 28.4 | 27.1 | 26.2 |
| 42 | 45.9 | 44.1 | 42.2 | 39.9 | 37.6 | 36.3 | 34.9 | 34.0 | 33.0 | 31.2 | 29.8 | 28.5 | 27.5 |
| 43 | 48.1 | 46.2 | 44.2 | 41.8 | 39.4 | 38.0 | 36.6 | 35.6 | 34.6 | 32.7 | 31.3 | 29.8 | 28.9 |
| 44 | 50.4 | 48.4 | 46.4 | 43.8 | 41.3 | 39.8 | 38.3 | 37.3 | 36.3 | 34.3 | 32.8 | 31.2 | 30.2 |
| 45 | 52.7 | 50.6 | 48.5 | 45.8 | 43.2 | 41.6 | 40.1 | 39.0 | 37.9 | 35.8 | 34.3 | 32.7 | 31.6 |
| 46 | 55.0 | 52.8 | 50.6 | 47.9 | 45.2 | 43.5 | 41.9 | 40.8 | 39.7 | 37.5 | 35.8 | 34.2 | 33.1 |
| 47 | 57.5 | 55.2 | 52.9 | 50.0 | 47.2 | 45.2 | 43.7 | 42.6 | 41.4 | 39.1 | 37.4 | 35.6 | 34.5 |
| 48 | 60.0 | 57.6 | 55.2 | 52.2 | 49.2 | 47.4 | 45.6 | 44.4 | 43.2 | 40.8 | 39.0 | 37.2 | 36.0 |
| 49 | | 60.0 | 57.5 | 54.4 | 51.3 | 49.4 | 47.5 | 46.2 | 45.0 | 42.5 | 40.6 | 38.8 | 37.5 |
| 50 | | | 59.9 | 56.7 | 53.4 | 51.4 | 49.5 | 48.2 | 46.9 | 44.3 | 42.3 | 40.4 | 39.1 |
| 51 | | | | 59.0 | 55.6 | 53.5 | 51.5 | 50.1 | 48.8 | 46.1 | 44.1 | 42.0 | 40.7 |
| 52 | | | | | 57.8 | 55.7 | 53.6 | 52.1 | 50.7 | 47.9 | 45.8 | 43.7 | 42.3 |
| 53 | | | | | 60.0 | 57.8 | 55.6 | 54.2 | 52.7 | 49.8 | 47.6 | 45.4 | 43.9 |
| 54 | | | | | | 60.0 | 57.8 | 56.3 | 54.7 | 51.7 | 49.4 | 47.1 | 45.6 |
| 55 | | | | | | | 59.9 | 58.4 | 56.8 | 53.6 | 51.3 | 48.9 | 47.3 |
| 60 | | | | | | | | | | | | 58.3 | 56.4 |

注:采用本表换算的混凝土龄期宜大于 14d,抗压强度为(10.0~60.0)MPa,表中未列入的可用内插法求得。

当检测条件与测强条件的适用条件有较大差异时,例如龄期、成型工艺、养护条件等有差异时,可以钻取混凝土芯样进行修正,修正时试样数量应不少于 6 个。考虑芯样强度计算时不同的规格修正会带来新的误差,因此暂定芯样的直径宜为 **100mm**,高径比宜为 1:1。

在没有条件通过试验建立专用测强曲线时,每个测区混凝土的抗压强度值 $R_i$ 可按平均回弹值及平均碳化深度值 $L$ 根据表 **T 0954-2** 查出。检测单位宜按专用测强曲线、地区测强曲线、统一测强曲线的顺序选用测强曲线。

测区混凝土强度换算表所依据的统一测强曲线,其平均相对误差和相对标准差应符合现行《回弹法检测混凝土抗压强度技术规程》(JGJ/T 23)的相关要求。

本次修订对表 **T 0954-2** 测强曲线换算表进行了局部修订,进行了 6 组 **C25~C50** 的混凝土试块抗压强度与回弹强度的对比试验,回弹强度分别采用原规程表 **T 0954-2** 和 JGJ/T 23—2011 附录 A 进行了计算,表 **T 0954-2** 换算强度与试块强度相关系数为 0.976,JGJ/T 23—2011 附录 A 换算强度与试块强度相关系数为 0.978。鉴于 JGJ/T 23—2011 使用较为广泛,故对原规程表 **T 0954-2** 参照 JGJ/T 23—2011 附录 A 进行了修正。

原规程换算方法中的(2)和(3)都属于不能建立测强曲线的情况,本次修订进行了合并;原 T 0954-2 的参数换成 JGJ/T 23—2011 的附录 A。

(3)按本规程附录 B 的方法,计算测试对象全部测区的推定混凝土抗压强度的平均值、标准差、变异系数。

## 5 报告

本方法应报告下列技术内容:
(1)测试位置信息(测试位置、测区数量等)。
(2)测强曲线,回弹值与抗压强度的相关性关系式,相关系数。
(3)回弹值、抗压强度推定值。
(4)混凝土抗压强度的平均值、标准差及变异系数。

**条文说明**

参照住建部标准《回弹法检测混凝土抗压强度技术规程》(JGJ/T

23—2011),并结合本次修订文本的一致性对原规程的内容作了修订,增加了数字式回弹仪的技术要求。本次修订取消了采用式(T 0954-4)计算的规定,即当无足够的试验数据或相关性关系的推定式不够满意时,对于非泵送混凝土可直接采用表 T 0954-2 换算,泵送混凝土按照《回弹法检测混凝土抗压强度技术规程》(JGJ/T 23—2011)附录 B 进行强度换算。

$$R = 0.025 \overline{N}^2 \qquad (\text{T 0954-4})$$

式中:$R$——水泥混凝土的抗压强度(MPa);

$\overline{N}$——测区回弹强度平均值。

回弹法在使用过程中需加强回弹仪和率定钢砧检定和保养工作。

(1)通常有下列情况之一时,由法定计量检定机构进行检定,检定周期为半年。

①新回弹仪启用前;

②弹击拉簧座、弹击杆、缓冲压簧、中心导杆、导向法兰、弹击锤、指针轴、指针片、指针块、挂钩及调零螺丝等主要零件之一经更换后;

③弹击拉簧前端不在拉簧座原孔位或调零螺丝松动;

④数字式回弹仪数字显示的回弹值与指针直读示值相差大于1;

⑤经保养后,在钢砧上率定值不合格;

⑥遭受严重撞击或其他损害。

(2)回弹仪有下列情况之一时,需进行保养:

①回弹仪弹击超过2 000 次;

②在钢砧上的率定值不合格;

③对测试值有怀疑。

(3)回弹仪的保养可按下列步骤进行:

①先将弹击锤脱钩,取出机芯,然后卸下弹击杆,取出里面的缓冲弹簧,并取出弹击锤、弹击拉簧和拉簧座。

②清洁机芯各零部件,并应重点清理中心导杆、弹击锤和弹击杆的内孔和冲击面。清理后,应在中心导杆上薄薄涂抹钟表油,其他零部件不得

抹油。

③清理机壳内壁，卸下刻度尺，检查指针，其摩擦力应为 0.5~0.8N。

④对于数字式回弹仪，还应按产品要求的维护程序进行维护。

⑤保养时，不得旋转尾盖上已定为紧固的调零螺丝，不得自制或更换零部件。

⑥保养后的回弹仪应进行率定。

回弹仪使用完毕，需使弹击杆伸出机壳，并清除弹击杆、杆前端球面以及刻度尺表面和外壳上的污垢、尘土。回弹仪不用时，需将弹击杆压入机壳内，经弹击后按下按钮，锁住机芯，然后装入仪器箱。仪器箱需平放在干燥阴凉处。当数字式回弹仪长期不用时，需取出电池。

当钢砧率定值达不到 80±2 时，可按照要求进行常规保养，若保养后仍不合格，可送检定单位检修。不允许人为旋转调零螺丝使其达到 80±2 值或将混凝土试块上的回弹值予以修正。

进行构件测试前后的率定试验，如连续数天测试，可在每天测试完毕后率定一次，主要是为了在使用过程中及时发现和纠正回弹仪的非标准状态。

率定时，钢砧应稳固地平放在刚度大的混凝土地坪上，否则可能产生颤动引起测值偏小。率定时弹击杆分 4 次旋转，每次旋转约 90°，弹击 3~5 次，取其中最后连续 3 次且读数稳定的回弹值进行平均作为率定值，这是为了准确获得回弹仪的标准状态。

## T 0955—2019　超声回弹法测试水泥混凝土路面抗弯强度方法

超声回弹法测定水泥混凝土路面抗弯强度实际上是采用低频超声仪和混凝土回弹仪，在水泥混凝土路面同一测区分别测量声速值及回弹值，然后根据测得的声速值及回弹值推定混凝土的抗弯强度。

# 8 水泥混凝土强度

## 1 适用范围

**1.1** 本方法适用于采用回弹仪、超声波检测仪在现场对水泥混凝土路面按综合法快速测试,并利用测强曲线方程推算混凝土的抗弯强度,不作为仲裁试验或工程验收使用。

**1.2** 本方法不适用于下列情况的水泥混凝土:

(1)隐蔽或外露局部缺陷区。

(2)裂缝或微裂区(包括路面伸缩缝和工作缝)。

(3)路面角隅钢筋和边缘钢筋处,特别是超声波与钢筋方向相同时。

(4)距路面边缘小于100mm的部位。

超声波在混凝土中传播时,其传播速度与强度成正相关关系,混凝土的强度越高,超声波波速越快,以声速快慢作为与强度相关的指标。回弹法是用一弹簧驱动的重锤,通过弹击杆(传力杆)弹击混凝土表面,并测出重锤被反弹回来的距离,以回弹值(反弹距离与弹簧初始长度之比)作为与强度相关的指标。在采用超声回弹法测定水泥混凝土路面抗弯强度时必须注意测定时的条件、环境等因素与仪器设备的设计原理相适应,才能得到较为准确的测量结果。

使用中需注意以下几个问题:

(1)凡回弹法需注意的问题,在使用本方法时也应予以注意。

(2)混凝土结构存在缺陷区域(坑洞、露骨等)会影响超声波检测仪的换能器与混凝土的紧密结合,最终导致测试结果偏小;裂缝或微裂区会影响超声波传递,导致测试结果偏小;超声波与钢筋方向相同时,超声波会有部分或者大部分超声信号沿着钢筋传播且比其在混凝土中传播速度快,最终导致测试结果偏大;距路面边缘小于100mm的部位,回弹时产生颤动造成回弹能量损失,回弹结果偏小。因此,这些情况下不适合采用该方法进行检测。

(3)因为超声波在钢材中的传播速度远高于在混凝土中的传播速度,所以测试时尽量避免两个换能器的连线与混凝土中布设的钢筋方向一致,保持40°~50°夹角比较理想。

(4)现场检测不能代替试验室标准条件下的弯拉强度测定,当对结构中混凝土实际弯拉强度有检测要求时,可按《规程》进行检测,检测结果可作为混凝土质量评判的依据,不适合作为仲裁试验或工程验收的最终依据。

## 2 仪具与材料技术要求

(1)超声波检测仪:有良好的稳定性,具有示波屏显示及手动游标测读功能。显示应清晰稳定,声时范围应为0.5~9 999μs,测试精度为0.1μs;声时显示调节在20~30μs范围内时,2h内声时显示的漂移不得大于±0.2μs。超声波在空气中传播的计算声速与实测声速值相比,误差为±0.5%。

(2)换能器:为厚度振动形式压电材料,其频率在50~100kHz范围内,实测频率与标称频率相差不大于±10%。

(3)耦合剂:采用易于变形,有较大的声阻,有较好黏性且不流淌的材料,通常采用黄腊油、凡士林等。

(4)回弹仪:回弹仪应符合本规程T 0954的有关要求。

(5)手持砂轮。

(6)其他:油污清洗剂、毛刷、抹布等。

**1. 混凝土超声波检测仪**

超声波是频率较高的机械波,其有波长短、方向性好、穿透力强、能量高等优点,它的传播速度与介质内部结构状态和弹性指标以及物理力学性能直接相关,广泛应用于混凝土和岩石的强度及缺陷检测、钢材探伤等方面。混凝土超声检测使用的超声波频率范围在**20~200kHz**之间。超声波穿过混凝土后以电信号的形式进入超声检测分析仪,把混凝土的内部结构、材料性能及其组成等信息由波的形式在超声检测分析仪中显示出来,而这些包括声时值、声速值以及波峰波谷的变化等声学参数就可以反映出混凝土的内部情况及结构性能。声速值与混凝土的弹性性质有密切的关系。通常情况下,混凝土的弹性模量与其内部致密性成正比,混凝土的内部致密性随着声速值的增加而增加。超声波检测原理见图 8-3。

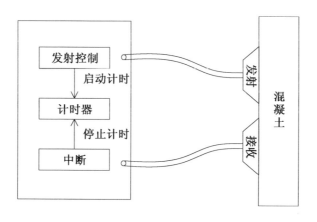

图 8-3　超声波检测原理图

用于混凝土的超声波检测仪可分为下列两类:

(1) 模拟式:接收的信号为连续模拟量,可由时域波形信号测读声学参数。

(2) 数字式:接收的信号转化为离散数字量及测读声学参数功能。

模拟式超声波检测仪的显示结果为波形图,要通过波形判断检测结果,需要操作人员有一定的分析判断能力。数字式超声波检测仪直接有数字显示功能,相对来说操作简单。

因超声波在空气中的传播速度相对较慢,超声波检测仪的换能器与混凝土之间的耦合状况直接关系到测试结果的准确性,耦合剂应充满耦合面,换能器与混凝土接触越紧密越好。

2. 混凝土超声波检测仪的计量校验

(1) 混凝土超声波检测仪的检定

混凝土超声波检测仪的技术性能应符合现行《混凝土超声波检测仪》(JG/T 5004)的规定,不论是模拟式还是数字式的,均应具有产品合格证和仪器检定证。超声波检测仪应送计量单位检定,检定周期一般为1年。

(2) 混凝土超声波检测仪的校准

混凝土超声波检测仪在使用中应加强声时和波幅校准。声时校准应按"时-距"法测量空气中声速实测值,并与计算的空气中声速计算值相比较,二者的相对误差不应超过 ±0.5%;波幅校准可将屏幕显示的首波幅度调至一定高度,然后把仪器衰减系统的衰减量增加或减少 6dB,此时屏幕波幅高度应降低 50% 或升高 1 倍。

声时校准的具体步骤如下:

①空气中实测声速值测量。

取常用厚度的振动式换能器对接于超声仪器上,将两个换能器的辐射面相互对准,以间距 50mm、100mm、150mm、200mm……依次放置在空气中,在保持首波幅度一致的条件下读取各间距所对应的声时值 $t_1$、$t_2$、$t_3 \cdots t_n$,同时测量空气的温度 $T_k$(读至 0.5℃)。

测量时应注意下列事项:a. 两换能器间距的测量误差应不大于 ±0.5%。b. 换能器宜悬空相对放置,如图 8-4 所示。当置于地板或桌面时,应在换能器下面垫以海绵或泡沫塑料并保持两个换能器的轴线重合及辐射面相互平行。c. 测点数应不少于 10 个。

②空气实测声速测量值计算。

以测距 $l$ 为纵坐标,以声时读数 $t$ 为横坐标,绘制"时-距"坐标图(图 8-5),或用回归分析方法求出 $l$ 与 $t$ 之间的回归直线方程:

$$l = a + bt \tag{8-1}$$

式中: $a$、$b$——分别为待求的回归系数。

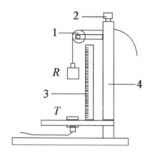

图 8-4 刻度尺悬挂装置示意图
1-定滑轮;2-螺栓;3-刻度尺;4-支架

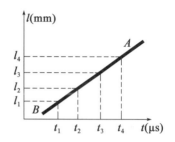

图 8-5 测空气声速的"时-距"图

坐标图中直线 $AB$ 的斜率"$\Delta l/\Delta t$"或回归直线方程的回归系数"$b$"即为空气声速的实测值 $v_s$(精确至 $0.1\text{m/s}$)。

③空气声速标准值应按下式计算:

$$v_c = 331.4 \cdot \sqrt{1 + 0.00367 \cdot T_k} \tag{8-2}$$

式中: $v_c$——空气声速的标准值(m/s);

$T_k$——空气的温度(℃)。

④空气声速实测值 $v_s$ 与空气声速标准值 $v_c$ 之间的相对误差 $e_r$ 应按下式计算:

$$e_r = (v_c - v_s)/v_c \times 100\% \tag{8-3}$$

通过上式计算的相对误差应不大于 $\pm 0.5\%$,否则仪器计时系统不正常。

## 3 方法与步骤

### 3.1 准备工作

(1)确认水泥混凝土的密度为 1.9~2.5g/cm³,板厚大于 100mm,龄期大于 14d,强度已达到设计强度 80% 以上,环境温度为 -4~40℃。

**将原规程中"1.2 本方法适用于视密度为(1.9~2.5)t/m³,板厚大于11cm,龄期大于14天,强度已达到设计抗压强度80%以上的水泥混凝土。"调整至准备工作。**

(2)按照本规程 T 0954 的有关规定进行回弹仪的率定。

(3)布置测区和测点:

①按照本规程 T 0902 规定的方法确定测试的混凝土板。均匀布置 10 个测区,每个测区不宜小于 150mm×550mm,测试面应清洁、干燥、平整,不得有蜂窝、麻面,对浮浆和油垢以及粗糙处应清洗或用砂轮片磨平,并擦净残留粉尘。

②每个测区的测点宜在测区范围内均匀分布(图 T 0955-1),但不得布置在气孔或外露石子上,相邻两测点的距离不宜小于 30mm。

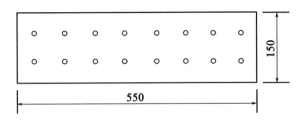

图 T 0955-1 回弹值测点分布图(尺寸单位:mm)

测区的表面是否清洁、干燥、平整,是否含有蜂窝、麻面,不仅会影响换能器与混凝土的耦合状态,还会影响回弹值的结果,最终将会影响测试结果的准确性,因此,在测试环节的测区选择方面需多加注意。

### 3.2 测试步骤

(1)回弹值测试按本规程 T 0954 的方法用回弹仪对每个测区的 16 个测点进行回弹值测试。

(2)超声声时值测量：

①在进行回弹值测试的同一测区内布置三条测轴线(图 T 0955-2)作为换能器布置区。

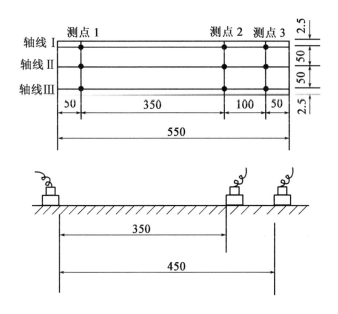

图 T 0955-2　换能器布置图(尺寸单位:mm)

②在换能器放置处抹上耦合剂,测量超声声时时,耦合剂应与建立测强曲线时所用的耦合剂相同。

③将换能器分别放置在轴线 I 的测点 1 及测点 2 处,换能器与路面混凝土应充分接触,耦合良好,发射和接收两换能器直径与测轴线重合,边缘与测距线相切。超声波仪振幅应调至规定振幅(25～30mm)。测读声时为 $t_{11}$,准确至 0.1μs。

④放置于测点 1 处的换能器不动,将放置于测点 2 处的换能器移至

测点 3 处,再测读声时为 $t_{12}$,准确至 $0.1\mu s$。

⑤按上述方法测量测轴线 Ⅱ、Ⅲ,分别测得声时为 $t_{21}$、$t_{22}$、$t_{31}$、$t_{32}$。

本试验主要是依据超声波在水泥混凝土路面中的传播速度和混凝土的抗弯强度具有一定对应关系的原理结合回弹计算进行推算的。因此主要的测试参数是超声波在混凝土中的声速,测区和测点的选择以能获得真实、稳定的声时值为目的。

因为超声波换能器与混凝土接触面的每一点都是超声波的发射源,且超声波检测仪测定的声时又是超声波传递的最快时间,即首波由发出到接收的最短时间,所以两个换能器之前的测距取内边缘连线的最短距离。

大量实践证明,平测时测距宜采用 350~450mm,首波起始点较易辨认,便于进行声时测量。

## 4 数据处理

**4.1** 按式(T 0955-1)~式(T 0955-4)计算测区的超声波声速,准确至 $0.01 km/s$。

$$v_{i1} = \frac{350}{t_{i1}} \qquad (T\ 0955\text{-}1)$$

$$v_{i2} = \frac{450}{t_{i2}} \qquad (T\ 0955\text{-}2)$$

$$v_i = \frac{1}{2}(v_{i1} + v_{i2}) \qquad (T\ 0955\text{-}3)$$

$$v = \frac{v_1 + v_2 + v_3}{3} \qquad (T\ 0955\text{-}4)$$

式中:$v_{i1}$——第 $i$ 条测轴线测点 1 与测点 2 间 350mm 测距声速(km/s),$i = 1~3$;

$v_{i2}$——第 $i$ 条测轴线测点 1 与测点 3 间 450mm 测距声速(km/s),

$i = 1 \sim 3$；

$v_i$——第 $i$ 条测轴线平均声速(km/s)，$i = 1 \sim 3$；

$v$——测区平均声速(km/s)；

$t_{i1}$——第 $i$ 条测轴线 350mm 测距声时($\mu$s)；

$t_{i2}$——第 $i$ 条测轴线 450mm 测距声时($\mu$s)。

当三条测轴线平均声速 $v_i$ 中有两条测轴线平均声速与测区的平均声速 $v$ 之差都超过测区平均声速的 15% 时，该测区测试结果无效，应重新选择测区测试。

**4.2 混凝土抗弯强度推算。**

(1)专业测强曲线的确定：

取用与路面混凝土相同的原材料，设计几种不同水灰比的混凝土配合比(一般设计4种配比，其中包括路面施工时的配合比)，对每种配比成型 150mm×150mm×550mm 的梁式试件(不少于6个)，在标准条件下养护 28d 后，按上述方法进行超声及回弹测试，并按《公路工程水泥及水泥混凝土试验规程》(JTG E30—2005)进行抗弯强度试验，再用二元非线性方程按式(T 0955-5)回归，确定回归系数，得出测强曲线方程，相对标准误差 $e_r$ 应不大于 12%。

$$R_f = av^b e^{cN} \quad \text{(T 0955-5)}$$

式中：$R_f$——混凝土抗弯强度(MPa)；

$v$——超声声速(km/s)；

$N$——回弹强度值；

$e$——自然常数；

$a$、$b$、$c$——回归系数。

相对标准误差按式(T 0955-6)计算：

$$e_r = \sqrt{\frac{\sum_{i=1}^{n}(R'_{fi}/R_{fi}-1)^2}{n-1}} \times 100 \quad \text{(T 0955-6)}$$

式中：$e_r$——相对标准误差(%)；

$R'_{fi}$——第 $i$ 块试件实测抗弯强度(MPa);

$R_{fi}$——第 $i$ 块试件由超声、回弹推算的抗弯强度(MPa);

$n$——试件数(按单块计)。

原规程印刷错误,$R_f$ 与 $e_r$ 互为代入值,无法计算。

超声根据声时计算的是混凝土表面的回弹强度,不需要进行碳化修正,因此取消原规程中的碳化深度修正公式(T 0955-5)。

(2)混凝土路面抗弯强度推定:

①每一段(或子段)中每一幅为一个单位作为抗弯强度评定对象。

②评定抗弯强度第一和第二条件值按式(T 0955-7)、式(T 0955-8)计算:

$$R_{n1} = 1.18(\overline{R}_n - m \cdot S_n) \quad (T\ 0955\text{-}7)$$

$$R_{n2} = 1.18(R_{fi})_{\min} \quad (T\ 0955\text{-}8)$$

式中:$R_{n1}$——抗弯强度第一条件值(MPa),准确至 0.1MPa;

$R_{n2}$——抗弯强度第二条件值(MPa),准确至 0.1MPa;

$S_n$——抗弯强度标准差(MPa),按式(T 0955-9)计算,准确至 0.1MPa;

$$S_n = \sqrt{\frac{\sum (R_{fi})^2 - n(\overline{R}_n)^2}{n-1}} \quad (T\ 0955\text{-}9)$$

$\overline{R}_n$——抗弯强度平均值(MPa),按式(T 0955-10)计算,准确至 0.1MPa;

$$\overline{R}_n = \frac{1}{n} \sum R_{fi} \quad (T\ 0955\text{-}10)$$

$n$——测区数;

$m$——合格判定系数值,当 $n = 10 \sim 14$ 时,$m = 1.70$;当 $n = 15 \sim 24$ 时,$m = 1.65$;当 $n \geq 25$ 时,$m = 1.60$。

(3)按式(T 0955-11)以第一条件值及第二条件值中的小者作为混凝

土抗弯强度评定值 $R_N$。

$$R_N = \min\{R_{n1}, R_{n2}\} \quad (\text{T 0955-11})$$

式中：$R_N$——混凝土抗弯强度评定值(MPa)，准确至 0.1 MPa。

当三条测轴线平均声速($v_i$)中有两条测轴线平均声速与测区的平均声速($v$)之差都超过测区平均声速的 15% 时，说明该测区的混凝土质量均匀性差，不能代表混凝土整体质量，该测区检测结果无效。

推定单个构筑物或一批构筑物的混凝土特征抗弯强度，应取单个推定 $R_{n_1}$ 及 $R_{n_2}$ 中的较小值。相同生产工艺条件下，且龄期相近的构筑物的总体特征抗弯强度，应取抽样推定时 $R_{n_1}$ 及 $R_{n_2}$ 中的较小值。

## 5 报告

本方法应报告下列技术内容：
(1)测试位置信息(测试位置、测区数量等)。
(2)测强曲线、平均弯拉强度、标准差、抗弯强度第一条件值、抗弯强度第二条件值、抗弯强度评定值。

条文说明

超声回弹法测试路面水泥混凝土弯拉强度时，应按式(T 0955-5)建立专用测强曲线，当按本规程规定方法建立专用测强曲线方程有困难时，可选用式(T 0955-12)或式(T 0955-13)进行计算，但需进行验证，用于验证的试件不得少于 10 组(每组 3 个试件)。将制作的试件在标准条件下养护 28d 后，按本规程规定方法进行超声及回弹测试，按式(T 0955-12)或式(T 0955-13)计算弯拉强度 $R_f$，然后按《公路工程水泥及水泥混凝土试验规程》(JTG E30—2005)进行抗弯强度试验测得实测弯拉强度 $R_f'$，代入式(T 0955-6)进行计算，若所得相对误差 $e_r \leq 14\%$，则可采用此公式进行计算。

(1)水泥品种为矿渣水泥时：

$$R_f = kv^{0.2348}e^{0.02646N} \qquad (\text{T 0955-12})$$

(2)水泥品种为普通水泥时：

$$R_f = kv^{0.3541}e^{0.02334N} \qquad (\text{T 0955-13})$$

式中：$k$——修正的回归系数，按式（T 0955-14）和式（T 0955-15）确定。

当水泥品种为矿渣水泥时：

$$k = \frac{\sum R'_{fi}v_i^{0.4048}e^{0.02646N_i}}{\sum v_i^{0.4096}e^{0.05292N_i}} \qquad (\text{T 0955-14})$$

当水泥品种为普通水泥时：

$$k = \frac{\sum R'_{fi}v_i^{0.3541}e^{0.02334N_i}}{\sum v_i^{0.7082}e^{0.04668N_i}} \qquad (\text{T 0955-15})$$

式中：$N_i$——第 $i$ 块试件修正后的回弹值。

经验证（验证试件不得少于10组，每组3个试件），若 $e_r \leq 14\%$，也可直接选用式（T 0955-16）或式（T 0955-17）计算。

(1)水泥品种为矿渣水泥时：

$$R_f = 1.39v^{0.2348}e^{0.02646N} \qquad (\text{T 0955-16})$$

(2)水泥品种为普通水泥时：

$$R_f = 1.22v^{0.3541}e^{0.02334N} \qquad (\text{T 0955-17})$$

## T 0958—2019 取芯法测试水泥混凝土路面强度方法

取芯法是利用专用钻机和人造金刚石空心薄壁钻头，在结构混凝土上钻取芯样以检测混凝土强度和缺陷的一种检测方法。取芯法相对回弹法和超声回弹法具有直观、可靠、精度高、应用面广等优点，适用于混凝土立方体强度为 10～100MPa 的混凝土强度检测。

# 8 水泥混凝土强度

## 1 适用范围

本方法适用于取芯测试水泥混凝土路面混凝土的劈裂强度、抗压强度,评价水泥混凝土路面强度。

取芯法可用于检测混凝土的抗压强度、劈裂抗拉强度,结构混凝土受冻、火灾损伤的深度,混凝土接缝及分层处的质量状况,混凝土裂缝的深度、离析、孔洞等缺陷。

## 2 仪具与材料技术要求

(1)路面取芯机:手推式或车载式。采用 $\phi 150mm$ 的钻头,配有淋水冷却装置。

(2)游标卡尺:量程不小于200mm,分度值为0.02mm。

(3)钢卷尺:量程不小于5m,分度值为1mm。

(4)万能角度尺:分度值为2′。

(5)塞尺:最小分度值为0.02mm。

(6)钢板尺:长度不小于300mm。

(7)压力试验机:符合《公路工程水泥及水泥混凝土试验规程》(JTG E30—2005)中T 0551的规定。

(8)劈裂夹具:符合《公路工程水泥及水泥混凝土试验规程》(JTG E30—2005)中T 0561的规定。

(9)其他:岩石切割机、岩石磨平机、铁锹、毛刷等。

**1. 取芯机的技术要求**

在混凝土的钻芯或工程施工钻孔中,由于受混凝土的强度等级、孔径大小、钻孔位置以及操作环境等因素影响,选择合适的机器很关键。选用取芯机应注意以下几点:

(1)取芯机应具有足够的刚度,操作灵活,固定和移动方便,并应有水冷却系统。

(2) 钻取芯样时宜采用人造金刚石薄壁钻头。

**2. 劈裂夹具的要求**

劈裂试验所采用的劈裂夹具至关重要,试验中应注意将试件放在球座上,几何对中,放妥垫层垫条,其方向与试件成型时顶面垂直,见图 8-6、图 8-7。

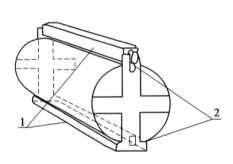 

图 8-6　劈裂夹具示意图　　　　　　图 8-7　劈裂夹具
1-定位架;2-垫条

**3. 取芯机的保养**

取芯机在使用中应注重保养,通常按照以下几点进行:

(1) 检查各联结部位,应及时调整紧固。

(2) 钻芯完毕,应将钻机各部位擦干净并加机油润滑各运动部分,置于干燥处加防尘罩。

(3) 钻头刃口磨损和崩裂严重时应更换钻头。

(4) 定期检测电源线插头、开关、炭刷、换向器。

(5) 定期检查变速箱,及时补充润滑油。

## 3　方法与步骤

### 3.1　准备工作

(1) 按照本规程 T 0902 的方法确定测试位置。

(2)将取样位置清扫干净。

## 3.2 测试步骤

(1)按照本规程 T 0903 的方法在测试位置钻取芯样。

(2)按照下列要求加工芯样:

①劈裂试验芯样直径为 150mm,抗压试验芯样直径为 150mm;高度与直径之比应为 1。

②芯样试件内不得含有钢筋或钢纤维。

③锯切后的芯样应进行端面处理,可采取在磨平机上磨平端面的处理方法。

④加工好的芯样应按下列规定测量尺寸:

——用游标卡尺在芯样试件两端及中部相互垂直的位置上测量,取算术平均值作为芯样直径,精确至 0.5mm;

——用游标卡尺在芯样端面两个垂直直径方向测量,取算术平均值作为芯样高度,精确至 0.5mm;

——用万能角度尺测量芯样试件两个端面与母线的夹角,精确至 0.1°;

——将钢板尺侧面紧靠在芯样试件承压面(线)上,用塞尺测量钢板尺和承压面(线)之间的缝隙,最大缝隙为芯样试件的平整度。

⑤芯样试件尺寸偏差超过下列数值时,相应的测试数据无效:

——芯样试件的实际高径比小于 0.95 或大于 1.05;

——沿芯样试件高度的任一直径与平均直径相差大于 2mm;

——芯样试件端面与轴线的不垂直度大于 1°;

——不平整度在每 100mm 长度内超过 0.1mm。

(3)对加工好的芯样按照《公路工程水泥及水泥混凝土试验规程》(JTG E30—2005)的要求进行劈裂试验。

(4)对加工好的芯样按照《公路工程水泥及水泥混凝土试验规程》(JTG E30—2005)的要求进行抗压强度试验。

1. 取芯要求

(1) 在取芯过程中,如固定不稳,取芯机容易发生晃动和位移,这不仅影响芯样质量,还会影响取芯机和钻头的使用寿命,容易发生卡钻或芯样折断。

(2) 取芯机必须通过冷却水才能达到冷却钻头和排除混凝土碎屑的目的,在高温下会使钻头烧损,混凝土碎屑不能及时排除不仅会加速钻头的磨损,还会影响钻进速度和芯样表面质量。

(3) 采用较高的进钻速度会加大芯样的损伤,因此应控制进钻速度。

(4) 钻取芯样后的路面应及时对孔洞进行修补,以保证路面的工作性能。

(5) 芯样应及时进行标记和记录,防止芯样位置出现混乱,对结构或构件混凝土强度的评定造成影响。

2. 芯样尺寸要求

(1) 从理论上讲,无论试件尺寸和高径比采用何值,材料的劈裂强度应为一定值,但是受试验边界条件、试件内部均匀度、加载速率等因素的影响,往往表现出一定的差异,则需要根据现场条件来选择钻头直径。

(2) 其中《钻芯法检测混凝土强度技术规程》(CECS 03—2007)规定试件最小直径为100mm,高径比 1:1。《公路工程水泥及水泥混凝土试验规程》(JTG E30—2005)规定试件最小直径为100mm,高径比 2:1;《公路水泥混凝土路面施工技术细则》(JTG/T F30—2014)规定试件直径为150mm,高径比 1:1。混凝土标准试件尺寸为 150mm,因此本方法规定宜采用直径150mm的试件;若采用直径150mm的试件,有时受路面厚度和配筋的影响,2:1的高径比将无法保证,故在此规定采用1:1的高径比。

3. 芯样加工要求

(1) 芯样加工后的平整度、垂直度、端面处理情况等均会对芯样强度产生影响,故芯样的加工应符合《规程》的要求。

(2)锯切后芯样的端面感观上比较平整,但一般不能符合抗压强度试验的要求。试验研究表明,锯切芯样的抗压强度比端面加工后芯样的试件抗压强度降低10%~30%。

(3)钻芯过程中,由于受钻心机振动、钻头偏摆等因素的影响,芯样的直径在各个方向并不十分均匀,故应用平均值表示。

(4)芯样试件内含有钢筋时,往往会对芯样强度产生影响。含有钢纤维的芯样劈裂时,试验结果极为离散,故试件中应避免含有钢筋和钢纤维。

(5)对于劈裂试件,试件两个端面与侧母线的垂直度、承压侧母线的平整度都会对试验造成较大的影响,故应严格控制。

## 4 数据处理

**4.1** 芯样劈裂强度$f_{ct}$按式(T 0958-1)计算:

$$f_{ct} = \frac{2F}{\pi d_m \times l_m} \quad \text{(T 0958-1)}$$

式中:$f_{ct}$——芯样劈裂强度(MPa);

$F$——极限荷载(N);

$d_m$——芯样截面的平均直径(mm);

$l_m$——芯样平均长度(mm)。

**4.2** 芯样抗压强度$f_{cu}$按式(T 0958-2)计算:

$$f_{cu} = \frac{F}{A} \quad \text{(T 0958-2)}$$

式中:$f_{cu}$——芯样抗压强度(MPa);

$A$——芯样试件抗压截面面积($mm^2$)。

**4.3** 强度测试值的计算及异常数据的取舍原则为:以3个试件测值的算术平均值作为测试值,结果计算准确至0.01 MPa。如3个试件中最大值或最小值中有一个与中间值的差值超过中间值的15%时,则取中间值为测试值；如有两个测值与中间值的差值均超过上述规定时，则该组试验结果无效。

劈裂强度结果计算准确至 0.01MPa；抗压强度结果计算准确至 0.1MPa。

CECS 03—2007 中规定：取芯法确定混凝土推定强度值时，芯样试件的数量应根据检验批的容量确定，标准芯样试件的最小样本量不宜少于 15 个，小直径芯样试件的最小样本量应适当增加。确定单个构件的混凝土强度推定值时，有效芯样试件的数量不应少于 3 个；对于较小构件，有效芯样试件的数量不得少于 2 个。单个构件的混凝土强度推定值不再进行数据的舍弃，而应按有效芯样试件混凝土抗压强度值中的最小值确定。

JTG E30—2005 中的 T 0561—2005 规定：以 3 个试件测值的算术平均值为测定值，如 3 个试件中最大值或最小值中有一个与中间值的差值超过中间值的 15%，则取中间值为测定值；如有两个测值与中间值的差值均超过上述规定，则该组试验结果无效。

考虑到钻取较多芯样一是工作量较大，二是会对路面造成一定的破坏，所以《规程》中按照 JTG E30—2005 的规定执行。

## 5 报告

本方法应报告下列技术内容：
(1) 测试位置信息（测试位置、测区数量等）。
(2) 芯样信息、养护条件。
(3) 劈裂强度值、抗压强度值。

条文说明

本方法参照《钻芯法检测混凝土强度技术规程》(CECS 03—2007)、《公路工程水泥及水泥混凝土试验规程》(JTG E30—2005)、《公路水泥混凝土路面设计规范》(JTG D40—2011)和《公路水泥混凝土路面施工技术细则》(JTG/T F30—2014)编制,这些规程关于取芯法测试混凝土劈裂强度规定存在一些差异。

在本规程修订调研阶段普遍反映出两个问题。

(1)关于试件尺寸和高径比的问题。CECS 03—2007 规定试件最小直径为100mm,高径比1∶1;JTG E30—2005 规定试件最小直径为100mm,高径比2∶1;JTG/T F30—2014 规定试件直径为150mm,高径比1∶1。从理论上讲,无论试件尺寸和高径比采用何值,材料劈裂强度值应为一定值,但是受试验边界条件、试件内部均匀度、加载速率等因素的影响,往往表现出一定的差异,混凝土标准试件尺寸为150mm,因此本方法规定宜采用直径150mm 的试件。采用直径150mm 试件,有时受路面厚度和配筋的影响,2∶1 的高径比将无法保证,故在此规定采用1∶1 高径比。

(2)关于劈裂强度和弯拉强度换算公式统一的问题。鉴于《公路水泥混凝土路面施工技术细则》(JTG/T F30—2014)中比较明确的规定,故本方法未做说明,建议参照JTG/T F30—2014 执行。

《公路水泥混凝土路面施工技术细则》(JTG/T F30—2014)第13.2.7条规定,路面板钻芯、圆柱体劈裂强度与标准小梁弯拉强度与强度换算可按照下列规定进行:①高速公路、一级公路应通过试验得到各自工程的统计公式,用于确定统计公式的试验组数不宜少于15 组。试验时,试件水泥用量的变动范围宜为 ±50kg/m³;如强度离散型满足统计要求,可将 $\phi$150mm×150mm 钻芯圆柱体和浇筑圆柱体、150mm×150mm×150mm 立方体三者同龄期的劈裂强度视为同等。②二级及二级以下公路混凝土路面板钻芯劈裂强度与标准小梁弯拉强度可根据集料岩石品种和类型,分别按式(T 0958-3)～式(T 0958-5)换算得出。

石灰岩、花岗岩碎石混凝土:

$$f_c = 1.868 f_{sp}^{0.871} \tag{T 0958-3}$$

玄武岩碎石混凝土:

$$f_c = 3.035 f_{sp}^{0.423} \quad\quad (T\ 0958\text{-}4)$$

砾石混凝土：

$$f_c = 1.607 + 1.035 f_{sp} \quad\quad (T\ 0958\text{-}5)$$

式中：$f_c$——混凝土标准小梁弯拉强度(MPa)；

$f_{sp}$——混凝土直径150mm钻芯圆柱体的劈裂强度(MPa)。

**JTG/T F30—2014** 中给出了比较详细的规定，《规程》修订中未能开展劈裂强度与弯拉强度换算的研究，故在条文说明就 **JTG/T F30—2014** 的规定进行了叙述，供试验人员参照使用。

# 9 抗滑性能

路面抗滑能力是影响行车安全的重要指标之一,现行《公路沥青路面设计规范》(JTG D50)和《公路工程质量检验评定标准 第一册 土建工程》(JTG F80/1)对路面的抗滑性能提出了要求。目前常用摩擦系数和构造深度评价路面抗滑性能。然而,评价指标本身的技术复杂性使得该两项指标存在多种测试方法,理论模型也存在一定差异。例如,摩擦系数就有摆值(BPN)、横向力系数(SFC)及 Mu-meter 摩擦车测得的摩擦系数(Mu 值)等;而构造深度则有宏观纹理深度(TD)、传感器测得的构造深度(SMTD)、平均断面深度(MPD)等。本章规定了目前我国常用的 8 种抗滑性能测试方法,其中摩擦系数 5 种,构造深度 3 种,如图 9-1 所示。

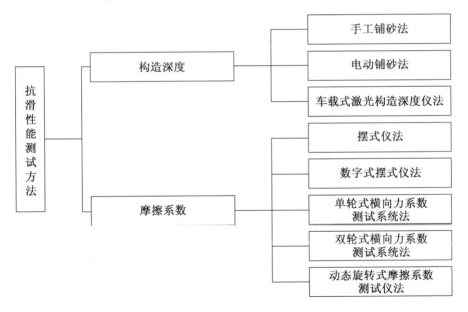

图 9-1 抗滑性能测试方法归类图

# T 0961—1995 手工铺砂法测试路面构造深度方法

## 1 适用范围

本方法适用于测试沥青路面及无刻槽水泥混凝土路面表面构造深度,用以评定路面表面抗滑性能。

本方法对于具有较大不规则孔隙或坑槽的沥青路面和具有防滑沟槽结构的水泥路面不适用,因为量砂在这些孔隙或沟槽内产生体积聚积的状况,与理论计算公式的要求不符,因而测量结果也将产生很大误差。

## 2 仪具与材料技术要求

(1)手工砂铺仪:由量砂筒、推平板组成,具体技术要求如下:

①量砂筒:形状尺寸如图 T 0961-1 所示,一端是封闭的,容积为 25mL±0.15mL,可通过称量砂筒中水的质量以确定其容积 $V$,并调整其高度,使其容积符合规定要求。附专用的刮尺,用于将筒口量砂刮平。

②推平板:形状尺寸如图 T 0961-2 所示,推平板应为木制或铝制,直径 50mm,底面粘贴一层厚 1.5mm 的橡胶片,上面有一圆柱把手。

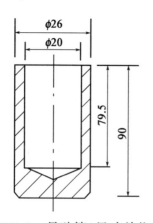  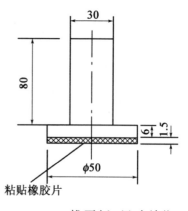

图 T 0961-1 量砂筒(尺寸单位:mm)　　图 T 0961-2 推平板(尺寸单位:mm)

(2)量砂:足够数量的干燥洁净的匀质砂,粒径 0.15~0.30mm。

(3)量尺:钢板尺或专用构造深度尺。

(4)其他:装砂容器(小铲)、扫帚或毛刷、挡风板等。

量砂筒的尺寸与容积必须严格测量确定或经过检定,否则会严重影响测试结果的准确性。

使用专用构造深度尺时应注意刻度数的读取方向与一般长度尺的读取方向相反。

## 3 方法与步骤

### 3.1 准备工作

(1)量砂准备:取洁净的细砂,晾干过筛,取 0.15~0.30mm 的砂置于适当的容器中备用。试验时,量砂只能一次性使用,不得重复使用。

**由于量砂一次使用后会混入杂质,影响后续使用效果,因此,本次修订将原规程的"量砂不宜重复使用"修改为"量砂不得重复使用",由推荐性条款修改为强制性条款。**

(2)按照本规程 T 0902 规定的方法选取路段测点横断面位置,同时测点应选在车道的轮迹带位置,且距路面边缘不得小于1m。

### 3.2 测试步骤

(1)用扫帚或毛刷将测点附近的路面清扫干净,面积不少于 30cm×30cm。

(2)用小铲向圆筒中缓缓注入准备好的量砂全高出量筒成尖顶状,手提圆筒上部,用钢尺轻轻叩打圆筒中部 3 次,并用刮尺边沿筒口一次刮平。

注:不可直接用量砂筒装量砂,以免影响量砂密度的均匀性。

(3)将砂倒在路面上,用推平板由里向外重复作摊铺运动,稍稍用力将砂向外均匀摊开,使砂填入路表面的空隙中,尽可能将砂摊成圆形,并不得在表面上留有浮动余砂。注意摊铺时不可用力过大或向外推挤。

(4)用钢板尺测量所构成圆的两个垂直方向的直径,取其平均值,准确至1mm。也可用专用尺直接测量构造深度。

(5)按以上方法,同一处平行测试不少于3次,3个测点均位于轮迹带上,测点间距3~5m。同一处测试应该由同一个试验员进行。该处的测试位置以中间测点的位置表示。

筛取 **0.15~0.3mm** 的量砂时,**0.15mm** 的筛需经过足够时间和幅度的振筛,保证小于 **0.15mm** 的砂被筛掉。

铺砂试验处的路面必须保持干燥状态,不得有水分存在。清扫时还应去除附着在路面表面的污染物。

另外,当摊铺砂的形状不圆程度造成垂直量取的两个直径差值过大时,应重新操作,否则测试结果将与实际情况产生较大误差。

# 4 数据处理

**4.1** 构造深度 TD 测试结果按式(T 0961)计算:

$$TD = \frac{1\,000V}{\pi D^2/4} = \frac{31\,831}{D^2} \qquad (T\ 0961)$$

式中:$V$——砂的体积($25\,cm^3$);

$D$——摊平砂的平均直径(mm)。

**4.2** 每一测试位置均取 3 次路面构造深度的测试结果的平均值作为试验结果,准确至 0.01mm。当平均值小于 0.2mm 时,试验结果以 <0.2mm 表示。

**4.3** 按本规程附录 B 的规定,计算每一个测试路段构造深度的平均值、标准差、变异系数。

## 5 报告

本方法应报告下列技术内容：
(1)测试路段信息(桩号、测试位置等)。
(2)构造深度。
(3)测试路段构造深度的平均值、标准差及变异系数。

条文说明

路面表面的构造深度 TD 也称纹理深度，是表征路面粗糙度的一种形式，它和路面摩擦系数都是评价路表抗滑性能的专业技术指标，但是构造深度和摩擦系数所表征的作用不同，两者不能互相代替。手工铺砂法与 T 0962 电动铺砂法都是利用控制粒径的细砂铺在路面上，以嵌入凹凸不平的表面空隙中砂的体积与覆盖面积之比求得平均深度。这是目前工程上常用的方法。

铺砂法所用的砂及量筒，日本铺装试验法便览7-7规定，对粗糙的路面用 0.15~0.30mm 的砂 $50cm^3$，对致密的路面用 0.075~0.15mm 的砂 $10cm^3$。从理论上讲比较合理，不致使铺开的砂面积过小或过大，但掌握起来不好统一。为防止混乱，我国统一规定使用 0.15~0.3mm 砂粒径和 $25cm^3$ 体积量筒。

影响手工铺砂法测试结果误差较大的原因有很多，例如装砂和叩击方法无量化标准，不少人直接用量筒到装砂的筒中装砂，叩击量筒力度大小不一，均致使量筒中的砂紧密程度不一样，影响砂量。此外，摊铺过程因掌握力度不同，摊铺结果亦因人而异。本次修订对相关条款做了统一或明确说明。

## T 0962—1995 电动铺砂仪测试路面构造深度方法

### 1 适用范围

本方法适用于测试沥青路面及无刻槽水泥混凝土路面表面构造深

度,用以评定路面表面抗滑性能。

本方法在日本及其他一些国家使用,我国也有一些单位在使用。电动铺砂法与手工铺砂法虽然基本原理相同,但在测定方法上不完全一样。手工法是将全部砂都填入凹凸不平的空隙中进行计算的,而电动法是与玻璃板上摊铺的砂进行比较后求得的,因此两法测定结果存在一定差异。

## 2 仪具与材料技术要求

(1)电动铺砂仪:利用可充电的直流电源将量砂通过沙漏铺设成宽度5cm、厚度均匀一致的器具,如图 T 0962-1 所示。

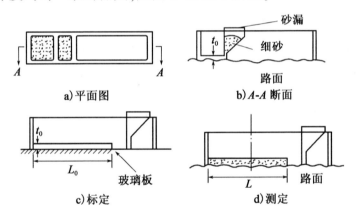

图 T 0962-1 电动铺砂仪

(2)量砂:足够数量的干燥洁净的匀质砂,粒径为 0.15~0.30mm。
(3)标准量筒:容积 50mL。
(4)玻璃板:面积大于铺砂器,板厚不小于 5mm。
(5)其他:直尺、灌砂漏斗、扫帚、毛刷等。

## 3 方法与步骤

### 3.1 准备工作

(1)量砂准备:取洁净的细砂,晾干过筛,取 0.15~0.30mm 的砂置于适当的容器中备用。试验时,量砂只能一次性使用,不得重复使用。

**"量砂不宜重复使用"修改为"量砂不得重复使用",变成强制性条款。**

(2)按本规程 T 0902 规定的方法选取路段测点横断面位置,同时测点应选在车道的轮迹带位置,且距路面边缘不得小于 1m。

### 3.2 电动铺砂器标定

(1)将铺砂器平放在玻璃板上,将沙漏移至铺砂器起始端部。

(2)将灌砂漏斗口和量筒口大致齐平。通过漏斗向量筒中缓缓注入准备好的量砂至高出量筒成尖顶状,用直尺沿筒口一次刮平,其容积为 50mL。

(3)将漏斗口与铺砂器沙漏上口大致齐平。将砂通过漏斗均匀倒入沙漏,倒入过程中漏斗前后移动,使砂的表面大致齐平,但不得用任何其他工具刮动砂。

(4)启动开关,使沙漏向另一端缓缓运动,量砂沿沙漏底部铺成图 T 0962-2 所示的宽 50mm 的带状,待砂全部漏完后停止。

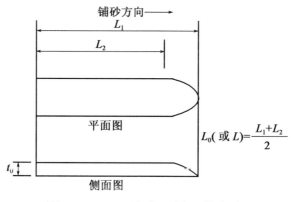

图 T 0962-2　决定 $L_0$ 及 $L$ 的方法

(5)如图 T 0962-2 所示,依式(T 0962-1)由 $L_1$ 及 $L_2$ 的平均值决定量砂的摊铺长度 $L_0$,准确至 1mm。

$$L_0 = \frac{L_1 + L_2}{2} \qquad (\text{T } 0962\text{-}1)$$

式中：$L_0$——玻璃板上 50mL 量砂摊铺的长度(mm)；

$L_1$、$L_2$——按图 T 0962-2 的方法量取的摊铺长度(mm)。

(6)重复标定 3 次,取平均值决定 $L_0$,准确至 1mm。标定应在每次测试前进行,用同一种量砂,由同一测试人员进行。

电动铺砂法标定的目的是确定当被测对象完全处于光滑状态,即被检对象的构造深度为 **0** 时,**50mL** 量砂的标定厚度,该标定厚度要作为标准值在后续路面构造深度测量时被减去。因此电动铺砂法的标定十分重要,测试时的做法应与标定时一样,必须使用同一种砂,由同一试验员进行。

### 3.3 测试步骤

(1)将测试地点用毛刷刷净,面积大于铺砂仪。

(2)将铺砂仪沿道路纵向平稳地放在路面上,将沙漏移至端部。

(3)按本方法第 3.2 条步骤(2)~(5),在测试地点摊铺 50mL 量砂,按图 T 0961-2 的方法量取摊铺长度 $L_1$ 及 $L_2$,由式(T 0962-2)计算 $L$,准确至 1mm。

$$L = \frac{L_1 + L_2}{2} \qquad (\text{T } 0962\text{-}2)$$

式中：$L$——路面上 50mL 量砂摊铺的长度(mm)。

(4)按以上方法,同一处平行测试不少于 3 次,3 个测点均位于轮迹带上,测点间距 3~5m。该处的测试位置以中间测点的位置表示。

## 4 数据处理

**4.1** 按式(T 0962-3)计算铺砂仪在玻璃板上摊铺的量砂厚度 $t_0$。

$$t_0 = \frac{V}{B \cdot L_0} \times 1\,000 = \frac{1\,000}{L_0} \qquad (\text{T } 0962\text{-}3)$$

式中：$t_0$——量砂在玻璃板上摊铺的标定厚度(mm)；

$V$——量砂体积(mL),50mL;
$B$——铺砂仪铺砂宽度(mm),50mm。

**4.2** 按式(T 0962-4)计算构造深度 TD。

$$\mathrm{TD} = \frac{L_0 - L}{L} \times t_0 = \frac{L_0 - L}{L \cdot L_0} \times 1\,000 \qquad (\text{T 0962-4})$$

路面的实际构造深度应该等于 50mL 砂子在路面上摊铺后的总厚度减去在玻璃板上摊铺的标定厚度,用下式表示:

$$\mathrm{TD}_{路面} = \mathrm{TD}_{总} - \mathrm{TD}_{玻璃板} = \frac{1\,000}{L} - \frac{1\,000}{L_0} = \frac{L_0 - L}{L \times L_0} \times 1\,000 \qquad (9\text{-}1)$$

式中:$\mathrm{TD}_{路面}$——路面的实际构造深度(mm);

$\mathrm{TD}_{总}$——50mL 砂子在路面上摊铺后的总厚度(mm);

$\mathrm{TD}_{玻璃板}$——50mL 砂子在玻璃板上摊铺后的总厚度(mm)。

**4.3** 每一处均取 3 次路面构造深度测试结果的平均值作为试验结果,准确至 0.1mm。当平均值小于 0.2mm 时,试验结果以 <0.2mm 表示。

**4.4** 按照本规程附录 B 的方法,计算每一个测试路段构造深度的平均值、标准差、变异系数。

## 5 报告

本方法应报告下列技术内容:

(1)测试路段信息(桩号、测试位置等)。

(2)构造深度。

(3)测试路段构造深度的平均值、标准差及变异系数。

条文说明

本方法可避免手工铺砂法因人为操作差异导致测试结果变异性较大的缺点,但本方法操作过程比手工铺砂法复杂,故目前国内使用普及度不高。

电动铺砂法与手工铺砂法虽然基本原理类似，但测试方法有所差别，手工铺砂法是通过将固定体积量砂填入凹凸不平的空隙计算其平均深度作为构造深度的，而电动铺砂法是将固定体积量砂在路面上的摊铺长度与在玻璃板上的摊铺长度进行比较后，得到构造深度的，所以两种方法测试的构造深度存在差值，使用时应进行换算。

电动铺砂法的标定十分重要，为保证试验结果的准确性，标定应使用与实际试验相同的砂，并由同一试验员进行。

# T 0966—2008 车载式激光构造深度仪测试路面构造深度方法

## 1 适用范围

本方法适用于各类车载式激光构造深度仪在新、改建路面工程质量验收和无严重破损病害及没有积水、积雪、泥浆等正常行车条件下连续采集路面构造深度，但不适用于带有沟槽构造的水泥路面。

激光构造深度仪是利用激光测距的原理测量地面材料颗粒表面以及材料颗粒之间的深度变化的情况，输出的测试结果是沿测线断面一定间距长度内的平均深度数据，因此与铺砂法的一定面积内的平均深度数据有所差别。

## 2 仪具与材料技术要求

测试系统由承载车、距离传感器、激光传感器和主控制单元组成，配备的专用软件应自动控制进行数据采集、传输、记录和数据处理。其主要技术要求如下：

（1）最大测试速度：≥50km/h。

（2）采样间隔：≤5mm。

(3)传感器垂直测距示值误差：≤0.1mm。

(4)距离标定误差：<0.1%。

车载式激光构造深度仪中激光传感器的技术性能对测试结果和工作效率有直接影响，因此操作人员应有所了解。激光传感器响应频率和现场测试速度对测试结果有内在的影响关系，对不同类型设备无法直接限定激光传感器的性能参数，因此为满足该设备在现场车载方式使用的要求，《规程》通过测试速度和采样间隔来间接控制激光传感器的参数。

传感器的测试精度与激光光斑大小有关，国外一般要求路面构造深度在 0.2mm 以上时，光斑直径不得大于 0.5mm；构造深度在 0.2mm 以下时，光斑直径不得大于 0.2mm。由于构造深度在 0.2mm 以下时精确测量的结果对路面抗滑能力的意义已不大，因此我国一般要求光斑直径不大于 0.5mm。

车载式激光构造深度仪一般可同时检测路面平整度，而且经常在通车的道路上作业，测试速度不宜太低，因此规定最大测试速度不得低于 50km/h。为了满足在正常行车速度下测试构造深度，对激光传感器的响应频率必须有要求。以前用户购买设备时仅要求激光传感器的采集频率，如 16Hz 或 64Hz；如果系统包括构造深度的测试功能，实际还应要求确认响应频率的参数。为了保证一般正常行车速度的测试要求，至少应要求 2Hz 以上的响应频率。

根据现有车载式激光构造深度仪的设备情况，将采样间隔修改为"≤5mm"。

"传感器垂直测距示值误差：≤0.1mm"是对传感器自身的垂直测距示值误差提出的要求，而不是对传感器测量结果——垂直测距的要求。

## 3 方法与步骤

### 3.1 准备工作

(1)设备安装到承载车上以后应按本方法第 5 部分的规定进行相关性试验。

(2)对测试系统各传感器进行自标定。

(3)现场安装距离测量装置时,应确保机械紧固装置安装牢固。

(4)打开测试系统电源,启动控制程序,检查各部分的工作状态,并预热测试系统。

### 3.2 测试步骤

(1)承载车停在测试起点前 50～100m 处,启动测试系统程序,按照测试路段的现场技术要求设置完毕所需的测试状态。

(2)驾驶员应按照规定的测试速度范围驾驶承载车,避免急加速和急减速,急弯路段应放慢车速,沿正常行车轨迹驶入测试路段。

(3)进入测试路段后,测试人员启动控制单元的采集和记录程序,在测试过程中必须及时准确地将测试路段的起终点和其他需要特殊标记的位置输入测试数据记录中。

(4)当承载车驶出测试路段后,测试人员停止数据采集和记录,并恢复仪器各部分至初始状态。

(5)检查测试数据文件应完整,内容应正常,否则需要重新测试。

(6)关闭测试系统电源,结束测试。

由于激光构造深度仪测试路面表面构造深度是通过激光传感器发射和接受漫反射信号的原理进行工作的,因此当路面有水、冰、雪、油等存在时,会影响测试结果的准确性。另外,存在较大坑槽的沥青路面和加工有抗滑沟槽的水泥路面也不适合采用该设备检测,系统的软件判别模式可能出现错误计算。

一般该类设备的激光传感器都安装在车轮位置,而通车时间较长的车道上轮迹带位置和其他位置的构造深度值差异很大,因此检测车必须严格按正常行车轨迹行驶。

## 4 数据处理

按本规程附录 B 的规定计算每一个测试路段构造深度的平均值、标准差、变异系数。

## 5 激光构造深度仪测值与手工铺砂法构造深度值相关性试验

(1)选择构造深度分别在 0~0.3mm、0.3~0.55mm、0.55~0.8mm、0.8~1.2mm 范围的 4 段长度均为 100m 的试验路段。试验前将路面清扫干净,并在起终点做上标记。

(2)在每个试验路段上沿一侧行车轮迹用铺砂法测试至少 10 点的构造深度值,并计算平均值。

(3)驾驶承载车以 30~50km/h 速度驶过试验路段,并且保证激光构造深度仪的激光传感器探头沿铺砂法所测构造深度的行车轮迹运行,计算试验路段的构造深度平均值。

(4)建立两种方法的相关性关系式,要求相关系数 $R$ 不小于 0.97。

该方法是路面构造深度常用的测试方法,但在《公路工程质量检验评定标准 第一册 土建工程》(JTG F80/1—2017)中并未对该指标直接做要求,因此,需将该测试方法测得的构造深度值与铺砂法构造深度值进行相关性试验,转换后使用。

## 6 报告

本方法应报告下列技术内容:
(1)测试路段信息(桩号、测试位置等)。
(2)测试路段构造深度的平均值、标准差及变异系数。

(3) 若进行相关性试验,还应报告相关性关系式及相关系数。

条文说明

目前激光构造深度仪一般都采用车载式,其测试效率高、测试结果稳定,并能够与平整度、车辙等其他断面指标同步采集测试数据,为大多数检测单位所使用。但由于测试工作原理所限,该设备在具有槽状或坑状表面构造的水泥混凝土路面上使用受到限制。

早期部分车载式激光构造深度仪的激光传感器采集响应频率偏低,造成测试速度较慢,不能发挥车载式设备的优势。因此,我们在设备技术要求中规定了最大测试速度必须达到的最低测试速度标准。

另外,目前激光构造深度仪的测试结果有 SMTD、MPD、MTD 等几种不同算法,相当一部分进口设备的直接输出结果并不是我国规定采用的 SMTD 算法,故使用单位在设备的招标和采购过程中应该要求销售商提供 SMTD 计算结果。

# T 0964—2008 摆式仪测试路面摩擦系数方法

## 1 适用范围

本方法适用于以指针式摆式仪测试无刻槽水泥路面和沥青路面的摆式摩擦系数值 BPN。

随着科学技术的发展,设备日趋智能化,市场上出现了数字式摆式仪。本次修订将摆式仪分为指针式摆式仪和数字式摆式仪两种,本测试方法针对指针式摆式仪。

## 2 仪具与材料技术要求

(1) 指针式摆式仪:形状及结构如图 T 0964 所示,测试时由人工通过指针在度盘上直接读值,摆值最小刻度为 2。

# 9 抗滑性能

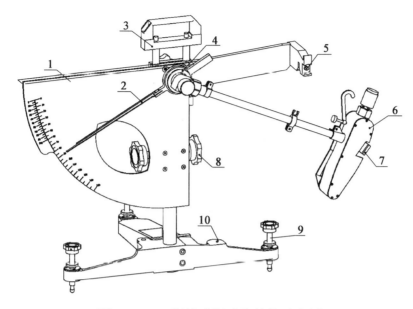

图 T 0964 指针式摆式仪结构示意图

1-度盘;2-指针;3-紧固把手;4-松紧调节螺栓;5-释放开关;6-摆;7-滑溜块;8-升降把手;
9-调平螺栓;10-水准泡

(2)橡胶片:尺寸为 6.35mm × 25.4mm × 76.2mm,橡胶质量应符合表 T 0964-1 的要求。当橡胶片使用后,端部在长度方向上磨耗超过 1.6mm 或边缘在宽度方向上磨耗超过 3.2mm,或有油类污染时,即应更换新橡胶片。新橡胶片应先在干燥路面上测试 10 次后再用于测试,橡胶片的有效使用期自出厂日期起算为 12 个月。

表 T 0964-1 橡胶物理性质技术要求

| 性 质 指 标 | 温度(℃) | | | | |
| --- | --- | --- | --- | --- | --- |
| | 0 | 10 | 20 | 30 | 40 |
| 回弹值(%) | 43~49 | 58~65 | 66~73 | 71~77 | 74~79 |
| 硬度(HD) | 55±5 | | | | |

(3)滑动长度量尺:长 126mm。

(4)喷水壶。

(5)路面温度计:分度不大于 1℃。

（6）其他：毛刷或扫帚、记录表格等。

本次修订取消了指针式摆式仪的参数要求，并不是不做要求，只是《摆式摩擦系数测定仪》(JT/T 763—2017)对设备的参数做了详细的要求，《规程》里没有复述。

摆的质量应为(1 500 ±30)g，重心与摆动轴心的距离应为(410 ±5)mm。摆杆在待释放位置时应保持水平，使摆杆中心线与摆轴安装孔中心线保持 ±1mm 的距离。摆的转向节与摆轴的轴向间隙应不大于 0.2mm。

滑溜块应由长度(76.2 ±0.5)mm、宽度(25.4 ±0.5)mm、厚度(6.35 ±0.5)mm 的橡胶片粘在铝支承板上组成，总质量(32 ±5)g；测定石料磨光值时橡胶片应为长度(31.5 ±0.5)mm、宽度(25.4 ±0.5)mm、厚度(6.35 ±0.5)mm，总质量(20 ±5)g。滑溜块可绕自身的轴自由转动，但不得沿轴向串动。滑溜块下端部向上活动范围应不少于 10mm。

此外，《摆式摩擦系数测定仪》(JT/T 763—2017)还对摆式仪刻度盘及指针、底座及立柱等部件的性能提出了要求。

当指针式摆式仪用于道路标线抗滑性能测试时，设备的要求应符合《道路预成形标线带》(GB/T 24717—2009)中附录 B 的规定。

指针式摆式仪测定结果受摆的橡胶片硬度等因素的影响。各国标准均规定橡胶片应符合英国 BS 812 天然橡胶或美国 ASTM E 501 规定的合成橡胶的要求。我国使用国产橡胶片，同样采用的是英国 BS 812 标准。ASTM E 501 规定了合成橡胶的配方，表 9-1 是美国 ASTM E 501 对橡胶物理性质的主要技术要求，其中关于测试方法也有所规定。

表 9-1　橡胶物理性质技术要求(ASTM E 501)

| 力学指标 | 要求 | 测试方法 |
| --- | --- | --- |
| 橡胶片硫化(149℃)，不少于(min) | 30 | ASTM D 3182 |
| 300% 模量(MPa) | 5.5 ±1.4 | ASTM D 412 |
| 硬度 | 58 ±2 | ASTM D 2240 |

表 9-1(续)

| 力学指标 | 要 求 | 测试方法 |
|---|---|---|
| 恢复能 | 47±2 | ASTM D 1054 |
| 拉伸强度(MPa) | 13.8 | ASTM D 412 |
| 伸长不少于(%) | 500 | ASTM D 412 |

## 3 方法与步骤

### 3.1 准备工作

(1)检查指针式摆式仪的调零灵敏情况,并定期进行滑块压力的标定。

(2)按本规程 T 0902 规定的方法选择测试位置,每个测试位置布设 3 个测点,测点间距离为 3~5m,以中心测点的位置表示该测试位置。测试位置应选在车道横断面上轮迹处,且距路面边缘应不小于1m。

### 3.2 测试步骤

(1)清洁路面:用扫帚或其他工具将测点处路面上的浮尘或附着物打扫干净。

(2)仪器调平:

①将指针式摆式仪置于路面测点上,并使摆的摆动方向与行车方向一致。

②转动底座上的调平螺栓,使水准泡居中。

(3)指针调零:

①放松紧固旋钮,转动升降旋钮,使摆升高并能自由摆动,然后旋紧紧固旋钮。

②将摆固定在右侧悬臂上,使摆处于水平位置,并把指针拨至右端与摆杆贴紧。

③右手按下释放开关,使摆向左带动指针摆动,当摆达到最高位置后刚开始下落时,用左手将摆杆接住,此时指针应指零。

④指针若不指零,通过转动松紧调节螺母进行调整后,重复步骤(1)~

(3),直至指针指零,调零允许误差为±1。

(4)校核滑动长度:

①让摆处于自然下垂状态,松开固定旋钮,转动升降旋钮使摆下降,并提起举升柄使摆向左侧移动,然后放下举升柄使橡胶片长边下缘轻轻触地,在边侧紧靠橡胶片摆放滑动长度量尺,使量尺左端对准橡胶片触地下缘;再提起举升柄使摆向右侧移动,然后放下举升柄使橡胶片下缘轻轻触地,检查橡胶片下缘是否与滑动长度量尺的右端齐平。若齐平,则说明橡胶片两次触地的距离(滑动长度)符合126mm±1mm的要求。左右两次橡胶片长边边缘应以刚刚接触路面为准,不可借摆的力量向前滑动,以免标定的滑动长度与实际不符。

②橡胶片两次触地与量尺两端若不齐平,通过升高或降低摆或仪器底座的高度进行调整。微调时,也可用旋转仪器底座上的调平螺丝调整仪器底座高度的方法,但需注意保持水准泡居中。

③重复步骤(1)~(2),直至滑动长度符合126mm±1mm的要求。

(5)将摆固定在右侧悬臂上,使摆处于水平位置,并把指针拨至右端靠紧摆杆。

(6)用喷水壶浇洒测点处路面,使之处于湿润状态。

(7)按下右侧悬臂上的释放开关,使摆在路面滑过,当摆杆回落时,用手接住摆杆并读数,但不做记录。

(8)按照步骤(5)~(7),重复操作5次,读记每次测试的摆值。5个摆值中最大值与最小值的差值不得大于3。如差值大于3,应重复上述各项操作,至符合规定为止。

(9)在测点处用温度计测记潮湿路表温度,准确至1℃。

(10)重复步骤(1)~(9),完成一个测试位置3个测点的摆值测试。

高等级路面采用的抗滑表层构造深度通常要求较大,另外,水泥路面为增强抗滑性能还在施工中铺制出专门的防滑沟槽。而指针式摆式仪在上述类型路面进行测试时,在小尺寸范围内存在橡胶滑块振动过大的问题,导致测试结果反映的不仅是滑动能量损失,还包括振动产生的能量损失。根据指针式摆式仪的工作原理,过大的表面构造将影响测试结果,而且会使每点5次测试值的差值超过标准的要求。因此,我们认为指针式摆式仪不适用于上述类型的路面,在实际使用中操作人员应根据现场情况注意此问题。

## 4 数据处理

**4.1** 计算每个测点 5 个摆值的平均值,作为该测点的摆值 $BPN_T$,取整数。

**4.2** 摆值的温度修正:

当路面温度为 $T(℃)$ 时测得的摆值 $BPN_T$ 应按式(T 0964)换算成标准温度 20℃ 的摆值 $BPN_{20}$:

$$BPN_{20} = BPN_T + \Delta BPN \qquad (T\ 0964)$$

式中:$BPN_{20}$——换算成标准温度 20℃ 时的摆值;

$BPN_T$——路面温度 $T$ 时测得的摆值;

$\Delta BPN$——温度修正值,按表 T 0964-2 采用。

表 T 0964-2　温 度 修 正 值

| 温度(℃) | 0 | 5 | 10 | 15 | 20 | 25 | 30 | 35 | 40 |
|---|---|---|---|---|---|---|---|---|---|
| 温度修正值 $\Delta BPN$ | -6 | -4 | -3 | -1 | 0 | +2 | +3 | +5 | +7 |

摆值受路面温度影响很大,各国均以 20℃ 为标准温度,当路面为其他温度时应进行修正。英国运输与道路研究所(TRRL)最早提出了温度修正曲线,在常用的 10~40℃ 范围内,修正值不超过 3。但是后来各国的众多学者均对此进行了研究,认为 TRRL 的修正值偏小,一些学者提出的修正曲线如图 9-2 所示。图中"▲"是日本在路面现场实测的修正值,当温度为 10℃ 及 40℃ 时,修正值达 8,日本道路公团提出的修正公式如式(9-2)所示,当路面温度为 $T(℃)$ 时测得的摆值为 $BPN_T$,则换算成标准

温度20℃的摆值 $BPN_{20}$。

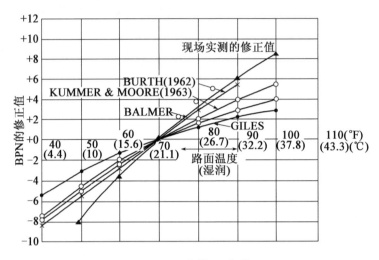

图9-2　温度修正曲线

$$BPN_{20} = -0.0071T^2 + 0.9301T - 15.79 + BPN_T \qquad (9\text{-}2)$$

式中：$BPN_{20}$——换算成标准温度20℃时的摆值；

　　　$BPN_T$——路面温度为 $T(℃)$ 时测得的摆值；

　　　$T$——测定的路表潮湿状态下的温度$(℃)$。

关于指针式摆式仪测定的精度，据资料介绍，用标准差表示时，英国天然橡胶摆是 1.0，美国合成橡胶摆是 1.2。为满足 95% 的精密度要求，最小测定次数对英国摆是 4 次，美国摆是 5 次，我国规定每一测点重复测试 5 次，同一测试路段要取 5 个测点的平均值。

《规程》采用的换算公式及换算系数表是我国自行对试块采用不同温度保温后测试得出的结果，在中间温度时，可用内插法计算。

**4.3**　计算每个测试位置 3 个测点摆值的平均值，作为该测试位置的摆值，取整数。

**4.4**　按本规程附录 B 的方法，计算每一个测试路段摆值的平均值、标准差、变异系数。

## 9 抗滑性能

## 5 报告

本方法应报告下列技术内容：

（1）测试路段信息（桩号、测试位置等）。

（2）每个测试位置的摆值（3个测点的平均值）。

（3）测试路段摆值的平均值、标准差及变异系数。

## 条文说明

指针式摆式仪是由原英国道路和运输研究所（TRRL）发明的用于测试路面抗滑能力的一种装置，BPN是British Pendulum Number的缩写，代表指针式摆式仪的刻度值。多年来，此设备已被世界各国广泛采用，作为抗滑性能测试的方法。本方法是按照国外通用的试验方法如BS 598、ASTM E303、AASHTO、日本铺装试验法便览7-5编写的。

指针式摆式仪所使用的橡胶片对测试结果有很大影响。各国标准均规定橡胶片应符合英国BS 812天然橡胶或美国ASTM E501合成橡胶的要求，我国是自行研制的合成橡胶，本规程采用的是英国BS 812的标准。

英、美、日本等国都使用不同的摆值温度修正公式或曲线图，我国基于在国内开展的试验测试结果，采用了修正值表的方法，中间温度的修正值可采用内插法计算得出。

指针式摆式仪的指针归零标定步骤非常重要，但长期以来，因我国多数生产厂家对指针式摆式仪的制造工艺和采用的材料所限，大部分指针式摆式仪指针控制效果不过关，造成测试结果准确性也不能满足要求。为改进指针读数方式的缺陷，近年来国内外已开发出数字式摆式仪，通过电测传感器测试摆值结果。数字摆式仪的电测方式既改进了指针结构带来的弊端，也减小了人工读值的误差，大大提高了测试结果的准确性。

# T 0969—2019 数字式摆式仪测试路面摩擦系数方法

## 1 适用范围

本方法适用于数字式摆式仪测试无刻槽水泥路面和沥青路面的摆式摩擦系数值 BPN。

## 2 仪具与材料技术要求

(1)数字式摆式仪:形状及结构如图 T 0969 所示。数字式摆式仪主机可输入测点编号,自动测量、存储和显示摆值及温度修正后的结果。

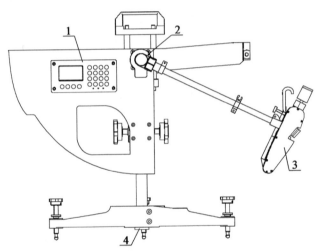

图 T 0969　数字式摆式仪结构示意图

1-主机;2-角度传感器;3-摆;4-温度传感器

(2)橡胶片:各项要求与本规程 T 0964 的规定相同。

(3)滑动长度量尺:长 126mm。

(4)喷水壶。

(5)毛刷。

(6)路面温度计:分度不大于 1℃。

(7)其他:扫帚、记录表格等。

# 9 抗滑性能

摆式仪利用"摆的位能损失等于安装与摆臂末端橡胶片滑过被测表面时,克服被测表面摩擦所做的功"的原理测定摩擦系数。数字式摆式仪是在不改变原有指针式摆式仪基本结构和工作原理的基础上,利用计算机、电子、传感器技术研发的一种集成了自动显示、自动存储、自动温度修正功能的数字化测量系统。数字式摆式仪的测量机构由高精度角度传感器、嵌入式摆值测量系统、温度传感器及算法软件等部分构成,准确度和精密度较高,需要定期按照《摆式摩擦测定仪》[JJG(交通)053—2017]到公路专业计量技术机构进行量值溯源,一般检定/校准周期为1年。当对数字数摆式仪的测量结果有怀疑时,可增加检校频次。

数字式摆式仪取消了指针和刻度盘,其零位标定和摆值读取均由角度传感器和控制程序自动完成,避免了指针式摆式仪结构零位标定和人工读值方式造成的不稳定性和数据误差,较好地提高了测试结果的稳定性和准确度。

摆式仪测试的滑溜块与被测不同物体表面之间的摩擦系数扩大100倍的数值,即为摆值。数字式摆式仪摆值的计算见式(9-3):

$$BPN = \frac{MgH\sin\theta}{PD} \times 100 \tag{9-3}$$

式中:$M$——摆的质量(kg);

$H$——摆的重心距离摆动轴心的距离(mm);

$g$——当地的重力加速度(m/s²);

$P$——橡胶片压于被测物体表面的正向静压力(N);

$D$——橡胶片在路面上的滑动长度(mm);

$\theta$——零点与摩擦后摆最大高度线的夹角(°)。

## 3 方法与步骤

### 3.1 准备工作

(1)检查数字式摆式仪的调零灵敏情况,并定期进行滑块压力的标定。

（2）按本规程 T 0902 规定的方法,选择测试位置,每个测试位置布设 3 个测点,测点间距离为 3~5m,以中心测点的位置表示该测试位置。测试位置应选在车道横断面上轮迹处,且距路面边缘应不小于 1m。

**3.2　测试步骤**

（1）清洁路面：用扫帚或其他工具将测点处路面上的浮尘或附着物打扫干净。

（2）仪器调平：

①将仪器置于路面测点上,并使摆的摆动方向与行车方向一致。

②转动底座上的调平螺栓,使水准泡居中。

（3）零位标定：

①放松紧固旋钮,转动升降旋钮,使摆升高并能自由摆动,然后旋紧紧固旋钮。

②将摆固定在右侧悬臂上,使摆处于水平释放位置。

③打开数字化摆式仪主机电源,设置测试状态为"标定",按下释放开关,使摆向左摆动,当摆达到最高位置后下落时,用手将摆杆接住,此时数字式摆式仪将自动记录空摆时的初始角度,保存此初始角度,完成零位标定。

（4）校核滑动长度：

①让摆处于自然下垂状态,松开固定旋钮,转动升降旋钮使摆下降,并提起举升柄使摆向左侧移动,然后放下举升柄使橡胶片长边下缘轻轻触地,在边侧紧靠橡胶片摆放滑动长度量尺,使尺左端对准橡胶片触地下缘；再提起举升柄使摆向右侧移动,然后放下举升柄使橡胶片下缘轻轻触地,检查橡胶片下缘是否与滑动长度量尺的右端齐平。若齐平,则说明橡胶片两次触地的距离(滑动长度)符合 126mm 的要求。左右两次橡胶片长边边缘应以刚刚接触路面为准,不可借摆的力量向前滑动,以免标定的滑动长度与实际不符。

②橡胶片两次触地与量尺两端若不齐平,通过升高或降低摆或仪器底座的高度进行调整。微调时,也可用旋转仪器底座上的调平螺丝调整仪器底座的高度的方法,这种方法比较方便,但需注意保持水准泡居中。

③重复步骤(1)~(2),直至滑动长度符合 126mm 的要求。

(5)将摆固定在右侧悬臂上,使摆处于水平释放位置,设置测试状态为"就绪"。

(6)用喷水壶浇洒测点处路面,使之处于湿润状态。

(7)按下右侧悬臂上的释放开关,使摆在路面滑过,当摆杆回落时,用手接住读数,但不做记录。然后使摆杆重新置于水平释放位置。

(8)按照步骤(5)~(7),重复操作 5 次,读记每次测试的摆值。5 个摆值中最大值与最小值的差值不得大于 3。如差数大于 3 时,应检查产生的原因,并再次重复上述各项操作,至符合规定为止。

(9)在测点处用温度计测记潮湿路表温度,准确至 1℃。

(10)重复步骤(1)~(9),完成一个测试位置 3 个测点的摆值测试。

## 4 数据处理

**4.1** 计算每个测点 5 个摆值的平均值,作为该测点的摆值 $BPN_T$,取整数。

**4.2** 每个测点的摆值按照本规程 T 0964 的规定进行温度修正。

**4.3** 计算每个测试位置 3 个测点摆值的平均值,作为该测试位置的摆值,取整数。

**4.4** 按照本规程附录 B 的方法,计算每一个测试路段摆值的平均值、标准差、变异系数。

## 5 报告

本方法应报告下列技术内容:

(1)测试路段信息(桩号、测试位置等)。

(2)每个测试位置的摆值(3 个测点的平均值)。

(3)测试路段摆值的平均值、标准差及变异系数。

*条文说明*

数字式摆式仪是在不改变原有指针式摆式仪基本结构和工作原理的基础上，利用计算机、电子技术、传感器技术，研发的一种集成了自动显示、自动存储、自动温度修正功能的数字化测量系统。数字式摆式仪的测量机构由高精度角度传感器、嵌入式摆值测量系统、温度传感器及算法软件等部分构成。

数字式摆式仪取消了指针和刻度盘，其零位标定和摆值读取均由角度传感器和控制程序自动完成，避免了指针式摆式仪结构零位标定和人工读值方式造成的不稳定性和数据误差，较好地提高了测试结果的稳定性和准确度。

## T 0965—2008　单轮式横向力系数测试系统测试路面摩擦系数方法

### 1　适用范围

本方法适用于单轮式横向力系数测试系统在新、改建路面工程质量验收和无严重坑槽、车辙等病害的正常行车条件下连续采集路面的横向力系数。

### 2　仪具与材料技术要求

单轮式横向力系数测试系统由承载车、距离测试装置、横向力测试装置、供水装置和主控制单元组成，如图 T 0965 所示。主控制单元除实施对测试装置和供水装置的操作控制外，同时还控制数据的传输、记录与计算等环节，其主要技术要求如下：

（1）承载车应为能够固定和安装测试、储供水、控制和记录等系统的载重车底盘，具有在水罐满载状态下最高车速大于 100km/h 的性能。

（2）测试轮胎类型：光面天然橡胶充气轮胎。

## 9 抗滑性能

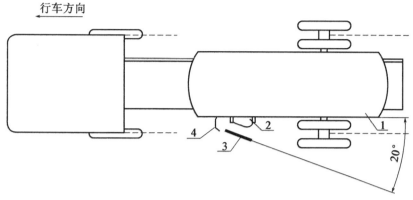

图 T 0965 单轮式横向力系数测试系统结构示意图
1-水罐;2-横向力测试装置;3-测试轮;4-供水口

(3)测试轮胎规格:3.00-20-4PR。
(4)测试轮胎标准气压:350kPa±20kPa。
(5)测试轮偏置角:19.5°~21°。
(6)测试轮静态垂直标准荷载:2 000N±20N。
(7)拉力传感器非线性误差:<0.05%。
(8)拉力传感器有效量程:0~2 000N。
(9)距离标定误差:<2%。

SCRIM(单轮式横向力系数)系统是英国 TRRL 研究所研制并由英国 WDM 公司生产的一种大型路面摩擦系数自动测试系统,其英文全称是 Sideway Force Coefficient Routine Investigation Machine。我国所使用的该类设备绝大部分为国内厂家生产,设备的主要技术标准和技术参数与英国 BS 7941-1:1999 标准和英国原型机一致,而且在我国路面设计规范中的路面抗滑技术标准也是使用英国标准设备和轮胎采集的数据而制定的。但是,据了解 SCRIM 的称谓已经被英国厂家作为商品品牌注册,因此不宜在我国行业标准中继续使用。另外,目前市场上还有其他类型的横向力系数或摩擦系数的测试系统在使用,造成设备名称定义不明确。为了规范试验方法中设备名称的使用,根据设备结构和工作原理的不同,《规程》明确了该类型设备试验方法的名称。

据了解现在国内用户所使用的轮胎均为国产,其性能和英国原产轮胎存在一定差异,目前轮胎的规定依据的是《横向力摩擦系数系统专用测试轮胎》(JT/T 752—2009)。

## 3 方法与步骤

### 3.1 准备工作

(1)每个测试项目开始前或连续测试超过1 000km后应按照规定的方法进行系统应力传感器的标定,记录标定数据并存档。

(2)检查测试车轮胎气压,应达到车辆轮胎规定的标准气压。

(3)检查测试轮胎磨损情况,当其直径比新轮胎减小达6mm(也即胎面磨损3mm)以上或有明显损伤或裂口时,必须更换新轮胎。新更换的新轮胎在正式测试前应试测约2km。

(4)检查测试轮气压,应达到350kPa±20kPa的要求。

(5)检查测试轮固定螺栓必须拧紧。将测试轮放到正常测试时的位置,检查其应能够沿两侧滑柱上下自由升降。

(6)根据测试里程向水罐加注足够用量的清洁测试用水。

(7)当出水控制为固定式开关时,需将开关设置在对应的测试速度位置,放下测试轮并检查洒水口出水情况和洒水位置;洒水位置应在测试轮接触地面中点沿行驶方向前方400mm±50mm处,洒水宽度应为中心线两侧各不小于约75mm。

(8)启动控制单元,检查各项功能和技术参数选择状态均应正常。

测试轮的气压和磨损对测试结果均有影响,应严格检查。直接准确测量轮胎直径变化比较困难,国外产品一般在轮胎表面设置有**3mm**深的测厚孔,用以判断表面磨损情况。

设备喷水的水量和位置也将直接影响测试结果，因此每次检测开始前必须检查喷水系统工作状况。测试最好使用洁净的自来水，尤其不能使用有油污污染或混有杂物的水，否则会影响测试结果的准确性或堵塞供水管路。

**3.2 测试步骤**

（1）正式开始测试前，首先应按规定的时间要求启动控制单元进行通电预热。

（2）进入测试路段前，测试人员设置所需的系统技术参数，并将测试轮胎降至路面上预跑至少500m。

（3）进入测试路段后，驾驶员应保持较为均匀的行车速度，并沿正常行车轨迹行驶。当为固定出水控制方式时，行驶最高速度不得超过出水开关事先设置所对应的速度。

（4）测试过程中，测试人员应及时准确地将测试路段需要标记的起终点和其他特殊点的位置输入测试数据记录中。

（5）承载车驶出测试路段后，测试人员停止测试程序，提升测量轮并恢复仪器各部分全初始状态。

（6）检查数据文件内容应完整正常，否则需要重新测试。

（7）关闭测试系统电源，结束测试。

经过长期车辆通行的道路，横断面上路面材料的磨光状况分布存在较大差异，轮迹带的摩擦系数明显低于车道其他位置，而路面抗滑性能评价就是要找出路面最不安全的状态，因此进行检测时测试车辆应该尽量按正常轨迹行驶。

# 4 数据处理

**4.1 SFC值的速度修正**

以测试结果使用时所需的速度作为标准测试速度，其他测试速度条件下得到的 SFC 值应通过式（T 0965）转换至标准速度下的等效 SFC 值。

$$\mathrm{SFC}_{标} = \mathrm{SFC}_{测} - 0.22(v_{标} - v_{测}) \quad (\text{T 0965})$$

式中：$\mathrm{SFC}_{标}$——标准测试速度下的等效 SFC 值；

　　　$\mathrm{SFC}_{测}$——现场实际测试速度条件下的 SFC 测试值；

　　　$v_{标}$——标准测试速度（km/h）；

　　　$v_{测}$——现场实际测试速度（km/h）。

在德国进行的制动力摩擦系数设备的速度试验显示了摩擦系数与测试速度具有明显的相关性，见图 9-3。交通运输部公路科学研究所完成的交通运输部项目"高速公路路面自动化检测现场测试规程及评价方法"开展了对横向力系数的速度影响试验，试验结果表明横向力系数与速度具有良好的线性关系，见图 9-4。据此得到的回归公式（T 0965）可将各种速度下的测值转换至标准速度下的等效 SFC 值。该公式对各种速度下摩擦系数的修正量值与 SCRIM 系统原产国英国运输部的修正标准基本一致，见表 9-2。

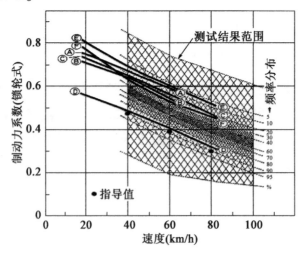

图 9-3　制动力摩擦系数速度试验

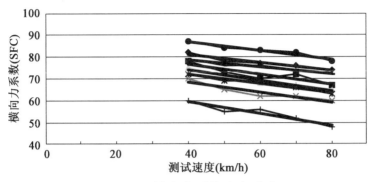

图9-4 横向力系数速度试验

表9-2 中英两国横向力系数修正量对比

| 测试速度(km/h) | 英国修正量值 | 中国修正量值 |
|---|---|---|
| 65~67 | +3 | +3.3~+3.7 |
| 60~64 | +2 | +2.2~+3.0 |
| 55~59 | +1 | +1.1~+1.9 |
| 46~54 | 0 | +0.8~-0.8 |
| 42~45 | -1 | -1.7~-1.1 |
| 38~41 | -2 | -2.6~-1.9 |
| 34~37 | -3 | -3.5~-2.8 |

### 4.2 SFC值的温度修正

测试系统的标准现场测试地面温度范围为20℃±5℃,其他地面温度条件下测试的SFC值必须通过表T 0965转换至标准温度下的等效SFC值。系统测试要求地面温度控制在8~60℃的范围内。

表T 0965 SFC值温度修正

| 温度(℃) | 10 | 15 | 20 | 25 | 30 | 35 | 40 | 45 | 50 | 55 | 60 |
|---|---|---|---|---|---|---|---|---|---|---|---|
| 修正 | -3 | -1 | 0 | +1 | +3 | +4 | +6 | +7 | +8 | +9 | +10 |

温度对路面摩擦系数的测试结果具有显著影响,其类似于摆式仪测

试结果的温度修正横向力系数的测试也与温度有关。根据交通运输部公路科学研究院在中国所做的横向力系数长期季节与温度观测试验,得到了表 T 0965 的温度修正值。因此,我们在进行摩擦系数检测的同时还应该进行地面温度的测试。

4.3  按照本规程附录 B 的方法,计算每一个测试路段 SFC 值的平均值、标准差、变异系数。

测试速度和测试温度都会对 SFC 测试结果产生较大影响,原规程为使用者提供了不同速度和温度条件下的换算公式。本次修订一个较大的变化是不再规定标准测试速度,因为测试结果用于不同目的时,所采用的速度可能不同。既然有速度换算公式,根据实际需要将所希望使用的速度作为标准速度而将其他速度下的测试值进行换算即可。

## 5  不同类型摩擦系数测试设备间相关性试验

### 5.1  基本要求

当制动式摩擦系数测试设备或其他类型横向力式测试设备需换算成 SFC 使用时,应进行相关性试验,建立其他类型测试结果与 SFC 值的相关性关系。

### 5.2  试验条件

(1)按 SFC 值 0~30、30~50、50~70、70~100 的范围选择 4 段不同摩擦系数的路段,路段长度可为 100~300m。

(2)试验路段地面应清洁干燥,地面温度应在 10~30℃ 范围内,天气条件宜为晴天无风。

### 5.3  试验步骤

(1)测试系统和需要进行相关性试验的其他类型设备分别按本方法第 3.1 条的方法准备就绪。

(2)两套设备分别以 40km/h、50km/h、60km/h、70km/h、80km/h 的

速度在所选择的 4 种试验路段上各测试 3 次,3 次测试的平均值的绝对差值不得大于 5,否则重测。

(3)两种试验设备设置的采样频率差值不应超过一倍,每个试验路段的采样数据量不应少于 10 个。

### 5.4 试验数据处理

(1)分别计算出每种速度下各路段 3 次测试结果的总平均值和标准差,超过 3 倍标准差的值应予以舍弃。

(2)用数理统计的回归分析方法建立试验设备测值与速度的相关性关系式,相关系数 $R$ 不得小于 0.95。

(3)建立不同速度下试验设备测值 SFC 的相关性关系式,相关系数 $R$ 不得小于 0.95。

## 6 报告

本方法应报告下列技术内容:

(1)测试路段信息(桩号、测试位置等)。

(2)测试速度、温度。

(3)测试路段横向力系数 SFC 的平均值、标准差及代表值。

(4)若进行相关性试验,还应报告相关性关系式及相关系数。

条文说明

目前我国已普遍使用横向力系数测试系统作为高等级公路抗滑能力的检测设备,本规程对该类设备主要结构、工作原理和主要技术参数的规定基本与英国 SCRIM 系统标准保持一致。测试轮胎技术参数通常符合《横向力摩擦系数系统专用测试轮胎》(JT/T 752—2009)的规定。

测试速度和测试温度都对 SFC 测试结果产生较大影响,因此,原规程为使用者提供了不同速度和温度条件下的换算公式。本次修订的一个较大变化是不再规定标准测试速度,因为测试结果用于不同目的时,所采用的速度可能不同,既然有速度换算公式,完全可以根据实际需要将所希望使用的速度作为标准速度而将其他速度下的测试值进行换算。

# T 0967—2008 双轮式横向力系数测试系统测试路面摩擦系数方法

## 1 适用范围

本方法适用于双轮式横向力系数测试系统在新建、改建路面工程的质量验收和无严重坑槽、车辙等病害的正常行车条件下测试路面的横向力系数。

本方法所使用的设备最初由英国研制生产,其测试结果是横向力摩擦系数的一种,但其设备机构和测值与单轮式横向力系数(SCRIM)测试系统有区别。该设备目前在一些国家得到使用,美国ASTM规定有相应的技术标准。近年来,该设备在我国的引进不断增多,使用程度不断提高,且已经有国产设备投入市场。

## 2 仪具与材料技术要求

双轮式横向力系数测试系统主要由牵引车、供水系统、测试单元、主控制单元、标定装置等组成,测试系统如图 T 0967-1 和图 T 0967-2 所示,其主要技术要求如下:

(1)牵引车最高行驶车速须大于80km/h,车辆后部可安装专用拖挂的装置,车辆应配备警灯及相关警示标志。

(2)测试单元总质量:256kg。

(3)单轮静态标准荷载:1.27kN。

(4)测试轮夹角:15°。

(5)横向力系数测试轮气压:70kPa±3.5kPa。

## 9 抗滑性能

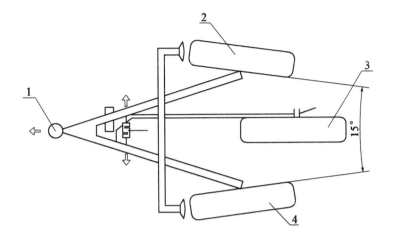

图 T 0967-1　测试系统平面示意图

1-曳引点；2-旋转试验轮；3-记录器；4-固定试验轮

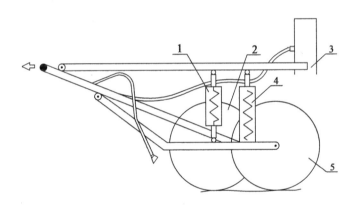

图 T 0967-2　测试系统侧视示意图

1-阻尼弹簧；2-旋转试验轮；3-记录器；4-低速弹簧；5-固定试验轮

(6) 距离测试轮气压：210kPa ± 13.7kPa。

(7) 测试轮规格：4.00/4.80-8 光面轮胎。

(8) 路面洒水厚度：0.5～1.0mm。

(9) 测试速度范围：40～60km/h。

## 3 方法与步骤

### 3.1 准备工作

(1)进入现场测试前,应进行应力传感器标定。将设备配套提供的标定板放在地面上,人工将测试仪从板上按要求拖拉三遍,由系统自动判断标定是否通过,标定通过后才进行路面测试。

(2)正式开始测试前,设备应预热10min左右,并检查汽油机能否正常工作,机油是否需要更换。

(3)检查横向力系数测试轮、距离测试轮(或水车车轮)的轮胎胎压,胎压应满足规定要求,长距离或长时间测试过程中也应补充检查胎压。

(4)降下测试轮,打开水阀检查水流情况,水流应正常且符合要求,检查仪表各项指数应正常,然后升起测试轮。

(5)将牵引车与洒水车(可选)、测试单元及控制线路连接线依次连好,启动主控制单元进入测试状态,同时发动汽油机,打开水阀,准备测试。

### 3.2 测试步骤

(1)将车辆驶向测试路段,提前约200m处打开水阀,降下测试轮。测试车速保持在40~60km/h范围内,且应保持匀速状态。

(2)测试过程中,测试人员应及时准确地将测试路段需要标记的起终点和其他特殊点的位置输入测试数据记录中。

(3)驶出测试路段后,停止测试过程,存储数据文件。

双轮式横向力系数测试系统为拖挂结构,其一般位于拖车后部中间的位置,而摩擦系数测试要求在轮迹位置进行,因此在车道上测试时要求司机控制好拖车行驶位置,尽量使测试轮沿轮迹带运行。

另外,由于两测试轮角度的关系,在弯道和大横纵坡测试时的数据可能出现异常,测试人员需要注意记录并在后期处理时删除。

## 9 抗滑性能

**4 数据处理**

按照本规程附录 B 的方法,计算一个测试路段路面摩擦系数的平均值、标准差、变异系数。

**5 相关性试验**

本试验方法得到的直接数据结果,应参照本规程 T 0965 第 4 部分和第 5 部分的内容转换为标准 SFC 值后,才可进行相关的质量检验和评价。

该设备测试参数类型虽然也属于横向力系数,但由于其荷载压力、轮胎规格、受力角度等参数均与单轮式横向力系数设备不同,因此其测试结果必须通过建立与 SFC 的相关关系并进行转换后才能用于工程检验和评价。

**6 报告**

本方法应报告下列技术内容:
(1)测试路段信息(桩号、测试位置等)。
(2)测试速度、温度。
(3)测试路段路面摩擦系数的平均值、标准差及代表值。
(4)若进行相关性试验,还应报告相关性关系式及相关系数。

条文说明

英国制造的 Mu-meter 摩擦系数测试设备的测试结果属于横向力系数测试设备的一类,该类设备在欧洲和北美均有制造和使用,我国除保有和使用一定数量的进口设备外,近年亦有国产设备进入市场。根据我国公路工程评价标准的要求,该类设备的测试结果应换算为 SFC 值后方可使用。

# T 0968—2008 动态旋转式摩擦系数测试仪测试路面摩擦系数方法

## 1 适用范围

本方法适用于动态旋转式摩擦系数测试仪(简称 DF 仪)测试路面的摩擦系数。

DF 仪的特点是一次测试可得到不同速度下的摩擦系数,且测试结果稳定性较好,与横向力系数和摆式仪摆值具有良好的相关关系;另外其体积小,便于随车携带,适合定点或小规模测量。但是,该设备由于与地面橡胶块接触面积较小,因此不适用于有明显破损坑槽和构造的路面。

## 2 仪具与材料技术要求

DF 仪包括控制单元、测试系统和洒水装置三部分,如图 T 0968 所示。DF 仪的技术要求及参数具体如下:

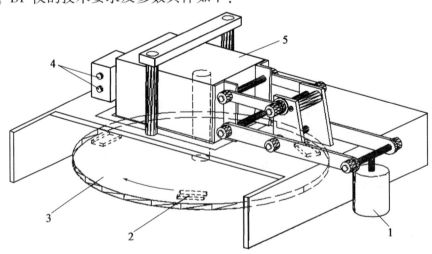

图 T 0968  DF 仪示意图
1-重锤;2-橡胶滑块;3-转盘;4-数据传输接口;5-电动机

（1）橡胶滑块：每个橡胶滑块的固定压力为 11.8N，滑块轮廓尺寸为 6mm×16mm×20mm，滑块与测试表面的接触压力为 150kPa。滑块橡胶邵氏硬度为 58±2。

（2）测量范围：20~80km/h 范围的模拟。

（3）摩擦系数值范围：0~1。

（4）现场电源：车辆或单独蓄电池（DC 12V）。

（5）记录装置：X-Y 记录仪或便携式计算机。采用 X-Y 记录仪时应备好记录纸和专用记录笔。

（6）其他用具：水桶、扫帚等。

## 3 方法与步骤

### 3.1 准备工作

（1）将 DF 仪测试圆盘上固定橡胶滑块的螺丝拧紧，如果橡胶滑块厚度小于 3mm，应及时更换。

（2）将控制单元和 X-Y 记录仪的电源线与电源正确连接，开通控制单元和 X-Y 记录仪电源，检查各部分应工作正常。检查记录仪的记录笔，如果笔尖过粗，应及时更换。

### 3.2 测试步骤

（1）在轮迹带上选择一块较为平坦且表面均匀的路面作为测点，尽量避免车辙、坑槽或突起，把测试点表面清扫干净。将 DF 仪放到测试点上，DF 仪的摆放方向应便于底部排水管将水排向测试点的方向。

（2）将灌满清水的水桶通过水管与 DF 仪的进水管连接，水桶放置应高于 DF 仪高度。将记录纸按照要求平铺在 X-Y 记录仪上。当使用车辆电池时，为保持电压平稳，车辆应处于怠速状态。

（3）按顺序开通控制单元和 X-Y 记录仪电源开关，并通过 X、Y 坐标调节器将记录笔调整至记录纸原点坐标。

（4）通过驱动开关将测试盘提升并旋转，打开供水开关开始向测点喷水。

（5）控制单元显示圆盘旋转时速达到 90km/h 时，关闭驱动开关和供水开关，测试盘降落至路面上开始测试，同时记录笔在记录纸上开始记录。

（6）测试圆盘逐渐停止转动的同时，记录笔在记录纸上记录直至回到原点，测试结束。

（7）按照上述方法在同一测点测试 3 次，3 次测试结果最大值与最小值的差值应不大于 0.1，否则应重新选择测点进行测试。

## 4 数据处理

**4.1** 每个测点取 3 次测试结果的平均值作为试验结果，准确至 0.01。

**4.2** 按照本规程附录 B 的方法，计算一个测试路段摩擦系数的平均值、标准差、变异系数。

## 5 报告

本方法应报告下列技术内容：

（1）测试路段信息（桩号、测试位置等）。

（2）测试温度、各测点摩擦系数。

（3）测试路段摩擦系数的平均值、标准差及代表值。

条文说明

DF 仪在日本和美国均有应用，我国所使用的 DF 仪均为日本进口。该设备测试结果稳定，测值与其他类型摩擦系数值具有良好的相关性关系，是单点摩擦系数测试的较好选择，但目前在国内的使用单位一直不多，该方法有待进一步推广。

# 10 渗　　水

水损害是沥青路面常见病害之一。当水滞留在路面结构层中时,在交通荷载作用下会产生瞬间动水压力,持续作用会造成沥青剥落,引起沥青混合料的松散、剥落及网裂,基层缓慢地软化和变形,粉浆通过微小的缝隙被揉搓挤压到表面,还会产生唧浆,从而导致结构层脱空。道路面层既要有效封水,避免水下渗至基层,造成水损害;又要有效排水,避免路表形成水膜,威胁行车安全。国内外通常用渗水系数来评价沥青路面的渗水性能。

## T 0971—2019　沥青路面渗水系数测试方法

### 1　使用范围

本方法适用于在现场测试沥青路面的渗水系数。

### 2　仪具与材料技术要求

（1）路面渗水仪:形状及尺寸如图 T 0971 所示。上部盛水量筒由透明有机玻璃制成,容积 600mL,上有刻度,在 100mL 及 500mL 处有粗标线,下方通过 $\phi$10mm 的细管与底座相接,中间有一开关。量筒通过支架联结,底座下方开口内径 $\phi$150mm,外径 $\phi$220mm,仪器附不锈钢圈压重两个,每个质量约 5kg,内径 $\phi$160mm。

**本次修订按《路面渗水系数测量仪》[ JJG ( 交通 ) 104—2015 ] 修改了渗水仪的结构要求。另外,原规程的图 T 0971 中标注的 155mm 已经包含了顶板的 20mm,本次修订也做相应调整。**

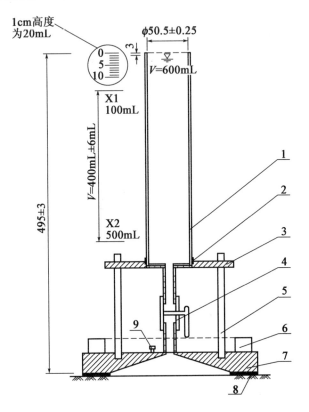

图 T 0971　渗水仪结构图(尺寸单位:mm)

1-盛水量筒;2-螺纹连接;3-顶板;4-阀;5-立柱支架;6-压重钢圈;7-底座;
8-密封材料;9-排气孔

(2)套环:变厚度金属圆环,底部为刀口,内径为150mm,上壁厚为5mm,主要防止密封材料被挤压进入测试面而导致渗水面积不一致。

路面渗水试验操作过程中发现密封材料经常被挤压进测试面,影响试验的进行,本次修订新增套环,各试验检测机构应根据《规程》的要求增配此设备。

(3)水筒及大漏斗。

(4)秒表。

(5)密封材料:防水腻子、油灰或橡皮泥。

(6)其他:水、粉笔、塑料圈、刮刀、扫帚等。

用于渗水试验的密封材料对于试验的成败非常重要,因此下面介绍一下密封材料的选用和需要注意的问题。

在"沥青路面透水测定方法及指标要求"项目研究时,各参加单位采用了多种材料作为密封剂,通过研究实践,其结论如下:

面粉:来源比较方便,对路面污染小,试验后易于清洗,但是存放时间长了容易发酵变质,不宜重复使用。

黄油:对路面的污染比较严重,残留在路面上的黄油会危及车辆的行驶,因此不宜采用黄油作为密封剂。

防水腻子:来源比较广,残留在路面也不会对行车造成危害,而且可以回收再次利用,腻子具有一定的韧性,在一定的水头作用下不至于漏水,但是要注意在选择腻子时要用新鲜的腻子,存放时要注意密封,存放时间较长或比较干燥的腻子不能再使用。

玻璃密封胶:玻璃密封胶是一种很理想的密封材料,密封效果好,完全不污染路面,测试完成后,基本上在 15min 后玻璃密封胶就可以凝固成一层皮,轻轻一拉就可以全部清除,完全不留痕迹,但是采用玻璃密封胶作为密封材料成本较高。

橡皮泥:比较好用,但是试验成本较高。

综上所述,可以用来作为密封剂的材料很多,各使用单位可以根据自己的试验经验,通过实践选择合适的密封材料。建议采用的材料为防水腻子、油灰和橡皮泥。

# 3 方法与步骤

## 3.1 准备工作

(1)每个测试位置按照本规程附录 A 规定的方法,随机选择 3 个测点,并用粉笔画上测试标记。

原规程规定一个路段检测5个点。首先《规程》规范的是试验测试的方法,每个路段检测多少测点不属于《规程》规定的内容;其次,《公路沥青路面施工技术规范》(JTG F40—2004)和《公路工程质量检验评定标准 第一册 土建工程》(JTG F80/1—2017)规定"路面渗水系数每200m测一处",因此,本次修订删除了"一个路段检测多少处"的规定。

为了确保每一处路面渗水系数测试结果的准确性,《规程》规定每一处选择3个测点进行测试,并以3个测点渗水系数的平均值作为该测试位置的结果。

(2)试验前,先用扫帚清扫表面,并用刷子将路面表面的杂物刷去。

(3)新建沥青路面的渗水试验宜在沥青路面碾压成型后12h内完成。

### 3.2 测试步骤

(1)将塑料圈置于路面表面的测点上,用粉笔分别沿塑料圈的内侧和外侧画上圈,在外环和内环之间的部分就是需要用密封材料进行密封的区域。

(2)用密封材料对环状密封区域进行密封处理,注意不要使密封材料进入内圈,如果密封材料不小心进入内圈,必须用刮刀将其刮走。然后再将搓成拇指粗细的条状密封材料摞在环状密封区域的中央,并且摞成一圈。

将塑料圈置于试件中央或路表面的测点上(图10-1),用粉笔分别沿塑料圈的内侧和外侧画上圈(图10-2),在外环和内环之间的部分就是需要用密封材料进行密封的区域(图10-3)。

如果在密封区域内发现有构造深度较大的部位时,必须先用密封材

## 10 渗 水

料对这些部位的纹理深度进行填充(图 10-4),以防止渗水试验时水通过这些表面纹理渗出,从而影响试验结果。对较大的纹理进行处理后,再用密封材料对环状密封区域进行处理,用刮刀将密封材料均匀地涂抹在此区域内的试件表面上,用刮刀刮平,可以防止渗水仪压上去后密封材料被挤到内圈而改变渗水面积(图 10-5)。用密封材料对环状密封区域进行密封处理,注意不要使密封材料进入内圈,如果密封材料不小心进入内圈,必须用刮刀将其刮走。然后再将搓成拇指粗细的条状密封材料摞在环状密封区域的中央,并且摞成一圈(图 10-6)。

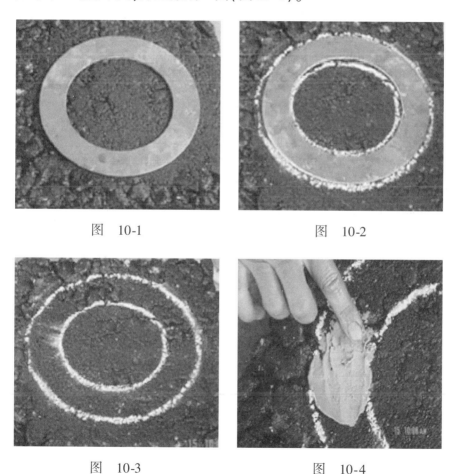

图 10-1

图 10-2

图 10-3

图 10-4

图 10-5

图 10-6

(3)将套环放在路面表面的测点上,注意使套环的中心尽量和圆环中心重合,然后略微使劲将套环卡在条状密封材料内侧;将渗水仪放在套环上,对中,施加压力将渗水仪压在套环上,再将配重加上,以防压力水从底座与路面间流出。

(4)将开关及排气孔关闭,向量筒中注水超过100mL刻度,然后打开开关和排气孔,使量筒中的水下流排出渗水仪底部内的空气,当量筒中水面下降速度变慢时,用双手轻压渗水仪使渗水仪底部的气泡全部排出,当水自排气孔顺畅排出时,关闭开关和排气孔,并再次向量筒中注水至0mL刻度。

(5)将开关打开,待水面下降至100mL刻度时,立即开动秒表开始计时,计时3min后立即记录水量,结束试验;当计时不到3min水面已下降至500mL时,立即记录水面下降至500mL时的时间,结束试验。当开关打开后3min内水面无法下降至500mL刻度时,则开动秒表计时测试3min内渗水量即可结束试验。

原规程规定"将开关打开,待水面下降至100mL刻度时,立即开动秒表开始计时,每间隔60s,读记仪器管的刻度一次,至水面下降500mL时为止"。实际路面渗水系数的计算过程中,除了"第一次计时时的水量"和"第二次计时时的水量"外,未使用间隔60s的水量计算,本次修订删除"每间隔60s,读记仪器管的刻度一次"的规定。

(6)测试过程中,如水从底座与密封材料间渗出,则底座与路面间密封不好,此试验结果为无效。关闭开关,采用密封材料补充密封,重新按步骤(4)~(5)测试。如果仍然有水渗出,应在同一纵向位置沿宽度方向就近选择位置,重新按照步骤(1)~(5)测试。

(7)测试过程中,如水从外环圈以外路面中渗出,可以人工将密封材料在外环圈之外5cm宽度范围内再次进行密封处理,重新按步骤(4)~(5)测试,只要密封范围内无水渗出,则认为试验结果为有效。

(8)重复步骤(1)~(7),测试3个测点的渗水系数。

## 4 数据处理

**4.1** 按式(T 0971)计算渗水系数,准确至0.1 mL/min。

$$C_w = \frac{V_2 - V_1}{t_2 - t_1} \times 60 \qquad (\text{T 0971})$$

式中:$C_w$——渗水系数(mL/min);

$V_1$——第一次计时时的水量(mL);

$V_2$——第二次计时时的水量(mL);

$t_1$——第一次计时时的时间(s);

$t_2$——第二次计时时的时间(s)。

**4.2** 以3个测点渗水系数的平均值作为该测试位置的结果,准确至1 mL/min。

## 5 报告

本方法应报告下列技术内容:

(1)测试位置信息(桩号、路面类型等)。

(2)测试位置的渗水系数(3个测点的平均值)。

条文说明

沥青路面渗水性能是反映路面沥青混合料级配组成的一个间接指标,也是沥青路面水稳定性的一个重要指标。如果整个沥青面层均透水,则水势必进入基层或路基,使路面承载力降低。相反如果沥青面层中有一层不透水,而表层能很快透水,则又不致形成水膜,对抗滑性能有很大好处。所以路面渗水系数已成为评价路面使用性能的一个重要指标列入相关的技术规范中。

本次修订根据近些年来的工程实践进行了完善。

对路面渗水仪本身的结构,添加了设置排气孔的要求,为此进一步完善了渗水试验的准备工作。原规程中路面渗水仪没有排气孔,实际中工程上应用的大部分设备是有排气孔的。在渗水试验之前需要打开路面渗水仪开关和排气孔,从而便于路面渗水仪底部内的空气排出。为此,根据工程实际应用情况,对这部分内容进行了完善。

原规程针对不同的渗水条件进行了规定,当水面下降速度较慢,则测试3min 的渗水量即可停止;如果水面下降速度较快,在不到3min 的时间内到达了500mL 刻度线,则记录到达了500mL 刻度线时的时间;若水面下降至一定程度后基本保持不动,说明基本不透水或根本不透水。但是这些规定较为笼统,现场试验人员不好掌握,同时原规程规定每1min 记录一次流水量,实际应用意义不大。为此,本次修订根据现场实际情况,对试验方法进行了完善,使试验人员更容易结合现场情况进行判断。

渗水试验中,一个最大的难点是侧渗问题,特别是对于粗型级配沥青混凝土,侧渗较为突出。本次修订考虑工程实际,规定当有侧渗时增加外圈的密封宽度。实际上,渗水试验时,渗水系数包含了竖向下渗和横向下渗,增加外圈密封宽度是希望增加竖向下渗面积,从而减少横向下渗量对渗水系数的影响。

原规程中规定"每一个检测路段应测定 5 个测点,计算其平均值作为检测结果",此规定与目前的沥青路面施工技术规范和质量检验评定标准不一致,为此本规程也进行了修订。

# 11 路基路面损坏

路面的损坏形式较多,一般可以分为两类,即结构性破损和功能性破损。结构性破损导致路面结构承载力下降,以各种结构裂缝的形式表现出来。功能性破损则会影响行车质量和行车安全,表现为路面服务能力下降、平整度和抗滑性能降低。识别路面损坏形式,量化损坏程度,既是评价路面技术状况的要求,也是做好养护工作、保证道路服务质量的需要。《公路技术状况评定标准》(JTG 5210—2018)对道路的损坏类型及其评价标准做了较为详细的规定,如裂缝、水泥混凝土面层的断板率,沥青路面拖痕、松散、推挤、波浪、油包,等等。

考虑原规程将错台、车辙分成章来表述,在测试方法本身的体量上与其他章节不匹配,且95版规程收纳了关于路面表观损坏的测试方法,本次修订将这些测试方法归纳起来,编成一章,命名为路基路面损坏,实际上有关损坏类型,远不止这些,但为了保证《规程》的延续性,给出了5类损坏指标的测试方法,即错台、车辙、表观损坏(含裂缝长度和面积、断板率)、脱空、结构病害。《规程》更多的是从测量方法的角度,便于检测人员现场操作,规范数据处理和报告内容,与《公路技术状况评定标准》(JTG 5210—2018)的规定能够形成很好的补充。

## T 0972—2019 路面错台测试方法

### 1 适用范围

本方法适用于测试在构造物端部接头、水泥混凝土路面的错台高度,以评价路面行车舒适程度。

## 11 路基路面损坏

错台在《公路技术状况评定标准》(JTG 5210—2018)中被定义为一种路面病害,在《公路工程质量检验评定标准 第一册 土建工程》(JTG F80/1—2017)和《公路工程竣(交)工验收办法》(中华人民共和国交通部令 2004 年第 3 号)中称水泥混凝土路面的错台为相邻板高差。

沥青路面在裂缝两侧产生的高差一般称为沉降(不均匀),而不是错台,因此,本次修订删除该表述方式。

**2 仪具与材料技术要求**

(1)基准尺:3m 盲尺或 2m 盲尺。

(2)量尺:

①深度尺:分辨率不大于 0.5mm。

②钢直尺:量程不小于 200mm。

③钢卷尺:量程不小于 5m。

④塞尺:分度值不大于 0.5mm。

(3)水准仪或全站仪:

①水准仪:精度 $DS_3$。

②全站仪:测角精度 2″,测距精度 ± [2mm + 2 × 10$^{-6}$s(s 为测距)]。

**3 方法与步骤**

**3.1 准备工作**

测试前应对测试位置进行清理,保证无浮砂、污泥等影响测试结果的污染物。

根据《规程》定位,本章节仅说明错台的测试方法,不再对评价方法进行阐述,因此,本次修订修改了 3.1 准备工作的表述方法,取消测试步骤中有关测试频率、测试点的规定。

### 3.2 测试步骤

选择需要测试的断面,记录位置、桩号,描述错台的情况。路面错台的测试位置应选在接缝高差最大处,根据需要也可选择其他有代表性的位置。根据实际情况选择下列测试方法:

(1)基准尺法

将基准尺垂直跨越接缝并平放于高出的一侧,用塞尺或钢直尺量测接缝处基准尺下基准面与位置较低板块的高差,即为该处的错台高度 $D$,准确至1mm。

(2)深度尺法

将深度尺垂直置于高出的一侧,将测头顶出至与沉降面接触为止,稳定后读数,即为该处的错台高度 $D$,准确至1mm。测点的选择应避开水泥混凝土板块崩边的位置。

(3)水准仪(全站仪)法

将水准仪(全站仪)架设于路面平顺处调平,沿接缝在选定测点的两侧分别量测相对高程,准确至1mm。塔尺(棱镜)应放置在平整处,避开路面凸起和凹陷的位置。

## 4 数据处理

**4.1** 基准尺法和深度尺法的测试结果直接作为错台高度 $D$,准确至1mm。

**4.2** 水准仪(全站仪)法需计算接缝间的相对高程、差值的绝对值作为错台高度 $D$,准确至1mm。

原规程规定"以测定的错台读数 $D$ 与各测点的距离绘成纵断面图作为测定结果,"由于绘制错台纵断面的工作量较大,且不绘制纵断面图也可以计算出错台高度,因此本次修订取消了绘制错台纵断面图的规定。

## 5 报告

本方法应报告下列技术内容:

（1）测试位置信息(桩号、路面及构造物概况等)。

（2）错台高度 $D$。

条文说明

在保证测试精度的前提下，全站仪可快捷准确地用于放样和高程测量，效率比水准仪高，故本次修订在错台测量仪器中增加了全站仪，测试时可根据情况选用。

在原规程中，三米直尺法及水准仪法以发生错台处一定范围内的最大高差作为错台高度并绘制错台纵断面图，该方法存在工作量大、效率低、应用较少等问题。本次修订结合错台的定义及测试方法的实用性和针对性，简化了基准尺法及水准仪法，取消了错台纵断面图绘制要求，并新增了深度尺测试错台的方法，使用者可根据实际情况选用。

# T 0973—2019 沥青路面车辙测试方法

## 1 适用范围

本方法适用于测试沥青路面的车辙。

## 2 仪具与材料技术要求

（1）路面激光车辙仪的技术要求具体如下：

①纵向距离测量误差：≤0.1%。

②纵向采样间距：≤200mm。

③有效测试宽度≥3.5m，测点不少于13点，测试精度0.1mm，横向采样间距≤300mm。

④车辙深度测量范围：0~50mm。

**本次修订将有效测试宽度调整为"≥3.5m"，调整原因见条文说明。**

(2)横断面尺:如图 T 0973-1 所示,金属制直尺,刻度间距 50mm,长度不小于一个车道宽度。顶面平直,最大弯曲不大于1mm,两端有把手及高度为 100～200mm 的支脚,两支脚的高度相同,作为基准尺使用。

图 T 0973-1　路面横断面尺

(3)基准尺:金属制,长度不小于一个车道宽度,最大弯曲不超过 1mm,表面平直。

(4)量尺:

①钢直尺:量程不小于 300mm,分度值为 1mm。

②钢卷尺:量程不小于 3000mm,分度值为 1mm。

③塞尺:分度值不大于 0.5mm。

**本次修订根据仪器设备的使用情况,取消了横断面仪、超声波仪,增加了基准尺,明确了量尺的量程、分度值要求。**

## 3　方法与步骤

### 3.1　车辙测试的基准测量宽度要求

(1)对高速公路及一级公路,以发生车辙的一个车道两侧标线宽度中点到中点的距离为基准测量宽度。

(2)对二级及二级以下公路,有车道区划线时,以发生车辙的一个车道两侧标线宽度中点到中点的距离为基准测量宽度;无车道区划线时,以形成车辙部位的一个设计车道作为基准测量宽度。

### 3.2　横断面尺测试方法

(1)准备工作

确定测试路段,按本规程 T 0902 规定的方法选取测试断面,并做好标记。

（2）测试步骤

①选择需测试车辙的断面,将横断面尺置于该测试断面上,方向与道路中心线垂直,两端支脚置于测试车道两侧。

②沿横断面尺每隔 200mm 一点,将钢直尺垂直立于路面上,读取横断面尺底面与路面之间的高差,准确至 1mm,如断面的最高处或最低处明显不在测试点上,应加密测点。

③记录测试断面的桩号、位置及不同断面处的高差。

### 3.3 基准尺测试方法

当不需要测试横断面,仅需要测试最大车辙时,可采用本方法。

（1）准备工作

确定测试路段,按本规程 T 0902 规定的方法选取测试断面,并做好标记。

（2）测试步骤

①选择需测试车辙的断面,将基准尺置于该测试断面上,方向与道路中心线垂直。

②若车辙形状为图 T 0973-2 中 a）、b）、c）形式,则需分别量测左、右轮迹带的车辙深度,将基准尺分别置于左、右轮迹带辙槽两端最高位置,目测确定左、右轮迹带最大车辙位置,用量尺量取基准尺底面与路面之间的高差,准确至 1mm,记录车辙深度 $R_{U1}$ 和 $R_{U2}$。

③若车辙形状为其他形式,则直接将基准尺置于断面辙槽两端最高位置,目测确定断面最大车辙位置,用量尺量取基准尺底面与路面之间的高差,准确至 1mm,记录车辙深度 $R_U$。

④记录测试断面的桩号、位置及断面处车辙深度。

### 3.4 激光车辙仪测试方法

（1）准备工作

①确定测试路段,要求测试路段无积水、无冰雪、无污染。

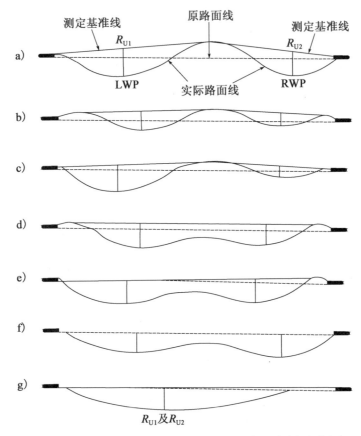

图 T 0973-2　不同形状、不同程度的路面车辙示意图

注：LWP、RWP 表示左轮迹带、右轮迹带及其车辙深度。

②将测试设备所有轮胎气压调整为设备所要求的标准气压，检查车辆和测试设备是否工作正常。

**轮胎的气压会对激光器与路面的距离产生影响，因此本次修订增加轮胎气压的要求。**

③查看天气预报，当风速大于 6 级时不宜进行测试。

(2) 测试步骤

①将测试车辆就位于测试区间起点前一定距离，以保证到达测试区

域时能够达到测试要求的稳定车速,启动测试设备并将其调整至工作状态。

②设定测试系统参数,输入路线名称、路段桩号、测试车道和测试方向等信息。

③根据交通量、路面状况等实际情况确定测试速度。

④测试时应分车道测试,保持测试车中心线与车道中心线重合,测试系统自动记录被测试车道的路面车辙数据。

⑤测试结束,保存数据。

根据《规程》的定位,取消评定路段的相关表述。

## 4　数据处理

**4.1**　应按照图 T 0973-2 规定的模式计算车辙深度 $R_U$,根据测试数据按图 T 0973-2 的方法画出横断面图及顶面基准线。

**4.2**　在横断面图上确定车辙深度 $R_{U1}$ 和 $R_{U2}$,精确至 1mm。以其中最大值作为断面的最大车辙深度 $R_U$。

**4.3**　计算测试路段各测试断面最大车辙深度的平均值作为该测试路段的平均车辙深度。

世界各国采用的车辙深度计算方法有所不同。例如:美国以两条车辙中部最高点与车辙最低点的两个高差的平均值作为测试断面的车辙深度,这种模式只用测横断面上 **3** 点的高程即可;而我国将车辙分为图 **T 0973-2** 的 **7** 种形式,先通过控制点画出基准线,再以车辙最低点到基准线的距离作为车辙深度,并且只取同一断面上的最大深度作为测试结果。

## 5　报告

本方法应报告下列技术内容:
(1)测试位置信息(桩号等)。

(2)每个断面的车辙深度值 $R_U$。

(3)测试路段的平均车辙深度。

**本次修订简化了报告要求,不再要求报告各断面的横断面图。**

条文说明

目前国内自动化车辙仪主要包括点激光车辙仪和线激光车辙仪,其测试原理如图 T 0973-3、图 T 0973-4 所示。超声波技术在自动化测试早期曾大量使用,但由于测试速度慢、精度差、易受干扰和数据处理烦琐等缺陷,现在已很少使用,因此本次规程修订删除了超声波车辙仪。另外,横断面仪目前已很少使用和销售,因此本次修订删除了该方法。

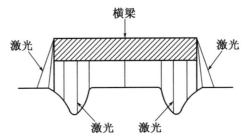

图 T 0973-3　点激光车辙测试示意图

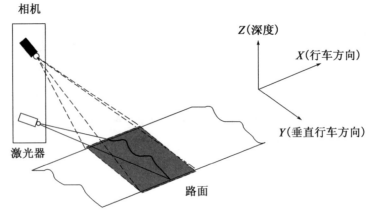

图 T 0973-4　线激光车辙测试示意图

## 11 路基路面损坏

激光车辙仪的有效测试宽度是车辙仪的基本参数之一,编写组对国内相关标准规范及生产厂家进行了调研,调研结果见表 T 0973。部分标准已把横向测试宽度规定为3.5m,国内外大多数生产厂家的设备横向测试宽度可满足3.5m的要求,因此本次修订把有效测试宽度调整为3.5m。

表 T 0973  国内标准规范对激光车辙仪相关参数的要求

| 序 号 | 标准规范名称 | 横向测试宽度(m) | 纵向采样间距(m) |
|---|---|---|---|
| 1 | 车载式路面激光车辙仪(JT/T 677—2009) | ≥3.2 | ≤0.2 |
| 2 | 多功能路况快速检测设备(GB/T 26764—2011) | ≥3.5 | ≤0.2,建议采用0.1m |
| 3 | 公路路面技术状况自动化检测规程(JTG/T E61—2014) | ≥3.5 | 宜采用0.1m,不应大于0.2m |
| 4 | 公路技术状况评定标准(JTG 5210—2018) | — | 计算长度为10m |

根据目前国内激光车辙仪的技术参数及车辙测试要求,本次修订对纵向距离测量误差、纵向采样间距、横向采样间距、车辙深度测量范围和测试环境基本要求进行了规定。

本方法所称的标准气压,为自动化检测车出厂时厂家要求的标准气压。

根据《公路技术状况评定标准》(JTG 5210—2018)和《公路路面技术状况自动化检测规程》(JTG/T E61—2014)对激光车辙仪测试路面车辙深度的计算单元长度及输出结果的内容进行了明确,测试结果可采用电子表格进行保存。

采用激光车辙仪测试路面车辙深度时,当太阳光线对测试结果有影响时,应进行调整或回避。

车辙测试数据处理的过程中,断面最大车辙深度通过横断面进行确定,画出每个横断面图是车辙计算的中间过程,大部分情况下,没有必要把每个横断面图全部写进报告中,因此将原规程中的报告各测试断面的横断面图,修改为根据需要报告各测试断面的横断面图。

# T 0974—2019 路面表观损坏测试方法

## 1 适用范围

本方法适用于人工法和视频法测试沥青路面和水泥路面裂缝、坑槽、断板等表观损坏,以评价路面技术状况。

现行路面损坏测试方法主要有人工法和视频法两种。人工法由测试人员徒步调查,采用量尺测量路面损坏的尺寸。视频法由车载式路面图像视频损坏检测系统采用录像或连续摄影的方式采集路面表观损坏,通过自动或人工交互方式对各类破损数据进行统计。视频法具有检测速度快、效率高、安全性高等优点,但因检测系统自身的局限,其识别率难以确定。

《规程》编制过程中,对人工法和视频法两种路面损坏测试方法的准确性进行验证,得到如下结论:

(1)人工法与视频法检测的破损数据总体出入不大,但两种方法在调查个别指标统计上存在一定偏差;在数据处理过程中,由于视频法的固有误差,对"轻度未修补裂缝"病害(1mm以下的裂缝)难以识别;路面病害自动化处理软件还不成熟。

(2)视频法对于裂缝、修补、龟裂等平面类病害的识别效果较好,并且检测的病害数量较为准确;视频法检测设备的摄像或录像为平面影像,对于沉陷、波浪、拥包、松散等三维立体病害情况基本无法识别,对于坑槽等病害的识别效果较差。

## 2 仪具与材料技术要求

### 2.1 人工法

(1)量尺:

①钢卷尺:5m量程和50m量程,分度值为1mm。

②钢直尺:500mm量程,分度值为1mm。

(2)其他:粉笔或油漆、安全标志等。

### 2.2 图像视频法

车载式路面图像视频损坏检测系统基本参数:

(1)距离传感器标定误差:<0.1%。

(2)有效测试宽度:不小于一个车道宽度的70%。

(3)最小裂缝分辨宽度:1mm。

(4)裂缝识别的准确率:≥90%。

## 3 方法与步骤

### 3.1 人工调查方法

人工调查方法的测试步骤如下:

(1)两个测试人员组成一个测试组,沿路肩徒步调查。

(2)量测或收集测试路段的路面长度及宽度。

(3)沿路面仔细观察、量测并在损坏记录表格上填写路面损坏的桩号、位置、类型及尺寸等信息。根据周围交通状况可目测或采用量尺量测各类损坏,沥青路面和水泥混凝土路面具体记录方式分别如下:

①沥青路面

——裂缝:包括纵向裂缝、横向裂缝和不规则裂缝等单根裂缝,主要采用钢卷尺或钢直尺量测其长度与宽度。缝宽按照该条裂缝宽度最大值计,宽度准确至1mm;缝长按照沿裂缝走向累计长度计算,调查结果准确至0.01m。

——其他类损坏:包括龟裂、块状裂缝、坑槽、沉陷、波浪拥包、松散、泛油、修补等,主要量测其面积。按照矩形量测其横断面切向和垂直方向最外边的长度和宽度,矩形应覆盖该处损坏面积,调查结果准确至0.0001m$^2$。矩形边框如图T 0974所示。

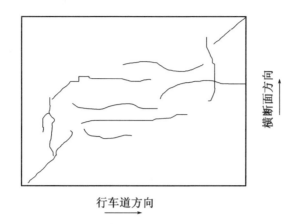

图 T 0974　矩形边框(外侧矩形边框为测量边框)

②水泥混凝土路面

——裂缝、边角剥落、接缝料损坏、唧泥及裂缝修补等,主要量测其长度。调查结果准确至 0.01m。

——破碎板、板角断裂、拱起、坑洞、露骨及修补等,主要量测其面积。按照涉及的板块、板角或包络面积计算,调查结果准确至 0.0001 $m^2$。

(4)必要时在损坏位置用粉笔或油漆做标记、拍摄照片或录像,并记录相应的桩号和照片编号。

### 3.2　图像视频测试方法

主要采用视频法自动测试路面裂缝类损坏和人机交互的方式处理其他路面损坏。

(1)准备工作

①启动设备,调整摄像系统及光源的相应参数,使拍摄的路况图像清晰。

②确定测试路段,要求无积水、无冰雪、无污染。

(2)测试步骤

①将测试车辆就位于测试区间起点前一定距离,以保证到达测试区

域时能够达到测试要求的稳定车速,启动测试设备并将其调整至工作状态。

②设定测试系统参数,输入线路名称、起点桩号、测试车道等信息。

③测试时应分车道测试,保持测试车中心线与车道中心线重合,测试系统自动记录被测试车道的路面损坏状况。

④测试结束,保存数据。

⑤采用自动化或者人机交互的方式识别路面损坏图像,并读取裂缝长度、损坏面积等。

## 4 数据处理

**4.1** 测试沥青路面损坏时,计算测试路段的裂缝总长度、其他路面损坏的总面积,根据需要可计算破损率、裂缝率等指标。

**4.2** 测试水泥混凝土路面损坏时,计算测试路段损坏长度或面积,根据需要可计算破损率、断板率等指标。

## 5 报告

本方法应报告下列技术内容:

(1)测试路段信息(桩号等)。

(2)路面损坏类型、长度、面积等。

(3)破损率、裂缝率、断板率等。

条文说明

本测试方法是在1995版规程中规定的"沥青路面破损调查方法"和"水泥混凝土路面破损调查方法"的基础上,参考《公路水泥混凝土路面养护技术规范》(JTJ 073.1—2001)、《公路沥青路面养护技术规范》(JTJ 073.2—2001)及《公路技术状况评定标准》(JTG 5210—2018)中对破损的定义及分类,同时考虑目前路面破损的实际状况和检测技术的发展状况编制的,侧重于测试方法。破损调查用于评定路面状况时,由于在计算方法上,尤其是各类破损及严重程度的加权系数方面,意见分歧较大,故本规程不做规定,可根据需要采用相关规范或标准进行评定。

采用人工测试方法时,可根据实际需要制作相关路面损坏记录表格。测试时,每个测试组的测试人员不少于2人,主要是考虑人工测量长度的需要,也可根据实际情况调整人数。本方法中的无污染是指测试道路上没有影响视觉图像采集的沙土等杂物。

在对沥青路面进行损坏调查或判定时,若在路面的相同区域内存在不同等级的单根裂缝损坏,且难以区分,则按照最严重的损坏等级计算;若单根裂缝穿过龟裂或块裂的区域,则该区域里的裂缝长度不计入裂缝计算的总长度内。对于沥青路面中的坑槽、松散、龟裂、块裂损坏,若在路面的相同区域内存在不同等级的坑槽(松散、龟裂、块裂)损坏,且难以区分,则按照最严重的损坏等级计算;若坑槽(块裂)的区域内包含有龟裂损坏,则记录坑槽(块裂)总面积时应减去龟裂的面积。

裂缝是路面最主要的破坏形式之一,对于裂缝损坏可单独进行统计,并可根据需要计算沥青路面破损率、裂缝率等指标。

沥青路面的裂缝率按式(T 0974-1)计算:

$$C_K = \frac{C_A + LB}{A} \qquad (\text{T } 0974\text{-}1)$$

式中:$C_K$——沥青路面裂缝率($m^2/1\,000m^2$);

$L$——纵、横裂缝长度总和(m);

$C_A$——龟裂及块裂面积总和($m^2$);

$A$——测试路段路面面积,以$1\,000m^2$计;

$B$——将裂缝长度换算成面积的影响宽度,一般取0.2m。

在对水泥混凝土路面损坏进行调查时,可根据需要计算水泥混凝土路面破损率、断板率等指标。

水泥混凝土路面的断板率按式(T 0974-2)计算:

$$B_{\mathrm{D}} = \frac{S_{\mathrm{D}}}{S} \times 100 \qquad (\text{T } 0974\text{-}2)$$

式中：$B_{\mathrm{D}}$——水泥混凝土路面的断板率(%)；

$S_{\mathrm{D}}$——已完全折断成两块及以上的水泥混凝土路面板块总数；

$S$——测试路段的面板总块数。

在实施以路面大中修养护为目的的测试项目时，通常在自动化测试的基础上，通过人工方式补充调查其他类型的路面损坏。

## T 0975—2019 弯沉法测试水泥混凝土路面脱空方法

水泥混凝土路面板底脱空实际为一项定性评价指标，只是其定性评价涉及一定的测量工作。《规程》定位规范测试方法，不涉及评判标准，但对于板底脱空这项指标，却无法避开评判这个问题，因此，在《规程》编制过程中，进行了多次探讨和征求意见，最终形成了纳入评判脱空标准的测试方法。关于板底脱空的评判标准，目前尚存在一些技术争议，《规程》在规定评判标准时，充分考虑了检测单位的实践经验和行业专家意见，并引用了相关标准的规定。

### 1 适用范围

本方法适用于落锤式弯沉仪和贝克曼梁弯沉仪测试水泥混凝土路面的板底脱空，为水泥混凝土路面的养护处治提供依据。

### 2 仪具与材料技术要求

(1)落锤式弯沉仪：符合本规程 T 0953 中的技术要求。

(2)贝克曼梁和加载车：采用 5.4m 贝克曼梁，并符合本规程 T 0951 中的技术要求。

(3)百分表及表架。

(4)其他：钢卷尺等。

## 3 方法与步骤

### 3.1 落锤式弯沉仪法

(1) 准备工作

①收集水泥混凝土路面材料、结构、厚度等路面资料信息。

②确定测试桩号,并标识测点位置。当测试板角或板边位置时,承载板边缘应距纵、横缝不大于200mm。当测试板中位置时,承载板中心与板中距离偏差应不大于200mm,承载板位置摆放如图 T 0975-1 所示。

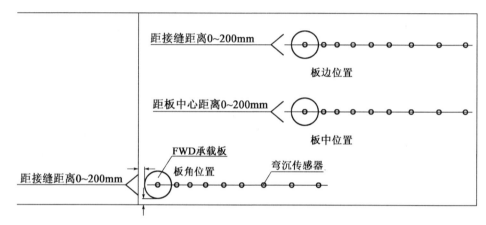

图 T 0975-1　FWD 承载板位置摆放平面示意图

③清扫水泥混凝土路面,使测试点位置无明显砂粒、积泥。

④脱空测试应避开晴天正午前后温度较高及显著负温度梯度(夜晚或清晨)时段,宜选择在早晚板块上下表面温差较小时段,或者凉爽多云、阴天温差变化不大的天气进行测试。

**温度对路面弯沉值的测量结果影响较大,尽管温度变化不大,但呈阶梯式温度降低(即负温度梯度)时,应及时发现并避开。**

(2) 测试步骤

按照本规程 T 0953 的方法检测测试位置的弯沉。采用截距值判定板底脱空时,应测试板角弯沉,并对同一测点施加3级荷载进行测试。采用弯沉比值判定板底脱空时,应采用同一恒定荷载对板角、板中和板边进行弯沉测试。

### 3.2 贝克曼梁弯沉仪法

（1）指挥测试车使其后轮摆放于要求测点处。当测试板角或板边位置时,后轴轮胎外侧边缘应距纵缝100~200mm。

（2）当只测试受荷板的板角弯沉时,可将贝克曼梁测头放置于距接缝50~100mm处,贝克曼梁的支座与测点不应在同一块板上。弯沉车车轮和贝克曼梁测头摆放如图T 0975-2所示。

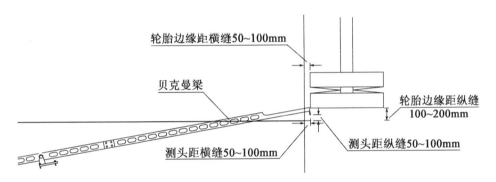

图 T 0975-2  弯沉车车轮和贝克曼梁测头摆放平面示意图

（3）安放百分表于弯沉仪的测定杆上,用手指轻轻叩打弯沉仪,检查百分表能否稳定回位。百分表回位稳定后,记录初始读数 $L_1$,精确到0.01mm。

（4）测试者发令指挥汽车以5km/h左右的速度缓缓前进,驶离测试混凝土板块,待表针回转稳定后,读取终读数 $L_2$,精确到0.01mm。

（5）承载车向前移动至下一个测点,重复步骤（1）~（4）进行测试。

## 4  数据处理

### 4.1  落锤式弯沉仪法

当采用落锤式弯沉仪进行脱空测试时,可采用截距值法和弯沉比值

两种测试方法之一进行脱空判定,具体计算方法如下:

(1)通过FWD测试出不同荷载等级的弯沉值,按照线性回归统计方法,计算得到式(T 0975-1)中的回归系数 $a$、$b$。

$$W = ap + b \qquad (T\ 0975\text{-}1)$$

式中:$W$——弯沉值(0.001mm);

$p$——荷载值(kN);

$a$——回归曲线斜率;

$b$——回归曲线截距值。

当测点的线性回归截距值 $b$ 大于 $50\mu m$ 时可判定为脱空。

(2)通过FWD测试出水泥混凝土板块不同位置的弯沉值,按式(T 0975-2)、式(T 0975-3)计算弯沉比值 $\lambda_1$、$\lambda_2$。

$$\lambda_1 = \frac{W_{板角}}{W_{板中}} \qquad (T\ 0975\text{-}2)$$

$$\lambda_2 = \frac{W_{板边}}{W_{板中}} \qquad (T\ 0975\text{-}3)$$

式中:$\lambda_1$——板角弯沉/板中弯沉的比值;

$\lambda_2$——板边中点弯沉/板中弯沉的比值;

$W_{板角}$——水泥混凝土板角处弯沉值(0.001mm);

$W_{板边}$——水泥混凝土板边中点处弯沉值(0.001mm);

$W_{板中}$——水泥混凝土板中处弯沉值(0.001mm)。

采用FWD分别测试同一板块板中、板边中点和板角位置的弯沉,当 $\lambda_1 > 3.0$ 且 $\lambda_2 > 2.0$ 时可判定为脱空。

### 4.2 贝克曼梁弯沉法

路面测点的回弹弯沉值按式(T 0975-4)计算:

$$L_t = (L_2 - L_1) \times 2 \qquad (T\ 0975\text{-}4)$$

式中:$L_t$——路面回弹弯沉值(0.01mm);

$L_1$——百分表的初读数(0.01mm);

$L_2$——百分表的终读数(0.01mm)。

当采用单点弯沉测值进行脱空判定时,弯沉值大于 0.2mm 可判定为该处脱空。

## 5 报告

本方法应报告下列技术内容:

(1)落锤式弯沉仪法

①测试位置信息(桩号等)。

②线性回归系数 $a$、$b$ 或弯沉比值 $\lambda_1$、$\lambda_2$ 及相应的脱空判定标准。

③脱空测点位置桩号。

(2)贝克曼梁弯沉仪法

①测试位置信息(桩号等)。

②各测点的弯沉及采用的脱空判定标准。

③脱空测点位置桩号。

条文说明

水泥混凝土路面板底脱空的存在严重影响其使用性能和疲劳寿命,也是沥青层加铺前旧水泥混凝土路面处治中最难处治的一类病害,为做好路面的脱空处治需完成路面水泥板脱空的测试和判别。《公路水泥混凝土路面养护技术规范》(JTJ 073.1—2001)给出了贝克曼梁弯沉法测试脱空的判定标准,《公路水泥混凝土路面设计规范》(JTG D40—2011)提到了利用落锤式弯沉仪进行多级加载测试脱空,但原规程中无相关的测试方法。为此,采用弯沉法进行水泥混凝土路面脱空测试急需统一、标准的测试方法,以利于相关养护、设计规范的配套使用,推动新仪器、新技术的进一步发展。

弯沉测试期间的温度状况,对于脱空测试来说尤为重要。试验表明,当板块表面温度明显高于板底温度时,板中会出现凸起,板角下挠,板角下挠中和了板角脱空,弯沉测值随着温差的增大而变小,从而影响脱空的判定。当板块表面温度明显低于板底温度时,板块会发生翘曲,即使没有任何地基问题,大量的脱空还是会在板角处出现,从而增加脱空的误判。因此在进行脱空测试时,应避开晴天正午前后温度较高及显著负温度梯度(夜晚或清晨)时段,宜选择在早晚板块上下表面温差较小时段,或者凉爽多云、阴天温差变化不大的天气进行测试。

采用美国AASHTO路面设计指南利用FWD多级加载后进行线性回归,荷载等级设置为6、9、12千磅,当截距达到50μm时可表明板下存在脱空。结合国内研究及应用情况,FWD三级荷载推荐设置为50kN、70kN、90kN,由于不同路面结构和区域环境状况都会对测试结果造成影响,针对不同需求可使用经验证可靠的截距值来判定脱空。

当采用FWD弯沉比进行脱空判定时,可参考《民用机场道面评价管理技术规范》(MH/T 5024—2009)中的规定进行判定,即当"板边中点弯沉/板中弯沉>2.0"和"板角弯沉/板中弯沉>3.0"时可判定为脱空。

《公路水泥混凝土路面养护技术规范》(JTJ 073.1—2001)的板块脱空处治中提到,采用5.4m长杆弯沉仪和BZZ-100重型标准汽车所测水泥混凝路面弯沉超过0.2mm的,应确定为面板脱空。

## T 0976—2019 探坑法测试路面结构病害方法

探坑法源于考古发掘法,即挖一个较小的探坑以探明遗址布局和不同部位的地下状况,是一种小型的垂直发掘方法。目前该方法在多个领域均有应用。在公路工程方面,该方法应用在粗粒径石料填筑高路堤的施工质量检测中,即在填筑层碾压密实后,人工挖取一定直径、深度达到整个碾压层后的试坑,然后测量挖取出来的填料质量和试坑体积,从而换算填筑层压实密度。另外,该方法也被应用于水利及地质勘探工作中,为揭露地质现象和矿体产状等服务。

传统的钻孔取芯是路面结构破损检测方式之一,但是其取样区域小,部分路面结构损坏情况无法准确判别,例如路面车辙的各层发展情况。

探坑法则可以根据病害类型选择开挖的形式和尺寸,从而实现路面病害原因的准确判定。

本次修订,在参考了山东省交通科学研究院研究成果的基础上,根据路面实际病害状况,通过现场实际操作验证,编写了本方法。

## 1 适用范围

本方法适用于以逐层开挖的方式检查路面结构内部损坏状况,可为路面的养护维修决策提供依据。

探坑法主要是将调查区域内根据路面典型病害确定的代表区域作为探测点,根据病害程度,从探测点道路表面层开始直到路基顶面,依次开挖坑槽,每层坑槽的深度以到达下层结构层顶面为宜,在开挖下一层之前,在该层进行物理指标测量并记录该层厚度和破坏特征,该探测点处病害的检测结果即为调查区域的病害检测结果。

## 2 仪具与材料技术要求

(1)主要开挖设备:

①风镐:配有多种型号钎子的手持式空压风镐破碎机;空气压缩机,压力为 0.55MPa 时,最小流量不小于 118L/s。

②切割机:电机功率大于 4kW,刀片直径大于 500mm,切缝深度大于 240mm,推进速度大于 0.5m/min。

(2)量尺:5m 和 30m 钢卷尺、0.5m 钢尺等。

(3)其他:铁锹、凿子、锤子、小铲、扫帚或毛刷、吹风机等。

## 3 方法与步骤

### 3.1 准备工作

(1)在调查区域内根据路面典型病害的类别和检查目的,确定代表区域作为测试点。

（2）确定检查部位的路面结构层数。

## 3.2 测试步骤

（1）测试观察部位，若路面不洁妨碍观测时，应采用扫帚或毛刷清扫路面，并用路用吹风机吹干净病害位置的灰尘。

（2）观测描述测试部位路表病害，并记录破损情况。

（3）根据病害严重程度确定开挖矩形形状的边长 $L_纵$、$L_横$。

在病害位置（主要指裂缝或车辙病害，若为坑槽或龟裂病害时，应在病害边缘位置）沿路线横断面进行画线，确定开挖边长为 $L_横$，须大于严重病害在横断面位置的包络宽度；沿 $L_横$ 两端且与其垂直的病害方向纵向画线（2条），确定开挖的另一边长 $L_纵$，其长度不小于病害在路线纵向的长度；最后将两条 $L_纵$ 端点连接，形成要开挖的矩形框，其中底层长度和宽度不小于400mm。

（4）沿画线位置用手持式空压风镐小心将上面层材料开挖干净，表面层的开挖深度以达到下一层的顶面为宜，注意尽可能不要触碰到下面层，特别是在裂缝位置。

（5）用风镐或凿子、锤子将上面层四周修理到位，用铁锹或小铲将废料铲出，用毛刷或吹风机将开挖的第一层坑槽底部及四周的浮尘和松散废料清理干净。

（6）完成第一层的开挖及测试后，观测描述第二层表面病害特征并记录破损情况。

（7）重复上述步骤至病害消失的层位为止。第二层以后的各层开挖宜每边比上一层对应边长缩短150mm，即开挖成台阶状，台阶宽度不宜小于100mm。开挖后的断面示意图及平面示意图如图 T 0976-1 及图 T 0976-2所示。

（8）记录各层厚度时，可用500mm 的钢尺沿坑槽四角及每边中间部位测量其不同断面的厚度，取所测厚度的平均值作为该层的厚度，准确至

1mm;调查车辙病害时,采用路面切缝机垂直车辙方向横向切割整个面层,使之形成一个光滑的横断面,用钢尺测量断面上、中、下面层不同位置的厚度值,准确至1mm。

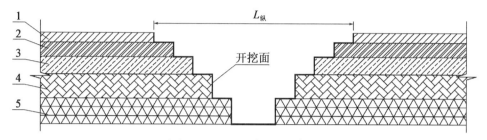

图 T 0976-1　断面示意图

1、2、3、4、5-路面各结构层

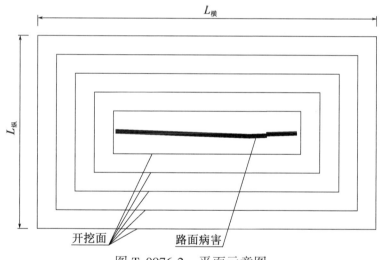

图 T 0976-2　平面示意图

(9)开挖过程也可以根据需要测试相应层位的材料模量、含水率等指标。

(10)完成各层开挖及测试,直到测试并记录完最后一层的测试数据。根据需要整个测试过程可拍摄照片或录像备查。

## 4　数据处理

统计各测试位置的病害情况,以此作为整个调查区域的病害测试结果。

## 5 报告

本方法应报告下列技术内容：
(1) 测试位置信息(桩号、路面结构类型等)。
(2) 路面结构病害测试记录、开挖剖面图和图像资料。
(3) 相应测试层位的材料模量、含水率等指标。

通过车辙开挖，可以了解车辙病害处的路面面层各结构层的厚度，得出各层的压缩量，通过室内试验，可以获得车辙处沥青混合料的级配、沥青含量和沥青的老化性能指标，以及沥青混合料整体的动稳定度和高温稳定性，从而分析车辙病害产生的原因，提出相应的处治措施。

采用风镐或切割机对路面裂缝/坑槽位置进行分层开挖，可以判定病害发展原因，并根据病害类型采取相应的处治措施。

条文说明

探坑法作为路面养护过程中测试沥青路面结构病害的常用方法，在参考了山东省交通科学研究院研究成果的基础上，根据路面实际病害状况，通过现场实际操作验证编写了本方法，并在本次修订时纳入本规程。

路面结构病害测试属于破坏性测试，为减少对路面造成损坏或留下后患，在测试过程中尽可能采用无破损方法进行测试。测试点数或具体项目的测试方法参照相关规范执行。

目前在病害修补过程中，现场多采用风镐进行开挖，开挖过程中可根据现场实际情况确定具体开挖尺寸及深度。考虑到切割机在切割过程中会产生泥浆(湿切)或大量灰尘(干切)，现场使用切割机进行切缝的情况较少。但当观察车辙病害时，由于需要产生光滑的断面，方便观察，通常采用切割机进行切割。

## 12 其 他

原规程第14章名称为"施工控制",考虑此章命名方式与其他各章不匹配,且与《规程》的定位不相符,因此将原规程的方法进行梳理和进一步规范,命名为"其他"。另外,随着人民生活水平和环保意识的提高,以及国家对交通运输行业节能减排的要求,公路本身的环境指标越来越受到社会关注,从《规程》的内容完整性角度考虑,增加了道路噪声测试方法。

### T 0981—2008 热拌沥青混合料施工温度测试方法

**1 适用范围**

**1.1** 本方法适用于测试热拌、温拌沥青混合料的施工温度,包括拌和厂沥青混合料的出厂温度,施工现场摊铺、碾压时混合料的温度等。

**1.2** 非插入式温度计法主要用于施工过程中的控制,不作为仲裁试验使用。

本次修订增加了测试方法的适用范围,不仅适用于热拌沥青混合料的施工温度测试,还适用于温拌沥青混合料的施工温度测试。同时,由于非插入式温度计只能测试沥青混合料表面的温度,具有局限性,多作为施工单位自检用,本次修订增加"非插入式温度计不作为仲裁使用"的规定。

**2 仪具与材料技术要求**

(1)插入式温度计:量程300℃,分度值1℃,宜采用有数字式或度盘式的金属杆插入式热电偶温度计,测杆的长度不小于300mm,并有读数留置功能,也可以采用煤油等玻璃温度计。

(2)非插入式温度计:红外温度计或红外摄像仪,分辨力为1℃。

插入式温度计测量沥青混合料的温度后,需要拔出后读数,为避免拔出前后温度不一致,增加"有读数留置功能"的要求。

红外摄像仪使用光电设备来检测和测量辐射,并在辐射与表面温度之间建立相互联系。将物体发出的不可见红外能量转变为可见的热图像,热图像上面的不同颜色代表被测物体的不同温度。通过查看热图像,可以观察被测目标的整体温度分布状况。

(3)其他:棉丝、软布、螺丝刀等。

## 3 方法与步骤

### 3.1 在运料卡车上测试

(1)混合料出厂温度或运输至现场温度应在运料卡车上测试,每车测试一次。当运料卡车的侧面中部有专用的温度测试孔(距底板高约300mm)时,可采用如图 T 0981 所示的方法,用插入式温度计直接插入测试孔内的混合料中测试;当运料卡车无专用的温度测试孔时,可在运料车的混合料堆上部侧面采用插入式温度计测试。在拌和厂测试的为混合料出厂温度,在运输至现场后测试的为现场温度。

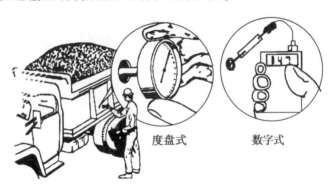

图 T 0981　在运料车上测试沥青混合料温度的方法

(2)测试时,温度计插入深度不小于150mm,注视温度变化直至不再继续上升为止,读记温度,准确至1℃。

**3.2 在摊铺现场测试**

(1)混合料摊铺温度宜在摊铺机的一侧拨料器的前方混合料堆上测试。在测试位置将温度计插入混合料堆内150mm以上,并跟着向前走,如料堆向前滚,拔出后重新插入,注视温度变化直至不再继续上升为止,读记温度,准确至1℃。

(2)在摊铺过程中,运输车向摊铺机卸料时,可以采用红外摄像仪测试整个料车中的温度场,采用温度场图片形式保存数据,同时记录最高温度和最低温度,并计算最大温差,准确至1℃。

(3)摊铺温度应每车测试一次。

**3.3 在沥青混合料碾压过程中测试压实温度**

根据需要,随时选择初压开始、复压或终压成形等各个阶段的测点,测试碾压过程中的沥青混合料温度。

(1)插入式温度计法

将插入式温度计仔细插入路面混合料压实层一半深度处,轻轻压紧温度计旁被扰动的混合料,注视温度计变化至不再继续上升为止,读记温度,准确至1℃。温度计完成读数后,立即拔出并再次插入下一个测点处的混合料中。当温度计插入路面混合料较困难时,可用螺丝刀先插一孔后再插入温度计。当温度较低且混合料较硬时,不宜用玻璃温度计或玻璃触头的半导体点温计测试。

(2)非插入式温度计红外温度计法

采用非插入式温度计红外温度计测试单个表面温度,此时测试温度一般用作施工单位自检或施工过程控制。测温时,需要直接对准测量的沥青混合料表面连续测试3次以上,直至最后3次温度差值不大于1℃,读记最后一次测试温度,准确至1℃。

(3) 红外摄像仪法

采用红外摄像仪测试一个区域内的表面温度,此时测试温度一般用作施工过程控制。测试时,采用红外摄像仪对准测试的区域,摄像保存,采用温度场图片形式保存数据,同时记录最高温度和最低温度,并计算最大温差,准确至1℃。

**4 数据处理**

压实温度一处测试不得少于3个测点,取平均值作为测试温度。对于红外摄像仪法则是一个区域测试一次。

**5 报告**

本方法应报告下列技术内容:
(1)热拌沥青混合料信息。
(2)测试方法。
(3)测试温度或测试的温度场图片,以及最大温差。

条文说明

热拌沥青混合料的施工温度,包括出厂温度、摊铺温度、碾压温度等在《公路沥青路面施工技术规范》(JTG F40—2004)中有明确的规定和具体的要求。沥青混合料的施工温度直接关系到沥青路面的施工质量,所以是施工质量管理的重点项目之一。

当前工程中主要有两种温度计,一种是插入式,主要有数字显示或度盘指针显示的金属杆插入式热电偶温度计,部分工程采用煤油等玻璃温度计;另一种是非插入式,主要是红外温度计或红外摄像仪。插入式温度计测试温度准确,但是效率低,因此一般为标准试验方法;非接触式测试主要是表面温度,测量效率高,因此工程上作为施工单位自检用得较多。另外,红外摄像仪应用较多,一般是第三方用于测试温度离析用,效率更高。为此,鉴于我国工程施工中温度测试实际情况,增补了非插入式温度测试方法。

当前,我国温拌沥青混合料应用较多,经研究,本方法同样适用于温拌沥青混合料温度测试,为此在适用范围中增加了温拌沥青混合料。

# T 0982—1995 沥青喷洒法测试施工材料用量方法

## 1 适用范围

本方法适用于测试沥青表面处治、封层、沥青贯入式、透层、黏层等采用喷洒法施工的沥青用量或撒布的碎石用量。

## 2 仪具与材料技术要求

(1)天平:分度值不大于1g。

(2)受样盘:金属盘,面积不小于$1\,000\,cm^2$,深度不小于10mm。

(3)钢卷尺或皮尺。

(4)地磅。

(5)纸、布等阻溅物,防止沥青材料飞溅出受样盘。

## 3 方法与步骤

### 3.1 受样盘法

(1)用钢卷尺测量受样盘开口面积,计算准确至$0.1\,cm^2$。在受样盘表面放置纸或布等阻溅物,并称取其与受样盘的质量$m_1$,准确至1g。

(2)根据预计洒布沥青(撒布碎石)路段长度,在距两端1/3长度处、沿宽度方向的任意位置上,放置受样盘,但应避开沥青洒布车(碎石撒布车)的车轮位置。

(3)沥青洒布车(碎石撒布车)按正常施工速度和洒布(撒布)方法喷洒沥青(撒布碎石)。

(4)观察沥青材料(碎石材料)下落到受样盘时是否有飞溅出的现

象,如果有则采取措施重新试验。

(5)当沥青材料(碎石材料)没有飞溅损失时,将已接受有沥青(碎石)的受样盘仔细取走,称取总质量 $m_2$,准确至 1g。

(6)受样盘取走后的空白处,应用适当方式补洒沥青(碎石)。

**3.2 地磅法**

(1)洒布车喷洒(撒布车撒布)前,用地磅准确称量洒布车(撒布车)及材料总质量 $m_3$。

(2)根据预计洒布沥青(撒布碎石)路段长度,均匀洒布沥青(撒布碎石),由皮尺准确测量喷洒(撒布)的长度和宽度,计算喷洒(撒布)总面积,准确至 $1m^2$。

(3)洒布车喷洒(撒布车撒布)后,用地磅再次准确称量洒布车(撒布车)及材料总质量 $m_4$。

**本次修订将受样盘法与地磅法的测试步骤分开表述,可操作性更强。**

# 4 数据处理

**4.1** 采用受样盘法时,洒布沥青用量(撒布碎石用量)按式(T 0982-1)计算:

$$Q = \frac{m_2 - m_1}{1\,000A_1} \quad \text{(T 0982-1)}$$

式中:$Q$——洒布的沥青用量(撒布的碎石用量)($kg/m^2$);

$m_1$——受样盘和阻溅物的质量(g);

$m_2$——受样盘、阻溅物及沥青(碎石)的合计质量(g);

$A_1$——受样盘的面积($m^2$)。

**4.2** 采用地磅法时,洒布沥青用量(撒布碎石用量)按式(T 0982-2)计算:

$$Q = \frac{m_3 - m_4}{1\,000A_2} \quad \text{(T 0982-2)}$$

式中：$m_3$——洒布车(撒布车)喷洒(撒布)前的总质量(kg)；

$m_4$——洒布车(撒布车)喷洒(撒布)后的总质量(kg)；

$A_2$——喷洒(撒布)总面积($m^2$)。

4.3 平行测试两次，取两次测试值的算术平均值作为洒布沥青用量(撒布碎石用量)的试验结果。当两个测试值之差超过平均值的10%时，需要重新测试。

## 5 报告

本方法应报告下列技术内容：

(1)施工材料信息(用途等)。

(2)测试方法。

(3)施工材料用量。

条文说明

沥青黏层、透层以及同步碎石等封层应用非常多，沥青洒布量确定很关键，同样碎石的撒布量确定也非常关键。因此在适用范围中，增加了碎石撒布量，同时完善了相关方法。

原规程中对于地磅法的规定较为笼统，本次修订对试验步骤进行了细化，同时给出了计算公式。

# T 0984—2008 透层油渗透深度测试方法

## 1 适用范围

本方法适用于测试透层油的渗透深度，以评价透层油的渗透效果。

长期以来，由于半刚性基层上透层油的渗透效果不好，以及部分工程技术人员对透层油的渗透效果不重视，造成道路建设过程中普遍存在透层油"洒而不透"的现象,致使基层和面层之间没有黏结成一整体,成为我国沥青路面早期损坏的主要因素之一。

众所周知,透层油的关键是要透,这样才能起到透层的作用。在半刚性基层上喷洒的透层油有以下重要作用:

**1. 层间联结作用**

沥青路面设计理论采用的是多层弹性连续体系理论,下面层与基层紧密结合是保证各层完全连续接触的必要条件。透层油渗透以后的基层材料模量降低,黏韧性提高。透层油可以使沥青面层与基层间结合紧密,有利于提高路面结构的整体性,防止层间滑移。

**2. 养生作用**

在新铺就的基层上面及时喷施透层油,透层油渗入基层表面,封闭了基层表面及其一定深度内半刚性材料的空隙,既可防止雨水渗入浸湿,软化基层,又可防止施工不久基层材料中的水分蒸发,起到对基层养生的作用。

**3. 密封防水**

由于沥青混合料空隙率的客观存在,沥青面层都存在水渗到基层表面的现象,这部分水分在行车作用下,在面层与基层之间产生反复流动、冲刷,将基层表面软化,甚至将泥浆挤出路面面层外,破坏了面层和基层的黏结状况,加快了面层出现网裂、龟裂,大大减少了面层使用寿命。通过透层油的渗透作用,可以封闭基层混合料的开口空隙,从而形成一个渗透深度上的防水层,较大程度提高了基层抵御动水和静水破坏的能力。

**4. 基层的保护层作用**

基层上洒布透层油相当于对基层做了减尘处理,并使基层表面强度稳定性和抗磨耗性提高,可防止和减少表面裂纹及施工车辆通行对基层带来的不利影响。由于某些原因推迟铺筑面层时,透层油可以对基层提供临时防护,以防止降雨后短期轻交通量带来的不利影响。由此可见,透层油的作用是不容忽视的,如果处理不当,后果往往比较严重。

## 12 其 他

本次修订增加无结合料材料(如级配碎石)的透层油检验方法。

## 2 仪具与材料技术要求

（1）路面取芯机：手推式或车载式，配有淋水冷却装置。钻头直径为 $\phi100mm$ 或 $\phi150mm$。

（2）凿子、螺丝刀。

（3）基板：用薄铁板制作的金属方盘，盘的中心有一圆孔，其规格同 T 0921 要求。

（4）钢板尺：量程不大于 200 mm，最小刻度为 1mm。

（5）填补钻孔材料：与基层材料相同。

（6）填补钻孔用具：夯、锤等。

（7）其他：毛刷、量角器、棉布、大金属盘等。

## 3 方法与步骤

### 3.1 准备工作

（1）对于有结合料材料

在透层油渗透稳定后，在测试路段内随机选取芯样位置，按本规程 T 0903 规定的方法钻取芯样。芯样直径为 $\phi100mm$ 或 $\phi150mm$，芯样高度宜不小于 50mm。

（2）对于无结合料材料

在透层油渗透稳定后，在测试路段内随机选取一点，将基板放在基层表面上，沿基板中孔凿孔，深度不小于 50mm。在凿孔过程中，随时将凿松的材料取出装入大金属盘中。

### 3.2 测试步骤

（1）对于有结合料材料

①用水和毛刷（或棉布等）轻轻地将芯样表面黏附的粉尘除净。

②将芯样晾干，使其能分辨出芯样侧立面透层油的下渗情况。

③用钢板尺或量角器将芯样顶面圆周平均分成8等分,如图T 0984所示。分别量测圆周上各等分点处透层油渗透的深度,估读至0.5mm,分别以 $d_i(i=1,2,\cdots,8)$ 表示。

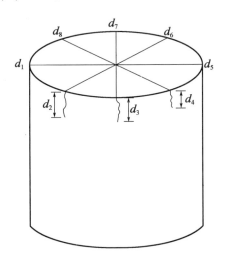

图T 0984　透层油渗透深度测试示意图

(2)对于无结合料材料

①用手轻轻将凿孔内壁的碎石清除,用毛刷(或棉布等)轻轻清理。

②沿圆周按均匀间距8等分位置分别量测透层油渗透的深度,估读至0.5mm,分别以 $d_i(i=1,2,\cdots,8)$ 表示,如图T 0984所示。

### 3.3　填补钻孔、凿孔

(1)对于有结合料材料

清理孔中残留物,钻孔时留下的积水应用棉布吸干。采用与基层相同的材料进行填补并用夯、锤击实。

(2)对于无结合料材料

清理孔中残留物,直接采用大金属盘中的材料进行填补并用夯、锤击实。填充材料不够时,采用与基层相同的材料,适当加水进行人工拌和后填补,并用夯、锤击实。

## 4 数据处理

去掉渗透深度测试值中 3 个最小值,计算其他 5 个渗透深度测试值的算术平均值,作为单个测点的渗透深度结果。

在半刚性基层上喷洒透层油后,通过钻芯取样可以发现,如果基层表面的某处刚好有一块石料,那么该处透层油无论如何都不会下渗,即下渗深度接近于零。这种情况其实与透层油的渗透效果没有关系,此时应将该点作为奇异点剔出。

通过多次试验发现,一个芯样按顶面圆周 8 等分后的各渗透点表面可能碰到石料的平均个数约为 3 个,因此在测试方法中规定每个芯样剔除 3 个最小值后再取剩余 5 点的平均值作为该芯样的渗透深度。

## 5 报告

本方法应报告下列技术内容:
(1)测试位置信息(桩号等)。
(2)渗透深度。

条文说明

《公路沥青路面施工技术规范》(JTG F40—2004)中,对半刚性基层和级配碎石等柔性基层上喷洒透层油的渗透深度要求进行了规定,近年来,级配碎石等柔性基层应用非常多,为此增加了级配碎石等非板体性材料的透层油渗透深度测试方法。

原规程建议检查频度每 5 000 m² 取 1 组,每组 3 个芯样,以渗透深度的算术平均值评价是否达到规范的要求。此规定不属于本规程规定的范围,故此次修订予以删除。

# T 0985—2019 层间黏结强度测试方法

层间结合优劣是影响沥青路面使用寿命的重要因素之一,特别是在沥青路面大纵坡路段、小半径路段,以及加速、制动区域等处,路面结构层将会产生水平荷载,当荷载重复作用超过一定次数以后,路面结构内产生的剪应力就会超过强度下降后的抗剪强度,使沥青路面出现疲劳破坏。层间黏结强度不足,会导致路面结构发生层间滑移,甚至断裂分离,引发U形裂缝、坑槽、拥包等路面病害,降低路面的防水效果,缩短路面的使用寿命。

## 1 适用范围

本方法适用于测试和评价封层、黏层、透层及防水层(以下统称黏结层)与沥青混凝土层、水泥混凝土层、桥面板(以下统称结构层)等两种不同材料之间的层间黏结强度,也可以评价结构层-黏结层-结构层的黏结强度。

## 2 仪具与材料技术要求

(1)拉拔仪:

①拉拔仪主机:室内外能按照规定拉伸速度拉伸试件,拉伸时无明显振动和偏心的拉拔仪均可使用。拉伸速率为 $25kPa/s \pm 15kPa/s$。

②拉头:用于黏结在测试路面或试件的表面,便于施加拉力;采用不锈钢或黄铜制作,直径一般为 $100mm \pm 0.1mm$,也可根据测试要求选择相应尺寸的拉头。

关于黏结强度试验的拉伸速率,在国内外的多个标准中有不同的规定,具体如下:

**(1) ASTM C1583-04** *Standard Test Method for Tensile Strength of*

## 12 其 他

*Concrete Sufaces and the Bond Strength or Tensile Strength of Concrete Repair and Overlay Materials by Direct Tension*(*Pull-off Method*)规定加载速率为 $35 \pm 15 kPa/s$;

(2)《公路钢桥面铺装设计与施工技术规范》(JTG/T 3364-02—2019)规定拉伸速率为 $10mm/min$;

(3) AASHTO Desifanation：T115 *Determining the Quality of Tack Coat Adhesion to the Surface of an Adhesion to the Surface of an Asphalt Pave in the Field or Laboratory* 规定加载速率为 $0.2mm/sec$;

(4) EN 12697-48 *Bituminous mixtures-Test methods for hot mix asphalt—Part 48：Interlayer Bonding* 规定加载速率为 $25kPa/s \pm 5kPa/s$;

(5) ASTM D 4541-09 *Standard Test Method for Pull-off Strength of Coatings Using Portable Adhesion* 规定拉伸速率为 $1MPa/s$。

《规程》结合上述标准的要求,在调研国内大部分设备后,确定拉伸速率为 $25kPa/s \pm 15kPa/s$。

(2)扭剪试验仪：

①扭矩计：一般扭矩计,配备一个扭杆,同时配一个扭矩读盘,显示最大扭矩,扭矩范围为 $0 \sim 350N \cdot m$,准确至 $10N \cdot m$。设备应配备插槽,插槽能够允许安装和移除。

②扭剪盘：用于黏结在测试路面或试件的表面,便于安装扭矩计,并施加扭矩,采用低碳钢制作,直径 $95mm \pm 5mm$,厚度 $14mm \pm 2mm$。

大多数欧洲国家采用直剪试验仪进行沥青路面层间剪切试验,借助马歇尔试验仪进行静力加载,如 Leutner 试验仪、LPDS 试验仪等,这些仪器大多将变形速率控制在 $50mm/min$。在美国,层间剪切试验也大多采取直剪试验,只是不同的研究机构提出了不同的直剪试验,如美国佛罗里达州交通部门提出的 FDOT 试验。在这些试验中,试模、试件尺寸、变形速率均有所不同。

一些国家和研究机构在直剪试验中采用动力加载。英国直剪试验通常施加频率为 2Hz 的正弦剪切荷载。德国德累斯顿工业大学研发了能够实现动力加载的 Leutner 剪切试验,正弦荷载频率为 1~15Hz,幅值 0.005~0.1mm,Romanoshi 动态斜剪试验加载的周期为 0.2s,其中力脉冲持续的时间为 0.05s。我国李盛等学者研发的复合式沥青路面层间剪切疲劳测试的装置同样为动态斜剪试验,采用 MTS 试验机加载,加载频率为 10Hz,试件纵轴与竖直轴夹角为 26°3′。

单剪试验中各国选用的变形速率各不相同,如英国选用的是 1.5mm/min,意大利选用的是 2.5mm/min(ASTRA 试验)。

(3)温度计:分辨力 0.1℃。

(4)量尺:钢尺、游标卡尺等。

(5)秒表:精确到 1s。

(6)黏结剂:将拉头等黏结在测试路面或试件表面,如快凝性环氧树脂等。

(7)钻芯机:直径为 20mm、100mm 或 200mm。

(8)其他:刮刀等。

## 3 拉拔试验方法与步骤

### 3.1 准备工作

(1)试验前,施工的材料应充分养生。根据现场情况,随机选择测试点,并在现场标注。测试、记录测点表面温度。

(2)当进行结构层-黏结层的层间黏结强度试验时,安装拉头、切割环槽如图 T 0985-1 所示。先用游标卡尺测试拉头直径,准确至 0.1mm。清理试验点表面,将拉头底部涂布一层黏结剂,并快速黏附在需测试点表面。待黏结剂涂布后应养生、完全固化后,用刀具沿拉头边缘小心切割一个环槽,深度至下卧层顶面。

(3)当进行结构层-黏结层-结构层的层间黏结试验时,钻出环槽、安装拉头如图 T 0985-2 所示。在测点处采用钻芯机钻出一个环槽,内径为 100～102mm,深度至下卧层表面 10mm 以下。清理环槽内碎片后,用游标卡尺测量实际环槽内径,准确至 0.1mm。清洗、干燥测点表面后,涂布黏结剂,注意黏结剂不要进入环槽;养生并完全固化后,准备下一步试验。

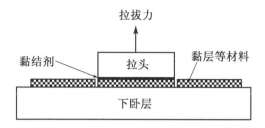

图 T 0985-1　结构层-黏结层的层间黏结试验时拉头黏结示意图

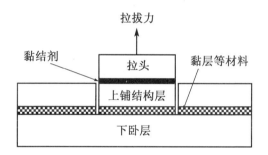

图 T 0985-2　结构层-黏结层-结构层的层间黏结
试验时拉头黏结示意图

## 3.2　试验步骤

(1) 安装好拉拔仪,开动并进行拉拔测试。拉伸速率为 25kPa/s ± 15kPa/s。当选择其他拉拔速度时,则应在报告中注明。

(2) 试验拉断时,读取最大拉力 $F$ 作为试验结果。

(3) 试验拉断后,注意观察断裂面情况,应在报告中详细注明。

(4) 每个位置需要测试 3 个点,每个测点间距不小于 500mm,总间距控制在 2m 内。

## 4 扭剪试验方法与步骤

### 4.1 准备工作

(1)进行现场黏结强度试验测试之前,施工完成的表面处治、封层、黏层、透层及防水层等材料应充分养生。试验之前应先测试层间的温度,并在报告中注明。

(2)根据现场情况,随机选择测试点,并在现场标注。

(3)当黏结层及以上部分的厚度小于15mm时,按图 T 0985-3 所示进行试验准备。按照本方法第3.1条的步骤(2)进行表面处理,黏结扭剪盘,进行下一步试验。试件表面应水平。

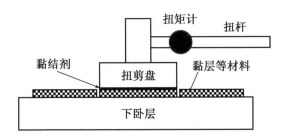

图 T 0985-3　薄层扭剪试验时结构示意图

(4)当黏结层及以上部分的厚度大于15mm时,按图 T 0985-4 所示进行试验准备。按照本方法第3.1条的步骤(3)进行表面处理,黏结扭剪盘,进行下一步试验。

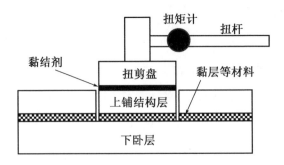

图 T 0985-4　厚层扭剪试验时结构示意图

**4.2 试验步骤**

(1)当黏结剂形成足够强度后,将扭矩计安装在扭剪盘上。

(2)测量并记录路面温度。

(3)人工匀速推动扭杆,使扭杆在30s±5s内转动90°,同时需要确保扭杆扭剪盘与测试路面表面或试件表面平行(角度小于10°),当试验破坏时记录最大扭矩。

(4)检验破坏断面,详细记录。

(5)每个位置需要测试3个点,每个测点间距不小于500mm,总间距控制在2m内。

**5 数据处理**

**5.1** 每个位置的3个测试值应不超过其平均值的20%,否则该位置的测试结果应舍弃。

**5.2** 采用实测的最大拉力和实测拉头直径(或环槽内径),按式(T 0985-1)计算拉拔强度:

$$\tau_{TAT} = \frac{4F}{3.14D^2} \quad (T\ 0985\text{-}1)$$

式中:$\tau_{TAT}$——拉拔强度(MPa);

$F$——最大拉力(N);

$D$——实测拉头直径(或环槽内径)(mm)。

**5.3** 采用实测的最大扭矩和扭剪盘直径,按式(T 0985-2)计算扭剪强度:

$$\tau_{TBT} = \frac{12 \times 10^6 M}{3.14D^3} \quad (T\ 0985\text{-}2)$$

式中:$\tau_{TBT}$——层间扭剪强度(kPa);

$M$——扭矩计实测的最大扭矩(N·m);

$D$——扭剪盘直径(mm)。

按扭矩的计算公式,对式(T 0985-2)进行推导,具体如下:

$$M = \tau_{TBT}\int_0^R 2\pi R dR \cdot R = 2\pi\tau_{TBT}\frac{R^3}{3} = 2\pi\tau_{TBT}\frac{(D/2)^3}{3} = \pi\tau_{TBT}\cdot\frac{D^3}{12}$$

由于扭剪盘直径的单位为 mm,转换为 m,则:

$$\tau_{TBT} = \frac{12\times 10^6 M}{3.14 D^3}$$

## 6 报告

本方法应报告下列技术内容:
(1)测试位置信息(工程名称、现场桩号、材料和结构的情况等)。
(2)拉拔强度或扭剪强度。
(3)破坏断面情况。

条文说明

实际路面设计、交工、竣工、养护过程中层间黏结问题比较突出,因层间黏结不良导致的路面损坏问题也比较多,如沥青路面水平推移、车辙及拥包等病害,且已有标准规范对层间黏结测试试验方法做出详细规定,以更好地指导试验检测工作。

本方法编写过程中参考了prEN 12697-48,AASHTO T323,以及《公路钢箱梁桥面铺装设计与施工技术指南》等文献。

目前国际上层间黏结强度试验方法很多,根据prEN 12697-48,可分为5种:

(1)扭剪黏结强度 torque bond test(TBT)

适合现场和室内测量黏结强度,主要是评价层间抵抗交通荷载加速或制动,以及不同铺装层之间温度性位移产生的水平应力的能力,如沥青混凝土与微表处、沥青混凝土与混凝土表面等。既可以评价黏结层-结构层黏结强度,也可以评价结构层-黏结层黏结强度。

(2）剪切黏结强度　shear bond test(SBT)

主要是室内评价方法,一般是评价结构层-黏结层-结构层的剪切强度,通过黏结扩展试模可以评价黏结层-结构层的黏结强度。其主要评价层间抵抗交通荷载加速或制动,以及不同铺装层之间温度性位移产生的水平应力的能力,如沥青混凝土与微表处,沥青混凝土与混凝土表面等。一般评价结构层-黏结层-结构层黏结强度,通过黏结扩展试模,也可以评价黏结层-结构层黏结强度。

（3）拉拔试验　tensile adhesion test

适合现场和室内测量黏结强度,评价垂直荷载下的拉伸强度,一般评价黏结层-结构层黏结强度,也可以评价结构层-黏结层-结构层的黏结强度。

（4）压缩剪切强度试验　compressed shear bond test

主要是室内评价方法,同时评价水平和垂直荷载下的层间剪切强度。

（5）重复压缩剪切强度　cyclic compressed shear bond tests

评价不同温度、荷载频率和荷载应力水平情况下的层间黏结强度,可以评价水平和垂直荷载下的层间剪切强度。

前3种是广泛采用的试验方法,后2种目前是科研研究用方法。

前3种试验方法中,我国主要应用拉拔试验方法,而美国主要应用剪切试验方法,欧洲则主要应用扭剪和剪切试验方法,因为扭剪和剪切试验评价的是层间抗水平应力作用,这与实际路面破坏受力形式较为接近;拉拔试验测试的是垂直荷载,与实际路面破坏受力形式不同,因此只是一个间接的评价方法。

目前我国现场层间黏结试验主要有拉拔试验,部分采用扭剪试验。也有个别单位采用现场剪切强度试验,由于试验方法较为复杂,应用不多,因此本次没有纳入此方法。与我国不同,欧盟采用扭剪强度试验方法较多,此方法可以代替现场剪切强度试验,而且试验方法简单。至于室内成型试件或现场钻取试件,室内进行层间黏结试验,拟在沥青及沥青混合料试验规程中列出,本规程不再考虑。

## T 0986—2019 统计通过法测试路面对交通噪声影响方法

道路交通噪声的产生和传播很大程度上取决于道路表面的特征,特别是路面的纹理和孔隙率,这两个特征影响轮胎/道路产生的噪声。尤其是在接近道路表面传播的情况下,孔隙率能影响声音的传播。与轮胎/道路噪声相对,高出道路表面噪声的动力装置噪声,在传播过程中也可能受到道路表面孔隙率的影响。在一定的交通流及交通流构成情况下,这些影响的结果会导致不同的声级量值。不同的路面所产生的声级差别可高达 15dB,这对道路沿线的环境有显著的影响。

### 1 适用范围

本方法适用于统计通过法测试交通噪声,用于评价路面对公路交通噪声影响。

本方法是为评价特定交通情况下不同道路表面产生的车辆交通噪声而制定的测试方法。用此方法测得的结果,要根据实际道路的分类或类型,按标准速度进行归一化处理。

本方法是在特定路侧位置,对统计上显著有效的、一定数量的、通行车辆的最大 A 计权声压级以及车辆速度进行测量。每辆被测车辆都分别按三种车辆类别进行归类:"小汽车""双轴重型车"以及"多轴重型车"。因其他车辆类别不能增加有关道路表面对声级影响的信息,这种评价方法不适用于其他车辆类别。

### 2 仪具与材料技术要求

(1)声级计:满足《电声学 声级计 第 1 部分:规范》(GB/T 3785.1—

2010)中规定的 1 级声级计的要求,覆盖 315~5 000Hz 频率范围。传声器为自由场型传声器,配防风罩。

**防风罩应是传声器制造商规定的,适用于特定的传声器,这点应从制造商处得到确认,即在测试环境下防风罩不会显著影响声级计的性能。**

(2)频率分析器:采用 1/3 倍频程滤波器,覆盖 315~5 000Hz 频率范围,同时应满足《电声学 倍频程和分数倍频程滤波器》(GB/T 3241—2010)规定的要求。

(3)声校准器:应符合《电声学 声校准器》(GB/T 15173—2010)规定的 1 级要求。

**声校准器用于声级计的校准,如声级计上校准的读数偏差超过 0.5dB,则声级计不满足要求。声校准器应送至有校准能力的计量机构进行校准,校准时间间隔为一年,声级计应每两年至少校准确认一次。**

(4)车速测量仪:多功能雷达测速仪,可在车辆经过传声器的瞬间测量其行驶速度,标准不确定度小于 3%。

**不应使用置于路面上,并由经过车辆轮胎的触发而进行速度测量的仪器作为车速测量仪器。**

(5)温度计:热电偶温度计或煤油等玻璃温度计,分度值为 1℃。

**不应采用红外技术测量空气温度的仪器作为温度测量仪器。**

## 3 准备工作

### 3.1 测试路段的选择

(1)选定的测试路段应顺直,长度不小于 60m(交通流平均速度不小于 100km/h 时,长度不小于 100m),纵坡不大于 1%。路段表面应干燥、无明显污染,路面技术状况良好,且应避免选择有接缝的路段。

(2)新铺设道路不宜测试交通噪声,应在通车 6 个月之后进行测试。

(3)选定的测试路段背景噪声不应太大,以致干扰交通噪声的测试。一般要求现场其他活动所产生的噪声的 A 计权声压级应至少比测量时交通噪声的最大声级低 10dB。

(4)选定的测试路段的交通流中车辆构成应满足本方法第 3.5 条的要求。

(5)选定的测试路段,要求传声器周围 25m 范围内没有任何声反射物体,如建筑物、声屏障等。

(6)选定的测试路段应避免护栏对测量结果的影响。图 T 0986-1 所示长方形阴影区域内应无波形护栏、混凝土护栏。如果需要测试该路段,应移除护栏或采用吸声材料覆盖后再测试。

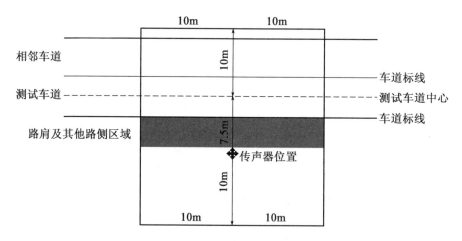

图 T 0986-1　交通噪声测量对护栏影响的要求

(7)应将传声器与测试车道中心线之间区域内的杂物清理干净,且避免有高大植物的路段。路侧有边沟或其他显著低洼处时,应至少离开车道中心线 5m。

## 3.2　测试环境

大风天气(一般要求风速不大于 5m/s)及雨天不应进行测试。测试时环境空气温度应在 10～35℃（气候分区为夏凉区时为 5～30℃），且尽可能在空气温度接近 20℃时进行测试。

### 3.3 传声器布设

传声器一般按照测试行车方向右侧最外侧车道噪声的方式进行布设。将传声器在选定测试路段纵向中间位置进行固定，一般应置于测试车道行车方向的右侧，距测试车道中心线的水平距离应为 7.5m±0.1m。当布设条件有限时，在保证安全的前提下可布设在左侧。

### 3.4 声测装置的安装与检查

（1）按照要求安装声测装置，应确保传声器位于车道路表面上方 1.2m±0.1m 高度处，并安装防风罩。

（2）声测装置进行开机预热，检查是否运行正常，电压是否正常，并用声校准器检查其灵敏性。

### 3.5 车辆分类和测量数量要求

应对测试路段交通流中的车辆进行分类，以便进行数据处理。本方法将交通流中车辆分为三类，各类车辆测试数量要求如下，其余车辆可不予测量。

第 1 类：小客车，不少于 100 辆；

第 2 类：双轴的货车、公共汽车及大客车，不少于 30 辆；

第 3 类：双轴以上的货车、公共汽车及大客车，不少于 30 辆。

其中，第 2 类和第 3 类测量总量不少于 80 辆。

## 4 方法与步骤

### 4.1 噪声和车速测试

（1）声级测试。在车辆经过的时候，使用时间计权"快"挡（"F"挡）测量最大 A 计权声压级，准确至 0.01dB。

（2）频谱测试。推荐测量 1/3 倍频程谱。平均时间用"快"挡。在车辆经过 A 计权声压级达到其最大值时采集频谱。

(3)速度测试。在车辆中心点通过传声器时应测量车辆的速度,准确至1km/h。

**4.2 温度测试**

用温度计测试路表面上方1.0~1.5m高度处的空气温度,持续时间至少为15s。宜连续测试。如果现场无法连续测试,至少每15min测量一次。准确至1℃。

**4.3 测试过程中的检查**

测试过程中每4h及测试结束时用声校准器对测声系统(包括传声器)整体敏感性检查一次。任何偏离都应记录在试验报告中,如果校准读数相差超过0.5dB,所有的中间测试都应被视为无效。

**4.4 不予测试或剔除测试结果的情况**

对出现以下情况的车辆,应不予测试或从测试结果中剔除。

(1)按图T 0986-2确定的测试车辆与前后车辆的A计权声压级差小于6dB。

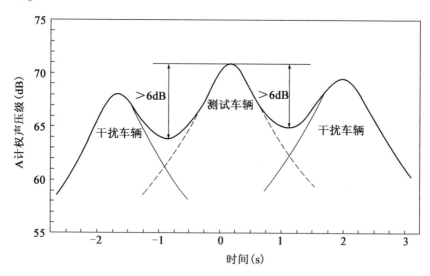

图 T 0986-2　通过车辆所要求的信噪比图示

注:粗实线表示两辆互相干扰的车辆以及被测试车辆的总声压级。

(2)在测试车辆产生最大声压级时,其最大声压级与其他交通车辆等背景噪声产生的总声压级之差小于10dB。

(3)在测试车辆与某一车辆在测试位置几乎同时产生最大声压级,以致所测峰值难以分开。

(4)明显产生不正常噪声的测试车辆,如可能由于排气系统的故障、车体摇晃或鸣笛等而产生的噪声。

(5)非匀速行驶的车辆,或横向位置明显偏离测试车道中心轴线。

(6)车速低于50km/h的车辆。

## 5 数据处理

### 5.1 声级-车速的线性回归分析

计算处理由每类车辆测试的声级及车速的对数(以10为底)组成的数据对,采用最小二乘法,得到声级-车速的对数(以10为底)的回归曲线。

**速度不是唯一决定车辆声辐射的因素,声级与速度不可能总是高度相关的,对于重型车辆及低速范围尤其如此,但这并不排除使用回归计算,以便尽可能多地补偿速度的影响。**

### 5.2 确定速度类别

计算测试车辆的平均车速作为交通流运行平均速度,按照以下标准确定道路速度类别:

(1)低速度类:平均速度为45～64km/h;

(2)中速度类:平均速度为65～99km/h;

(3)高速度类:平均速度大于或等于100km/h。

### 5.3 确定交通流的参考速度

根据道路速度类别,按照表T 0986确定每一类车辆的参考速度。对于被测试车辆的速度范围应满足:第2、3类车的标准速度应在实测平均速度±1倍标准差范围内;第1类车的标准速度应在实测平均速度±1.5

倍标准差范围内。

表 T 0986 不同道路速度类别下参考速度和典型加权因子

| 车辆类别 | 以下交通流速度类别对应的标准速度(km/h) | | | | | |
| --- | --- | --- | --- | --- | --- | --- |
| | 低速度 | | 中速度 | | 高速度 | |
| | 参考速度 | 典型加权因子 | 参考速度 | 典型加权因子 | 参考速度 | 典型加权因子 |
| 第1类 | 50 | 0.900 | 80 | 0.800 | 110 | 0.700 |
| 第2类 | 50 | 0.075 | 70 | 0.100 | 85 | 0.075 |
| 第3类 | 50 | 0.025 | 70 | 0.100 | 85 | 0.225 |

**5.4 计算参考速度下的声级**

在由本方法第5.1条绘制的回归曲线上,计算得到每一类车辆的回归曲线上与相应参考速度对应的纵坐标声级。

**5.5 计算统计通过指数**

按式(T 0986)计算统计通过指数,准确至0.1。

$$SPBI = 10\lg\left[W_1 \times 10^{L_1/10} + W_2\left(\frac{v_1}{v_2}\right) \times 10^{L_2/10} + W_3\left(\frac{v_1}{v_3}\right) \times 10^{L_3/10}\right]$$

(T 0986)

式中:SPBI——统计通过指数(dB);

$L_1$、$L_2$、$L_3$——标准车速对应的第1、2、3类车辆的声级(dB);

$W_1$、$W_2$、$W_3$——加权因子,即交通流中第1、2、3类车辆的比例,合计为1。表 T 0986 的典型加权因子引自《声学 道路表面对交通噪声影响的测量 第 1 部分:统计通过法》(GB/T 20243.1—2006)中的表1,当缺乏加权因子数据时可以采用;

$v_1$、$v_2$、$v_3$——第1、2、3类车辆的标准速度(km/h)。

**统计通过指数(SPBI)用以比较道路表面的噪声指数,该指数根据车辆噪声级并考虑各类车辆的混合及速度得出。SPBI 不是交通噪声的等效声级,但是可以用来描述道路路面对交通噪声等效声级的相对影响。

## 6 报告

本方法应报告下列技术内容：

(1)测试路段信息(桩号,车道位置,测试路面类型、表面状况,周围的反射物情况等)。

(2)测试时间、测试期内天气情况、空气温度、测试设备、传声器位置。

(3)道路速度类别、车辆类型加权因子。

(4)所测试的声级、速度数据,声级-车速回归曲线,标准车速对应的声级以及统计通过指数。

条文说明

由于交通噪声受外界环境的影响较大,因此其测试是一个较为复杂的过程。目前,国际上路面噪声的评价方法主要有远场法和近场法。远场法包括控制通过法(CPB)、统计通过法(SPB)。

(1)控制通过法(CPB)

该方法采用规定的标准车辆/轮胎组合测试车辆通过的噪声峰值,因此称为控制通过法。根据不同的应用目的,测试条件有差异,如匀速行驶、滑行、关闭引擎等,或仅对轮胎噪声进行测试;车辆速度也可根据实际情况选择。目前主要有两种CPB标准测试方法:BRRC方法和法国-德国方法。这两种方法都要求车辆通过麦克风附近时关闭发动机,以测试轮胎的噪声,即滑行通过。其中BRRC方法使用单一的汽车,而法国-德国方法采用规定的四种汽车/轮胎组合,主要应用在轻交通公路上。

(2)统计通过法(SPB)

SPB与CPB的噪声测量方法类似,但交通流有区别。CPB采用规定的标准车辆/轮胎组合,而SPB规定车速不小于50km/h的自由交通流,从其中选择不少于180辆车辆进行测试。

国际ISO标准中,远场法(图T 0986-3)仅有统计通过法标准,为ISO 11819-1,目前尚未见控制通过法标准。欧盟标准中也仅有统计通过法的标准,即EN ISO 11819-1,与ISO 11819-1方法等效。我国也有统计通过法的标准,为GB 20243.1,与ISO 11819-1方法等效。

目前公路交通噪声测量多采用远场法统计通过法,而且公路工程环评规范中也采用远场法统计通过法。本方法参考ISO 11819-1及GB 20243.1编写。本方法用于比较不同路面在不同交通流构成情况下的交通噪声,适用于以不变速度行驶的交通流,即大于或等于50km/h特定速度的自由交通流状况。在其他行驶状况下,即非自由交通流情况下,例如在交叉路口以及交通发生阻滞的情况下,道路表面的噪声就没那么重要。

图T 0986-3　远场法交通噪声测试

传声器定位时,对于双向多车道公路,当行车方向的右侧由于路肩太窄等原因无法测量时,可将传声器置于测试车道的行车方向的左侧。如果为双向双车道,则测试外侧第一车道的交通噪声;如果为双向三车道或三车道以上车道,则可以将交通流引导到内侧第一车道,测试内侧第一车道的交通噪声。

为确保剔除本方法第4.4条中规定的车辆后,测试车辆数仍然满足本方法第3.5条的要求,测试过程中一般需要适当增加测量车辆的数量。

加权因子的典型值随着我国不同地区、白天和夜晚时段的不同而确定。表T 0986的典型加权因子引自GB/T 20243.1—2006中的表1,代表了最为典型的情况。加权因子相同的情况下,路面对交通噪声的影响有较强的可比性。根据需要,也可以选用适合当地情况的加权因子作为计算依据。

# T 0987—2019 拖车法测定路面对轮胎噪声影响测试方法

拖车法测定路面对轮胎噪声影响测试方法(CPX)是一种现场近距离测定方法,又称轮胎/路面噪声测量或轮胎/路面界面间的噪声测量。本方法是在ISO 11819.2、EN ISO 11819.2等国际标准的基础上,参考交通运输部公路科学研究院、北京市政工程设计研究总院相关研究成果制定。

## 1 适用范围

本方法适用于拖车法测试路面轮胎噪声,用于评价不同路面类型车辆轮胎噪声的影响。

汽车交通噪声是最大的环境噪声源,特别是当车速超过50km/h时,路面接触噪声已成为主要的噪声源。CPX法在美国广泛应用,是很好的测试比较路面类型对轮胎/路面噪声影响的方法,主要用于不同路面的噪声特性研究,可以很好地区别不同路面纹理对轮胎/路面噪声的影响。

该方法速度快,花费少,需要的轮胎少,可测定任意地点的轮胎/路面噪声;在长距离测试中,不需要间断篷罩的存在,使得测试对于周围环境的要求降低,测试不受自由反射物影响,准确性和可重复性好,适用于调查和研究;可以用来核对养护水平、路面磨损或破坏程度、孔隙的堵塞和对多孔路面的清扫程度,从侧面核对路面纵向的一致性等。

## 2 仪具与材料技术要求

(1)声级计:同本规程 T 0986 中第 2.1 条。

(2)频率分析器:同本规程 T 0986 中第 2.2 条。

(3)声校准器:同本规程 T 0986 中第 2.3 条。

(4)车速测量仪:不确定度小于 1%。如果需要安装在轮胎上,则不应安装在驱动轮上。

(5)位置测量仪:北斗卫星等定位系统。

(6)温度计:分度值为 1℃,路面温度采用红外温度计,空气温度采用接触式温度计。

(7)轴重测量仪:最大允许误差为 5%。

(8)轮胎压力测定仪:最大允许误差为 4%。

(9)测试车:

①测试车应由牵引车和拖车组成。在拖车上安装一个或多个测试轮。测试轮周围应设密封罩,保护传声器免受背景噪声的影响。

②测试车应满足以下声学性能要求:

——密闭罩内部声反射条件:密闭罩内部声反射(不包括测试轮胎、路面的反射),在 315~5 000Hz 频率范围内 1/3 倍频程声压级差应不大于 3dB。

——整车系统产生的背景噪声,按测试车声学性能检验测试的总 A 计权声压级差应不小于 10dB,同时 500~5 000Hz 频率范围内 1/3 倍频程声压级差应不小于 6dB,315~400Hz 频率范围内 1/3 倍频程声压级差应不小于 4dB。

——抗外部背景噪声能力,按测试车声学性能检验测试的声压级差应不小于 10dB。

——测试车声学性能应在新车首次应用时进行检验;当关键部件更换时应检验一次;每 1~2 年应检验一次。

③宜采用较高功率的引擎。牵引车轮胎与传声器的距离不宜少于

3m。必要时牵引车尾部设隔音屏,减少牵引车噪声对传声器影响。

④悬挂系统弹簧刚度和阻尼系数应与小汽车悬挂系统接近。应至少安装一个测试轮,测试轮采用满足本方法第2.11条中要求的标准轮胎。拖车上的非测试轮宜采用专用窄轮胎,应尽可能远离传声器,距离宜不小于1.5m,同时在非测试轮与传声器一侧宜设隔音屏。测试轮不能安装在引导轴和驱动轴上,且可方便拆卸;宜采用在不拆卸测试轮条件下可实现测试轮抬升离开路面的功能设计。如果左右侧都安装测试轮,则左右侧的测试轮间距(两个轮胎的胎面中间点之间的距离)宜为1.5~1.9m。测试轮上不宜安装制动装置,如果安装制动装置,则需要经常检查测试轮胎磨损情况。

⑤传声器和测试轮周围应安装密封罩,拖车机械构件应尽可能在密封罩之外,以减少外界噪声对传声器影响。密封罩内壁采用金字塔形、楔形或尖浪形的轻质隔音棉等吸声材料,内部吸声材料总厚度约为75mm,315~400Hz频率范围内吸声系数不小于0.6,500~5000Hz频率范围内吸声系数不小于0.90。密封罩的套罩应离地面约50mm(市区约为100mm),套罩最低的部分采用软质材料,但在行驶过程中不得摆动。密封罩应可卸、易更换,吸尘、吸水等敏感部件应可折叠。

**为了提高信噪比,降低背景噪声尤其是牵引车噪声及轮胎周围气流的影响,采用围护结构将待测轮胎和传声器同外界隔离,围护结构内壁安装吸声材料以减少反射声,如图12-1所示。**

⑥在离传声器0.3m范围内,除传声器固定装置、道路、测试轮之外不应有其他声音反射面;在离传声器0.3~0.6m范围内的任何反射面,如轴、框架、车身底板等,都应采用吸声棉覆盖。

(10)测试车传声器:

①轮胎/路面噪声测试过程中,一个测试轮至少在图T 0987-1所示1和2位置设置两个传声器同时进行测试。根据需要也可增加3、4、5、6位置的传声器测定交通噪声。

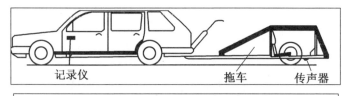
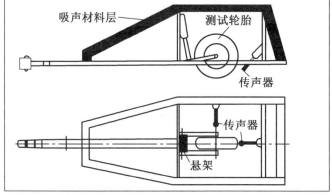

图 12-1　围护结构示意图

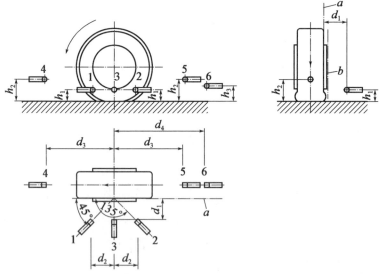

图 T 0987-1　传声器设置位置

1-侧前方位置(必须设置);2-侧后方位置(必须设置);3-侧中位置(根据需要设置);4-正前方位置(根据需要设置);5-正后方位置(根据需要设置);6-最后方位置(根据需要设置);$a$-未变形时轮胎侧壁;$b$-变形后轮胎侧壁;$d_1 = 0.20\text{m} \pm 0.01\text{m}$;$d_2 = 0.20\text{m} \pm 0.01\text{m}$;$d_3 = 0.65\text{m} \pm 0.01\text{m}$;$d_4 = 0.80\text{m} \pm 0.01\text{m}$;$h_1 = 0.10\text{m} \pm 0.01\text{m}$;$h_2 = 0.20\text{m} \pm 0.01\text{m}$;$h_3 = 0.15\text{m} \pm 0.01\text{m}$

近场噪声有一定的方向性,传声器的放置位置会对测量结果有一定的影响,有学者认为,传声器与轮胎中心的连线和轮胎前进方向成 **45°** 或 **135°** 为最佳位置。

②传声器宜采用 5~10mm 圆柱状钢质材料固定,减少行车过程中振动对噪声测量影响。

(11)标准轮胎:标准轮胎分为 P 型和 H 型,前者宜用于评价小客车轮胎与路面噪声特性,后者宜用于评价重型车辆轮胎与路面噪声特性。当采用其他标准轮胎时需在报告中说明。标准轮胎的技术要求见表 T 0987。标准轮胎胎面的花纹如图 T 0987-2 所示。

表 T 0987 标准轮胎技术要求

| 轮胎类型 | 规格 | 名义截面宽度（mm） | 名义直径（mm） | 截面胎面半径（mm） | 荷载指数 | 速度指数 | 初始胎面深度 | 邵氏硬度 $H_A$（20℃±5℃） | 轮辋宽度（mm） |
|---|---|---|---|---|---|---|---|---|---|
| P1 | P225/60R16 | 231 | 680 | 308 | 97 | S | 8.0±0.5 | 62~73 | 165.1±12.7 |
| H1 | 195R14C | 198 | 666 | 302 | 106/104 | N | 10.0±0.5 | 60~73 | 139.7±12.7 |

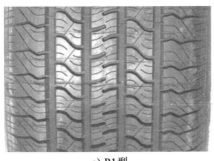 

a) P1型　　　　　　b) H1型

图 T 0987-2 标准轮胎胎面花纹

## 3 准备工作

### 3.1 测试路段的确定

(1)应保证有效测试路段长度不少于100m,且测试路段内路面类型及材料应相同或相近。

(2)测试路段应顺直,不包含弯曲半径过小的路段。测试速度50km/h时曲率半径应不小于250m;测试速度80km/h时曲率半径应不小于500m;测试速度110km/h时曲率半径应大于1 000m。

(3)在测试轮胎传声器一侧0.5m范围内的测试路面应相同或表面声阻抗特性相近。

(4)应事先调查沿线的限速、弯道及纵坡坡度,以及隧道、桥梁、护栏等结构物分布情况。

### 3.2 测量环境的要求

(1)测试时现场风速不宜超过10m/s。

(2)气温和路面干湿状况要求同本规程 T 0986 中第3.2条。

### 3.3 标准车速的确定

(1)本方法规定的标准速度分为三挡,分别为50km/h、80km/h和110km/h。

(2)测量之前根据测试路段限速要求,以及实际交通流平均车速和测试目的,选择最为接近的标准车速,记为$v_{re}$。

### 3.4 试验仪具准备

(1)测试轮胎的安装

①标准轮胎应按照标记进行正确安装。外倾角不超过1.5°,静态前束角不超过±1°。

②通过调整测试车配重装置,使每个标准轮胎静态荷载为3 200N±200N;测试过程中标准轮胎充气压力为200kPa±10kPa。充压气体宜采用氮气,没有氮气时可采用干空气。

③新的标准轮胎首次测试之前,应在公路上行驶不少于400km,行驶时速度与测试时速度应大致相等。

④每次测试之前,检查标准轮胎胎面花纹老化、磨损和变形情况;清理轮胎花纹中碎屑和杂物。轮胎花纹磨损深度大于1.0mm,或有明显变形,或使用时间超过15个月时,应予以更换。

⑤采用轴重测量仪、轮胎压力测定仪对标准轮胎荷载和充气压力进行检验。

⑥标准轮胎安装完成并检验合格后,在每次正式测试之前,至少行驶15min,对轮胎进行预热。

(2)测量系统的安装

①按照图T 0987-1的位置安装1和2位置的传声器,确保安装结实、无振动,加罩防风球和密封罩,并检查传声器位置。

②安装频率分析器、车速测量仪、位置测量仪和温度计,其中测空气温度的温度计应安放在空气流通的位置,离地面1.0~1.5m高度处,采用遮光屏避免传感器直接受太阳辐射影响;测路面温度的温度计应能够直接垂直测定测试轮所在轮迹带的路表温度。

③将所有测量装置数据线与采集装置连接,打开系统电源并进行预热,测声系统预热不少于10min。

④每次开机预热后、测量开始之前,应用声校准器对测声系统整体敏感性进行检查。

## 4 方法与步骤

4.1 测试车在测试路段上按本方法第3.3条确定的标准车速 $v_{re}$ 匀速行驶,连续测试每个传声器位置的噪声。任何靠近测试轮胎的制动器在噪声测量时处于完全释放状态。以每20m为一个小路段,通过平均20m测试的噪声数据得到每个传声器315~5 000Hz频率范围内1/3倍频程的时间平均A计权声压级。每20m小路段的单个频率的1/3倍频程的时间平均 A 计权声压级标记为 $L_{\text{CPX}:t,w,r,i,f,m,v_i}$,其中:$t$ 为测试轮胎类型,为 H 型或 P 型标准轮胎;$w$ 为测试轮所在轮迹带位置,1 为右侧轮迹带,2 为左侧轮迹带;$r$ 为重复测试的遍数,如 3 代表测试第 3 遍;$i$ 为每 20m 小路段的序列数,如 $i=3$ 表示测试路段中第 3 个 20m 小路段;$f$ 为 1/3 倍频程对应的频率,范围为 315~5 000Hz;$m$ 为图 T 0987-1 中传声器位置代号,1 为侧前方,2 为侧后方;$v_i$ 为测试时第 $i$ 小路段的平均车速(km/h)。

**4.2** 在测试车测定交通噪声的同时,连续测定测试车的实际运行速度,计算每 20m 小路段的平均车速 $v_i$,此速度不得偏离标准速度 $v_{re}$(1±15%);同时计算测试路段的平均车速,此速度不得偏离标准速度 $v_{re}$(1±5%)。

**4.3** 在测试车测试交通噪声的同时,应持续进行空气温度测试,可根据需要同时测试路面温度。测试温度准确至 1℃。

**4.4** 在测试噪声、车速和温度的同时,位置测量仪实时给出位置信息。

**4.5** 当评价某一类路面或某一特定路段的交通噪声时,应采用如下原则进行噪声测定:

(1)选择最靠近路肩的行车道,采用两个测试轮同时在左、右轮迹带位置上测定。如果只有一个测试轮,则可只在右侧轮迹带位置上测定。测试轮均采用 P 型标准轮胎。

(2)同一路段在(1)位置上全程重复测定 2 次。每 1 次测定时,通过本方法第 4.7 条筛查后一个路段至少需要 5 个小路段的有效测定值。

(3)如果一个路段上同一个测试轮上 2 次测定的总 A 计声压级差大于 0.5dB,则需要按照步骤(1)~(2)再测定 2 次,然后按照 4 次测定值进行评价。

(4)采用 H 型标准轮胎按照步骤(1)~(3)再次进行噪声测试。

(5)当需要测定其他车道,或其他横向位置的噪声时,可按照步骤(1)~(4)进行测试,此时应在报告中说明。

**4.6** 当进行路网交通噪声评价时,应采用如下原则进行噪声测试:

(1)选择最靠近路肩的行车道,采用两个测试轮同时在左、右轮迹带位置上测定。如果只有一个测试轮,则可只在右侧轮迹带位置上测试。测试轮均采用 P 型标准轮胎。

(2)同一路段可只测试 1 次。

(3)不同路段按照限速要求选择最接近的标准车速。

**4.7** 受干扰交通噪声的筛查:

(1)出现以下情况时,交通噪声测量可能会受干扰,需要对受噪声干扰的每个小路段进行筛查:

①当某一个小路段内车速变化较大,或者存在明显的加、减速时。

②弯曲半径过小,或纵坡大于 6% 的路段。

③当测试的抗外部背景噪声能力不满足要求时,在噪声测定时有临近车道交通车辆通过,或出现离传声器距离小于 2m 的隧道、桥梁、护栏等结构物时。

④路表面有接缝或坑槽等病害时。

(2)在噪声测量过程中,出现以上情况时应及时进行标注:对于①、②、④情况,宜直接舍弃相应测量值;对于③情况,当发现此测定值与相邻的测定值明显不同时,宜直接舍弃相应测量值。

(3)对于本条(1)中出现的情况,也可以在测试结束后进行数据处理:计算整个路段内每一遍测试的所有小路段的总 A 计权声压级中位值,将每个小路段的总 A 计权声压级与中位值比较,差值大于 1.5dB 的小路段为受干扰的无效小路段,其测定结果应舍弃。

**4.8** 测试过程中每 4h 及测试结束时用声校准器对测声系统(包括传声器)整体敏感性检查一次。任何偏离都应记录在试验报告中,如果校准读数相差超过 0.5dB,所有的中间测量均应被视为无效。

# 5 数据处理

**5.1** 以 20m 段长计算交通噪声:

(1)按式(T 0987-1)计算一个测试轮不同频率的声压级,准确至0.1。

$$L'_{\text{CPX};t,w,r,i,f,v_i} = 10\lg[0.5(10^{0.1L_{\text{CPX};t,w,r,i,f,1,v_i}} + 10^{0.1L_{\text{CPX};t,w,r,i,f,2,v_i}})]$$

(T 0987-1)

式中:$L'_{\text{CPX};t,w,r,i,f,v_i}$——一个测试轮$f$频率的声压级平均值(dB);

$L_{\text{CPX};t,w,r,i,f,1,v_i}$——一侧前方传声器测定的$f$频率下声压级(dB);

$L_{\text{CPX};t,w,r,i,f,2,v_i}$——一侧后方传声器测定的$f$频率下声压级(dB)。

(2)按式(T 0987-2)进行声压级修正,准确至0.1。

$$L_{\text{CPX};t,w,r,i,f,v_i} = L'_{\text{CPX};t,w,r,i,f,v_i} + C_{\text{d},f}$$

(T 0987-2)

式中:$L_{\text{CPX};t,w,r,i,f,v_i}$——$f$频率声压级平均值修正值(dB);

$C_{\text{d},f}$——$f$频率对应的测试车辆的噪声系数。

(3)按式(T 0987-3)计算1/3倍频程的总A计权声压级,准确至0.1。

$$L_{\text{CPX};t,w,r,i,v_i} = 10\lg\left(\sum_{f=315}^{5\,000} 10^{0.1L_{\text{CPX};t,w,r,i,f,v_i}}\right)$$

(T 0987-3)

式中:$L_{\text{CPX};t,w,r,i,v_i}$——每20m段长的315~5 000Hz频率范围内总A计权声压级(dB)。

(4)按式(T 0987-4)进行总A计权声压级的车速、温度和轮胎硬度修正,准确至0.1。

$$L_{\text{CPX};t,w,r,i,v_m} = L_{\text{CPX};t,w,r,i,v_i} - B\lg\left(\frac{v_i}{v_{\text{re}}}\right) - \gamma_\text{t}(T - T_{\text{re}}) - \beta_\text{t}(H_\text{A} - H_{\text{re}})$$

(T 0987-4)

式中:$L_{\text{CPX};t,w,r,i,v_m}$——标准温度、车速条件下每20m为一小段的总A计权声压级(dB);

$B$——速度系数,对于新建或未堵塞的空隙率大于18%的沥青路面为25,水泥混凝土路面为35,其他路面(如AC/SMA以及薄层路面)为30;

$v_{\text{re}}$——标准车速(km/h);

$\gamma_t$——温度修正系数(dB/℃)。对于 P 型和 H 型标准轮胎,温度修正系数取值:新建或未堵塞的空隙率大于 18% 的沥青路面为 $-0.08+0.0004v_{re}$;水泥混凝土路面为 $-0.10+0.0004v_{re}$;其他路面为 $-0.14+0.0006v_{re}$;

$T$——测量时现场实测气温(℃);

$T_{re}$——标准气温,取 20℃;

$\beta_t$——轮胎硬度修正系数,对于 P 型和 H 型标准轮胎为 0.2dB;

$H_A$——20℃±5℃时,实测的轮胎邵氏硬度;

$H_{re}$——20℃±5℃时,标准邵氏硬度,为 66。

**5.2** 计算整个测试路段的交通噪声:

(1)按式(T 0987-5)计算整个路段的平均总 A 计权声压级,准确至 0.1。

$$L_{CPX;t,v_{re}} = \frac{1}{n_r}\sum_{r=1}^{n_r}\left[\frac{1}{n_i}\sum_{i=1}^{n_i}\left(\frac{1}{n_w}\sum_{w=1}^{n_w}L_{CPX;t,w,r,i,v_{re}}\right)\right] \quad (T\ 0987\text{-}5)$$

式中:$L_{CPX;t,v_{re}}$——$t$ 标准轮胎、$v_{re}$ 标准车速时的整个路段的平均总 A 计权声压级(dB);

$n_w$——轮迹带位置数,左、右轮迹带均测时为 2,仅测右轮迹带时为 1;

$n_i$——整个路段上测试的有效小路段总数;

$n_r$——测试的总遍数,一般为 2 遍或 4 遍。

(2)按式(T 0987-6)计算整个路段的交通噪声指数,准确至 0.1。

$$L_{CPXI;v_{re}} = 0.5L_{CPX;P1,v_{re}} + 0.5L_{CPX;H1,v_{re}} \quad (T\ 0987\text{-}6)$$

式中:$L_{CPXI;v_{re}}$——$v_{re}$ 标准车速时交通噪声指数(dB);

$L_{CPX;P1,v_{re}}$——P 型标准轮胎在 $v_{re}$ 标准车速时整个路段的平均总 A 计权声压级(dB);

$L_{\mathrm{CPX;H},w,r,v_{re}}$——H 型标准轮胎在 $v_{re}$ 标准车速时整个路段的平均总 A 计权声压级(dB)。

(3)按式(T 0987-7)计算整个路段的交通噪声方差,准确至 0.1。

$$S_{\mathrm{CPX};v_{re}} = \frac{\frac{1}{n_r}\sum_{r=1}^{n_r}\left(\frac{1}{n_w}\sum_{w=1}^{n_w}S_{\mathrm{CPX;P},w,r,v_{re}}\right) + \frac{1}{n_r}\sum_{r=1}^{n_r}\left(\frac{1}{n_w}\sum_{w=1}^{n_w}S_{\mathrm{CPX;H},w,r,v_{re}}\right)}{2}$$

(T 0987-7)

式中:$S_{\mathrm{CPX};v_{re}}$——$v_{re}$ 标准车速时整个路段的交通噪声方差(dB);

$S_{\mathrm{CPX;P},w,r,v_{re}}$——P 型标准轮胎、$v_{re}$ 标准车速时整个路段上 $w$ 轮迹带位置上第 $r$ 遍测定的所有 $L_{\mathrm{CPX};t,w,r,i,v_{re}}$ 的方差(dB);

$S_{\mathrm{CPX;H},w,r,v_{re}}$——H 型标准轮胎、$v_{re}$ 标准车速时整个路段上 $w$ 轮迹带位置上第 $r$ 遍测定的所有 $L_{\mathrm{CPX};t,w,r,i,v_{re}}$ 的方差(dB)。

**5.3** 当进行路网交通噪声测定评价时,因仅测定 1 遍($n_r=1$),为提高评价的可靠性,应将 5 个连续有效的 20m 小路段组成的 100m 为一个路段,按照本方法第 5.2 条中(2)的要求计算得到每 100m 路段的平均总 A 计权声压级 $L_{\mathrm{CPX;P},v_{re}}$ 作为交通噪声测定结果。

# 6 报告

本方法应报告下列技术内容:

(1)测试路段信息(测量时间及测量期内天气情况、路表面状况)。

(2)测试设备类型(标准轮胎信息,测试车辆的噪声系数、整车系统产生的背景噪声水平和抗外部背景噪声能力)。

(3)标准速度、车道、轮迹带位置及测试遍数,传声器的位置,传声器的校检情况。

(4)速度、温度修正系数,有效的每 20m 段长的 $L_{\mathrm{CPX};t,w,r,i,v_{re}}$,实际车速、标准车速、气温,整个路段的平均总 A 计权声压级 $L_{\mathrm{CPX};t,v_{re}}$,整个路段的进场交通噪声指数 $L_{\mathrm{CPXI};v_{re}}$ 和交通噪声方差 $S_{\mathrm{CPX};v_{re}}$。

(5)必要时用图表示出每个桩号对应的 $L_{\text{CPX}:t,w,r,i,v_w}$ 实际车速。

条文说明

目前,国际上路面噪声的评价方法主要有远场法和近场法。远场法标准应用较早,此方法测定实际交通流的噪声,考虑了各种车型和实际交通组成,能够准确描述噪声源及其传播影响。但是此方法测量较为耗时,而且仅仅在一个位置测量,由于不同的路段差异较大,带来误差,对选择的路段要求较高。同时很难评价不同路段交通噪声的差异,以及不同车道及轮迹带的交通噪声差异,因此也很难评价一条路的整体交通噪声状况。

近场法(CPX)又称轮胎/路面噪声测量,是远场法的补充,测试方法示意如图 T 0987-3 所示。与远场法相比,近场法可以测试任何路段的噪声,因此可以评价不同路段噪声的一致性,同时检查不同车道及轮迹带的交通噪声影响的差异;近场法测量效率更高,也适合路网交通噪声影响等检测评价。但是近场法也有其局限性,例如仅适用于评价轮胎/路面噪声为主的交通噪声,无法考虑车辆本身的交通噪声以及交通噪声的传播影响;虽然采用 H 型标准轮胎模拟重型轮胎进行测定,但是在重型货车噪声评价上代表性仍然不足;对测试车辆及测试系统要求非常严格,且设备投入较大;对标准轮胎的控制要求较高。

在交通噪声影响测定方法中,国际标准 ISO 及欧盟 EN 标准均包含了近场法,分别为 ISO 11819.2 和 EN ISO 11819.2,两者等效,因此近场法在国际上的应用越来越多。

近场法又分为整车法和拖车法,其中拖车法由于采用拖车,将测试轮安装在拖车上,则牵引车的交通噪声影响较小,因此测定所受背景噪声影响小,测量精度更高。目前我国主要应用拖车法,本方法即为近场法中的拖车法。由于我国国标和行业标准中均无近场法标准,本方法是在借鉴 ISO 11819.2 的基础上制定的。

图 T 0987-3　拖车式 CPX 测试方法

为确保测试车满足本方法第 2 部分中的声学性能要求,测试车一般需要进行下列声学性能检验:

(1) 密闭罩内部声反射条件

①卸除测试轮胎和轮子,用配有人工声源的轮胎模型代替,轮胎模型的几何形状近似于轮胎和轮子的几何形状,在轮胎/路面接触前、后缘发出主声源。配有人工声源的轮胎模型,如图 T 0987-4 所示。

②按照本方法第 3.4 条中(2)的要求安装测量系统,通过人工声源产生一个白色或粉红色噪声,直到两个传声器测定的声压级稳定。计算每个传声器的 315~5 000Hz 频率范围内的 1/3 倍频程声压级,按式 (T 0987-1)计算 2 个传声器的 1/3 倍频程声压级的平均值。重复测定两次,如果两次的测定结果偏差大于 0.5dB,则再测定一次。取以上两次或三次结果的算术平均值($L_{d,f,o}$)。

③卸除密封罩,再通过人工声源产生一个白色或粉红色噪声,直到两个传声器测定的声压级稳定。此时传声器周围 2.0m 内没有除测试车辆之外的反射物。计算每个传声器的 315~5 000Hz 频率范围内的 1/3 倍频

程声压级,按式(T 0987-1)计算2个传声器的1/3倍频程声压级的平均值。重复测定两次,如果两次的测定结果偏差大于0.5dB,则再测定一次。取以上两次或三次结果的平均值($L_{d,f,h}$)。

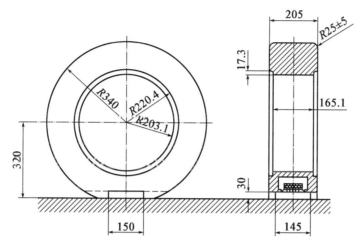

图 T 0987-4 配有人工声源的轮胎模型(尺寸单位:mm)

④计算 $C_{d,f} = L_{d,f,o} - L_{d,f,h}$,即315~5 000Hz频率范围内的1/3倍频程声压级差,其结果应满足本方法第2部分中密闭罩内部声反射条件要求,此时 $C_{d,f}$ 记为测试车辆的噪声系数,在噪声测试结果中应该予以修正。当声压级差达不到密闭罩内部声反射条件要求时,应采取措施改进,并再次进行检验。

(2)整车系统产生的背景噪声

①选择一个尽量低噪声的路面,如多孔低噪声路面。

②将测试轮胎抬起离开路面(如果没有此功能则可将测试轮拆除),按照本方法第3.4条中(2)的要求安装测量系统,并进行噪声测量。

③将测试轮胎降低接触路面(重新安装回测试轮胎),在相同路面上进行正常噪声测量。

④计算测试轮胎接触和不接触地面测定前、后的总A计权声压级差,500~5 000Hz频率范围内的1/3倍频程声压级差,315~400Hz频率范围

内的1/3倍频程声压级差。相应结果应满足本方法第2部分中整车系统产生的背景噪声要求。当各声压级差达不到整车系统产生的背景噪声要求时,应采取措施改进,并再次进行检验。

(3)抗外部背景噪声能力

①选择代表性路段,路表面为 AC 或 SMA。

②测试车按照正常测定时的装置安装,停在选定代表路段的路肩上,交通流可以从相邻车道自由通过。交通流车速为 70~90km/h,测试车辆与相邻车道交通流的距离应不大于 1.5m。

③当相邻车道车辆通过时,采用时间计权 F 挡测定其最大 A 计权声压级和车速。应测量不少于 20 辆小客车、不少于 10 辆双轴以上重型车。取标准车速为 80km/h,按式(T 0987-4)进行各车速的最大 A 计权声压级换算。

④按照正常噪声测定方法,采用测试车在 80km/h 车速下进行同一路段噪声测定。按式(T 0987-1)~(T 0987-5)计算总 A 计权声压级。

⑤计算正常测定的路段总 A 计权声压级与路肩测定的最大 A 计权声压级之差,应满足本方法第 2 部分中抗外部背景噪声能力要求。当声压级差达不到要求时,应采取措施改进,并再次进行检验。

⑥当以上⑤达不到要求时说明测试车抗外部背景噪声能力不足,测试过程中可能受相邻车道的车辆交通噪声,以及隧道、桥梁、护栏等结构物的反射噪声等影响,可在噪声测量之时进行交通流的控制;在噪声测定之后,对受交通流干扰测试数据,或测试车传声器离隧道、桥梁、护栏等结构物距离少于 2m 的路段的测试数据予以舍弃。

# 附录 A 公路路基路面现场测试随机选点方法

## 1 适用范围

随机取样选点的方法是按数理统计原理在路基路面现场测试时确定测点位置的方法。本方法适用于采用随机法或综合法选点的各类公路路基路面现场测试工作。

## 2 仪具及材料技术要求

(1)量尺:钢尺、皮尺或测距仪等。

(2)硬纸片:编号 1~28 共 28 块,每块大小 2.5cm×2.5cm,装在一个布袋中,或能够产生随机数的计算机软件(如 WPS 表格、EXCEL 等)。

(3)其他:毛刷、粉笔等。

## 3 准备工作

根据路面施工或验收、质量评定方法等有关规范要求,确定需要测试的路段。它可以是一个作业段、一天完成的路段或路线全程。在路基路面工程质量验收时,通常以 1km 为一个测试路段。

## 4 选取测试区间或断面(纵向位置)的步骤

4.1 按照有关标准规范规定的测试区间(断面)数量要求,将确定的测试路段划分为若干个区间或断面,将其编号为第 1~$n$ 个区间或第 1~$n$ 个断面,其总的区间数或断面数为 $T$。公路路基路面测试一般采用等长度(间距)划分区间(断面)。当选取的区间(断面)数量大于 30 时,应分次选取,若采用计算机软件进行随机选取,则不受选取数量限制。

待选点的确定要依据"按照有关标准规范规定"。$1\sim n$ 是对所有待选点(断面、区间)的编号,必须是对所有待选点进行编号,而不是按照要选择的数量进行编号,这样无法实现随机选点。

$1\sim n$ 是待选点的编号,而 $T$ 是待选点数量,虽然 $T$ 在数值上等于 $n$,但其表达的是不同属性的数值,如果混用会造成误会,逻辑也不通。

**4.2** 随机抽取一块硬纸片,硬纸片上的编号即对应表 A-1 上的栏号。根据所抽取硬纸片对应的栏号,依次找出该栏号下 A 列 $01\sim n$ 对应的 B 列中的值,也可通过计算机软件产生对应 A 值的 B 值,即得到 $n$ 组 A、B 值。

**4.3** 将 $n$ 个 B 值与总区间数或总断面数 $T$ 相乘,四舍五入成整数,即得到 $n$ 个断面的编号,即可根据该编号确定实际断面位置。

例如:按照有关规范规定,拟从 K36+000~K37+000 的 1km 测试路段中选择 20 个断面测定路面宽度、高程、横坡等外形尺寸,可采取以下方法确定断面:

(1)按照 20m 等间距对拟测试路段内的断面进行编号。则 1km 总长的断面数 $T=1\,000/20=50$ 个,其编号为 $1,2,\cdots,50$。

(2)从布袋中摸出一块硬纸片,其编号为 14,即使用表 A-1 的第 14 栏。

(3)从第 14 栏 A 列中挑出小于或等于 20 所对应的 B 列数值,将 B 与 $T$ 相乘,四舍五入得到 20 个断面号,断面号乘以选择断面,并得到 20 个断面的桩号。

上述计算结果见表 A-2。

## 5 选取测点(纵向及横向位置)的步骤

**5.1** 按照有关标准规范要求确定测点数量 $n$。当 $n>30$ 时应分次选取,若采用计算机软件进行随机选取,则不受选取数量限制。

## 附录A 公路路基路面现场测试随机选点方法

### 表 A-1 一般取样的随机数

| | 栏号1 | | | 栏号2 | | | 栏号3 | | | 栏号4 | | | 栏号5 | | | 栏号6 | | | 栏号7 | | | 栏号8 | | |
|---|---|---|---|---|---|---|---|---|---|---|---|---|---|---|---|---|---|---|---|---|---|---|---|---|
| | A | B | C | A | B | C | A | B | C | A | B | C | A | B | C | A | B | C | A | B | C | A | B | C |
| 15 | 0.033 | 0.578 | 05 | 0.048 | 0.879 | 21 | 0.013 | 0.220 | 18 | 0.089 | 0.716 | 17 | 0.024 | 0.863 | 30 | 0.030 | 0.901 | 12 | 0.029 | 0.386 | 09 | 0.042 | 0.07 |
| 21 | 0.101 | 0.300 | 17 | 0.072 | 0.156 | 30 | 0.036 | 0.853 | 10 | 0.102 | 0.330 | 24 | 0.060 | 0.032 | 21 | 0.096 | 0.198 | 18 | 0.112 | 0.284 | 17 | 0.141 | 0.411 |
| 23 | 0.129 | 0.916 | 18 | 0.102 | 0.191 | 10 | 0.052 | 0.746 | 14 | 0.111 | 0.925 | 26 | 0.074 | 0.639 | 10 | 0.100 | 0.161 | 20 | 0.114 | 0.848 | 02 | 0.143 | 0.221 |
| 30 | 0.158 | 0.434 | 06 | 0.105 | 0.257 | 25 | 0.061 | 0.954 | 28 | 0.127 | 0.840 | 07 | 0.167 | 0.512 | 29 | 0.133 | 0.388 | 03 | 0.121 | 0.656 | 05 | 0.162 | 0.899 |
| 24 | 0.177 | 0.397 | 28 | 0.179 | 0.447 | 29 | 0.062 | 0.507 | 24 | 0.132 | 0.271 | 28 | 0.194 | 0.776 | 24 | 0.138 | 0.062 | 13 | 0.178 | 0.640 | 03 | 0.285 | 0.016 |
| 11 | 0.202 | 0.271 | 26 | 0.187 | 0.844 | 18 | 0.087 | 0.887 | 19 | 0.285 | 0.899 | 03 | 0.219 | 0.166 | 20 | 0.168 | 0.564 | 22 | 0.209 | 0.421 | 28 | 0.291 | 0.034 |
| 16 | 0.204 | 0.012 | 04 | 0.188 | 0.482 | 24 | 0.105 | 0.849 | 01 | 0.326 | 0.037 | 29 | 0.264 | 0.284 | 22 | 0.232 | 0.953 | 16 | 0.221 | 0.311 | 08 | 0.369 | 0.557 |
| 08 | 0.208 | 0.418 | 02 | 0.208 | 0.577 | 07 | 0.139 | 0.159 | 30 | 0.334 | 0.938 | 11 | 0.282 | 0.262 | 14 | 0.259 | 0.217 | 29 | 0.235 | 0.356 | 01 | 0.436 | 0.386 |
| 19 | 0.211 | 0.798 | 03 | 0.214 | 0.402 | 01 | 0.175 | 0.647 | 22 | 0.405 | 0.295 | 14 | 0.379 | 0.994 | 01 | 0.275 | 0.195 | 28 | 0.254 | 0.941 | 20 | 0.450 | 0.289 |
| 29 | 0.233 | 0.07 | 07 | 0.245 | 0.080 | 23 | 0.196 | 0.873 | 05 | 0.421 | 0.282 | 13 | 0.394 | 0.405 | 06 | 0.277 | 0.475 | 11 | 0.287 | 0.199 | 18 | 0.455 | 0.789 |
| 07 | 0.260 | 0.073 | 15 | 0.243 | 0.831 | 26 | 0.240 | 0.981 | 13 | 0.451 | 0.212 | 06 | 0.410 | 0.157 | 02 | 0.296 | 0.497 | 02 | 0.336 | 0.992 | 23 | 0.488 | 0.715 |
| 17 | 0.262 | 0.308 | 29 | 0.261 | 0.037 | 14 | 0.255 | 0.374 | 02 | 0.461 | 0.023 | 15 | 0.438 | 0.700 | 27 | 0.311 | 0.144 | 15 | 0.393 | 0.488 | 14 | 0.498 | 0.276 |
| 25 | 0.271 | 0.18 | 30 | 0.302 | 0.883 | 06 | 0.310 | 0.043 | 06 | 0.487 | 0.539 | 22 | 0.453 | 0.635 | 05 | 0.351 | 0.141 | 19 | 0.437 | 0.655 | 15 | 0.503 | 0.342 |
| 06 | 0.302 | 0.672 | 21 | 0.313 | 0.088 | 11 | 0.316 | 0.653 | 08 | 0.497 | 0.396 | 21 | 0.472 | 0.824 | 17 | 0.370 | 0.811 | 24 | 0.466 | 0.773 | 04 | 0.515 | 0.693 |
| 01 | 0.409 | 0.406 | 11 | 0.375 | 0.936 | 13 | 0.324 | 0.585 | 25 | 0.503 | 0.893 | 05 | 0.488 | 0.118 | 09 | 0.388 | 0.484 | 14 | 0.531 | 0.014 | 16 | 0.532 | 0.112 |
| 13 | 0.507 | 0.693 | 14 | 0.430 | 0814 | 12 | 0.351 | 0.275 | 15 | 0.594 | 0.603 | 01 | 0.525 | 0.222 | 04 | 0.410 | 0.073 | 09 | 0.562 | 0.678 | 22 | 0.557 | 0.357 |
| 02 | 0.575 | 0.654 | 27 | 0.438 | 0.676 | 20 | 0.371 | 0.535 | 27 | 0.620 | 0.894 | 12 | 0.561 | 0.980 | 25 | 0.471 | 0.530 | 06 | 0.601 | 0.675 | 11 | 0.559 | 0.620 |
| 18 | 0.591 | 0.318 | 08 | 0.467 | 0.205 | 08 | 0.409 | 0.495 | 21 | 0.629 | 0.841 | 08 | 0.652 | 0.508 | 13 | 0.486 | 0.779 | 10 | 0.612 | 0.859 | 12 | 0.650 | 0.216 |
| 20 | 0.610 | 0.821 | 09 | 0.474 | 0.138 | 16 | 0.445 | 0.740 | 17 | 0.691 | 0.583 | 18 | 0.668 | 0.271 | 15 | 0.515 | 0.867 | 26 | 0.673 | 0.112 | 21 | 0.672 | 0.320 |
| 12 | 0.631 | 0.597 | 10 | 0.492 | 0.474 | 03 | 0.494 | 0.929 | 09 | 0.703 | 0.689 | 30 | 0.736 | 0.634 | 23 | 0.567 | 0.798 | 23 | 0.738 | 0.770 | 13 | 0.709 | 0.273 |
| 27 | 0.651 | 0.281 | 13 | 0.458 | 0.892 | 27 | 0.543 | 0.387 | 07 | 0.709 | 0.012 | 02 | 0.763 | 0.253 | 11 | 0.618 | 0.502 | 21 | 0.753 | 0.614 | 07 | 0.745 | 0.687 |
| 04 | 0.661 | 0.953 | 19 | 0.511 | 0.520 | 17 | 0.625 | 0.171 | 11 | 0.714 | 0.049 | 23 | 0.804 | 0.140 | 28 | 0.636 | 0.148 | 30 | 0.758 | 0.851 | 19 | 0.780 | 0.285 |
| 22 | 0.692 | 0.089 | 23 | 0.591 | 0.770 | 02 | 0.699 | 0.073 | 23 | 0.720 | 0.695 | 25 | 0.828 | 0.425 | 26 | 0.650 | 0.741 | 27 | 0.765 | 0.563 | 19 | 0.845 | 0.097 |
| 05 | 0.779 | 0.346 | 20 | 0.604 | 0.730 | 19 | 0.702 | 0.934 | 03 | 0.748 | 0.413 | 10 | 0.843 | 0.627 | 16 | 3.711 | 0.508 | 07 | 0.780 | 0.534 | 26 | 0.846 | 0.366 |
| 09 | 0.787 | 0.173 | 24 | 0.654 | 0.330 | 22 | 0.816 | 0.802 | 20 | 0.781 | 0.603 | 16 | 0.858 | 0.849 | 19 | 3.778 | 0.812 | 04 | 0.818 | 0.187 | 29 | 0.861 | 0.307 |
| 10 | 0.818 | 0.837 | 12 | 0.728 | 0.523 | 04 | 0.838 | 0.166 | 26 | 0.830 | 0.384 | 04 | 0.903 | 0.327 | 07 | 3.804 | 0.675 | 17 | 0.837 | 0.353 | 25 | 0.906 | 0.874 |
| 14 | 0.905 | 0.631 | 16 | 0.753 | 0.344 | 15 | 0.904 | 0.116 | 04 | 0.843 | 0.002 | 09 | 0.912 | 0.382 | 08 | 0.806 | 0.952 | 05 | 0.854 | 0.818 | 24 | 0.919 | 0.809 |
| 26 | 0.912 | 0.376 | 01 | 0.806 | 0.134 | 28 | 0.969 | 0.742 | 12 | 0.884 | 0.582 | 27 | 0.935 | 0.162 | 18 | 0.841 | 0.414 | 01 | 0.867 | 0.133 | 10 | 0.952 | 0.555 |
| 28 | 0.920 | 0.163 | 22 | 0.878 | 0.884 | 09 | 0.974 | 0.046 | 29 | 0.926 | 0.700 | 20 | 0.970 | 0.582 | 12 | 0.918 | 0.114 | 08 | 0.915 | 0.538 | 06 | 0.961 | 0.504 |
| 03 | 0.945 | 0.140 | 25 | 0.939 | 0.162 | 05 | 0.977 | 0.494 | 16 | 0.951 | 0.601 | 19 | 0.975 | 0.327 | 03 | 0.992 | 0.399 | 25 | 0.975 | 0.584 | 27 | 0.969 | 0.811 |

表 A-1（续）

| | 栏号 9 | | | 栏号 10 | | | 栏号 11 | | | 栏号 12 | | | 栏号 13 | | | 栏号 14 | | | 栏号 15 | | | 栏号 16 | | |
|---|---|---|---|---|---|---|---|---|---|---|---|---|---|---|---|---|---|---|---|---|---|---|---|---|
| A | B | C | A | B | C | A | B | C | A | B | C | A | B | C | A | B | C | A | B | C | A | B | C |
| 14 | 0.061 | 0.935 | 26 | 0.038 | 0.023 | 27 | 0.074 | 0.779 | 16 | 0.078 | 0.987 | 03 | 0.033 | 0.091 | 26 | 0.035 | 0.175 | 15 | 0.023 | 0.979 | 19 | 0.062 | 0.588 |
| 02 | 0.065 | 0.097 | 30 | 0.066 | 0.371 | 06 | 0.084 | 0.396 | 23 | 0.087 | 0.056 | 07 | 0.047 | 0.391 | 17 | 0.089 | 0.363 | 11 | 0.118 | 0.465 | 25 | 0.08 | 0.218 |
| 03 | 0.094 | 0.228 | 27 | 0.073 | 0.876 | 24 | 0.098 | 0.524 | 17 | 0.096 | 0.076 | 28 | 0.064 | 0.113 | 10 | 0.149 | 0.681 | 07 | 0.134 | 0.172 | 09 | 0.131 | 0.295 |
| 16 | 0.122 | 0.945 | 09 | 0.095 | 0.568 | 10 | 0.133 | 0.919 | 04 | 0.153 | 0.163 | 12 | 0.066 | 0.360 | 28 | 0.238 | 0.075 | 01 | 0.139 | 0.230 | 18 | 0.136 | 0.381 |
| 18 | 0.156 | 0.430 | 05 | 0.180 | 0.741 | 15 | 0.187 | 0.079 | 10 | 0.254 | 0.834 | 26 | 0.076 | 0.552 | 13 | 0.244 | 0.767 | 16 | 0.145 | 0.122 | 05 | 0.147 | 0.864 |
| 25 | 0.193 | 0.469 | 12 | 0.200 | 0.851 | 17 | 0.227 | 0.767 | 06 | 0.284 | 0.628 | 30 | 0.087 | 0.101 | 24 | 0.262 | 0.366 | 20 | 0.165 | 0.520 | 12 | 0.158 | 0.365 |
| 24 | 0.224 | 0.672 | 13 | 0.259 | 0.327 | 20 | 0.236 | 0.571 | 12 | 0.305 | 0.616 | 02 | 0.127 | 0.187 | 08 | 0.264 | 0.651 | 06 | 0.185 | 0.481 | 28 | 0.214 | 0.184 |
| 10 | 0.225 | 0.223 | 21 | 0.264 | 0.681 | 01 | 0.245 | 0.988 | 25 | 0.319 | 0.901 | 06 | 0.144 | 0.068 | 18 | 0.285 | 0.311 | 09 | 0.211 | 0.316 | 14 | 0.215 | 0.757 |
| 09 | 0.233 | 0.338 | 17 | 0.283 | 0.645 | 04 | 0.317 | 0.291 | 01 | 0.320 | 0.212 | 25 | 0.202 | 0.674 | 02 | 0.340 | 0.131 | 14 | 0.248 | 0.348 | 13 | 0.224 | 0.846 |
| 20 | 0.290 | 0.120 | 23 | 0.363 | 0.063 | 29 | 0.350 | 0.911 | 08 | 0.416 | 0.372 | 01 | 0.247 | 0.025 | 29 | 0.353 | 0.478 | 25 | 0.249 | 0.890 | 15 | 0.227 | 0.809 |
| 01 | 0.297 | 0.242 | 20 | 0.364 | 0.366 | 26 | 0.380 | 0.104 | 13 | 0.432 | 0.556 | 23 | 0.253 | 0.323 | 06 | 0.359 | 0.270 | 13 | 0.252 | 0.577 | 11 | 0.280 | 0.898 |
| 11 | 0.337 | 0.760 | 16 | 0.395 | 0.363 | 28 | 0.425 | 0.864 | 02 | 0.489 | 0.827 | 24 | 0.320 | 0.651 | 30 | 0.387 | 0.248 | 13 | 0.273 | 0.088 | 01 | 0.331 | 0.925 |
| 19 | 0.389 | 0.064 | 02 | 0.423 | 0.540 | 22 | 0.487 | 0.526 | 29 | 0.503 | 0.787 | 10 | 0.328 | 0.365 | 14 | 0.392 | 0.694 | 18 | 0.277 | 0.689 | 10 | 0.399 | 0.992 |
| 13 | 0.411 | 0.474 | 08 | 0.432 | 0.736 | 05 | 0.552 | 0.571 | 15 | 0.518 | 0.717 | 27 | 0.338 | 0.412 | 03 | 0.408 | 0.077 | 22 | 0.372 | 0.958 | 30 | 0.417 | 0.787 |
| 30 | 0.447 | 0.893 | 10 | 0.475 | 0.468 | 14 | 0.564 | 0.357 | 28 | 0.524 | 0.998 | 13 | 0.356 | 0.991 | 27 | 0.440 | 0.280 | 10 | 0.461 | 0.075 | 08 | 0.439 | 0.921 |
| 22 | 0.478 | 0.321 | 03 | 0.508 | 0.774 | 11 | 0.572 | 0.306 | 03 | 0.542 | 0.352 | 16 | 0.401 | 0.792 | 22 | 0.461 | 0.830 | 28 | 0.519 | 0.536 | 20 | 0.472 | 0.484 |
| 29 | 0.481 | 0.993 | 01 | 0.601 | 0.417 | 21 | 0.594 | 0.197 | 19 | 0.585 | 0.462 | 17 | 0.423 | 0.117 | 16 | 0.527 | 0.003 | 17 | 0.520 | 0.090 | 24 | 0.498 | 0.712 |
| 27 | 0.562 | 0.403 | 22 | 0.687 | 0.917 | 09 | 0.607 | 0.524 | 05 | 0.695 | 0.111 | 21 | 0.481 | 0.838 | 20 | 0.531 | 0.486 | 03 | 0.523 | 0.519 | 04 | 0.516 | 0.396 |
| 04 | 0.566 | 0.179 | 29 | 0.697 | 0.862 | 19 | 0.650 | 0.572 | 07 | 0.733 | 0.838 | 08 | 0.560 | 0.401 | 25 | 0.678 | 0.360 | 26 | 0.573 | 0.502 | 03 | 0.548 | 0.688 |
| 08 | 0.603 | 0.758 | 11 | 0.701 | 0.605 | 18 | 0.664 | 0.101 | 11 | 0.744 | 0.948 | 19 | 0.564 | 0.190 | 21 | 0.725 | 0.014 | 19 | 0.634 | 0.206 | 23 | 0.597 | 0.508 |
| 15 | 0.632 | 0.927 | 07 | 0.728 | 0.498 | 25 | 0.674 | 0.428 | 18 | 0.793 | 0.748 | 05 | 0.571 | 0.054 | 05 | 0.787 | 0.595 | 24 | 0.635 | 0.810 | 21 | 0.681 | 0.114 |
| 06 | 0.707 | 0.107 | 14 | 0.745 | 0.679 | 02 | 0.697 | 0.674 | 27 | 0.802 | 0.967 | 18 | 0.587 | 0.584 | 15 | 0.801 | 0.927 | 21 | 0.679 | 0.841 | 02 | 0.739 | 0.298 |
| 28 | 0.737 | 0.161 | 24 | 0.819 | 0.444 | 03 | 0.767 | 0.928 | 21 | 0.826 | 0.487 | 15 | 0.604 | 0.145 | 12 | 0.836 | 0.294 | 27 | 0.712 | 0.368 | 29 | 0.792 | 0.038 |
| 17 | 0.846 | 0.130 | 15 | 0.840 | 0.823 | 16 | 0.809 | 0.529 | 24 | 0.835 | 0.832 | 11 | 0.641 | 0.298 | 04 | 0.854 | 0.982 | 05 | 0.780 | 0.497 | 22 | 0.829 | 0.324 |
| 07 | 0.874 | 0.491 | 25 | 0.863 | 0.568 | 30 | 0.838 | 0.294 | 26 | 0.855 | 0.142 | 22 | 0.672 | 0.156 | 11 | 0.884 | 0.928 | 23 | 0.861 | 0.106 | 17 | 0.834 | 0.647 |
| 05 | 0.880 | 0.828 | 06 | 0.878 | 0.215 | 13 | 0.845 | 0.470 | 14 | 0.861 | 0.462 | 20 | 0.674 | 0.887 | 19 | 0.886 | 0.832 | 12 | 0.865 | 0.377 | 16 | 0.909 | 0.608 |
| 23 | 0.931 | 0.659 | 18 | 0.930 | 0.601 | 08 | 0.855 | 0.524 | 20 | 0.874 | 0.625 | 14 | 0.752 | 0.881 | 07 | 0.929 | 0.932 | 29 | 0.882 | 0.635 | 06 | 0.914 | 0.420 |
| 26 | 0.960 | 0.365 | 04 | 0.954 | 0.827 | 07 | 0.867 | 0.718 | 30 | 0.929 | 0.056 | 09 | 0.774 | 0.560 | 09 | 0.932 | 0.206 | 08 | 0.902 | 0.020 | 27 | 0.958 | 0.356 |
| 21 | 0.978 | 0.194 | 28 | 0.963 | 0.004 | 12 | 0.881 | 0.722 | 09 | 0.935 | 0.582 | 29 | 0.921 | 0.752 | 01 | 0.970 | 0.692 | 04 | 0.951 | 0.482 | 26 | 0.981 | 0.976 |
| 12 | 0.982 | 0.183 | 19 | 0.988 | 0.020 | 23 | 0.937 | 0.872 | 22 | 0.947 | 0.797 | 04 | 0.959 | 0.099 | 23 | 0.973 | 0.082 | 02 | 0.977 | 0.172 | 07 | 0.983 | 0.624 |

附录A 公路路基路面现场测试随机选点方法

表 A-1(续)

| 栏号 17 | | | 栏号 18 | | | 栏号 19 | | | 栏号 20 | | | 栏号 21 | | | 栏号 22 | | | 栏号 23 | | | 栏号 24 | | |
|---|---|---|---|---|---|---|---|---|---|---|---|---|---|---|---|---|---|---|---|---|---|---|---|
| A | B | C | A | B | C | A | B | C | A | B | C | A | B | C | A | B | C | A | B | C | A | B | C |
| 13 | 0.045 | 0.004 | 25 | 0.027 | 0.290 | 12 | 0.052 | 0.075 | 20 | 0.030 | 0.881 | 01 | 0.01 | 0.946 | 12 | 0.051 | 0.032 | 26 | 0.051 | 0.187 | 08 | 0.015 | 0.521 |
| 18 | 0.086 | 0.878 | 06 | 0.057 | 0.571 | 30 | 0.075 | 0.493 | 12 | 0.034 | 0.291 | 10 | 0.014 | 0.939 | 11 | 0.068 | 0.980 | 03 | 0.53 | 0.256 | 16 | 0.068 | 0.994 |
| 26 | 0.126 | 0.990 | 26 | 0.053 | 0.026 | 28 | 0.120 | 0.341 | 22 | 0.043 | 0.893 | 09 | 0.032 | 0.346 | 17 | 0.089 | 0.309 | 29 | 0.100 | 0.159 | 11 | 0.118 | 0.400 |
| 12 | 0.128 | 0.661 | 07 | 0.105 | 0.176 | 27 | 0.145 | 0.689 | 28 | 0.143 | 0.073 | 06 | 0.093 | 0.180 | 01 | 0.091 | 0.371 | 13 | 0.102 | 0.465 | 21 | 0.124 | 0.565 |
| 30 | 0.146 | 0.337 | 18 | 0.107 | 0.358 | 02 | 0.209 | 0.957 | 03 | 0.15 | 0.937 | 15 | 0.151 | 0.012 | 10 | 0.100 | 0.709 | 24 | 0.11 | 0.316 | 18 | 0.153 | 0.158 |
| 05 | 0.169 | 0.470 | 22 | 0.123 | 0.827 | 26 | 0.272 | 0.818 | 04 | 0.154 | 0.867 | 16 | 0.185 | 0.455 | 30 | 0.121 | 0.774 | 18 | 0.114 | 0.300 | 17 | 0.190 | 0.159 |
| 21 | 0.244 | 0.433 | 23 | 0.155 | 0.440 | 22 | 0.299 | 0.317 | 19 | 0.158 | 0.359 | 07 | 0.227 | 0.227 | 02 | 0.166 | 0.056 | 11 | 0.123 | 0.208 | 26 | 0.192 | 0.676 |
| 23 | 0.270 | 0.849 | 15 | 0.171 | 0.157 | 18 | 0.306 | 0.475 | 29 | 0.304 | 0.615 | 02 | 0.304 | 0.400 | 23 | 0.179 | 0.529 | 09 | 0.138 | 0.182 | 01 | 0.237 | 0.030 |
| 25 | 0.274 | 0.407 | 08 | 0.223 | 0.097 | 20 | 0.311 | 0.653 | 06 | 0.369 | 0.633 | 30 | 0.316 | 0.074 | 21 | 0.187 | 0.051 | 06 | 0.194 | 0.115 | 12 | 0.283 | 0.077 |
| 10 | 0.290 | 0.925 | 20 | 0.252 | 0.066 | 15 | 0.348 | 0.156 | 18 | 0.390 | 0.536 | 18 | 0.328 | 0.799 | 22 | 0.205 | 0.543 | 22 | 0.234 | 0.480 | 03 | 0.286 | 0.318 |
| 01 | 0.323 | 0.490 | 04 | 0.268 | 0.576 | 16 | 0.381 | 0.710 | 17 | 0.403 | 0.392 | 20 | 0.352 | 0.288 | 28 | 0.23 | 0.688 | 20 | 0.274 | 0.107 | 10 | 0.317 | 0.374 |
| 24 | 0.352 | 0.291 | 14 | 0.275 | 0.302 | 01 | 0.411 | 0.607 | 23 | 0.404 | 0.182 | 26 | 0.371 | 0.216 | 19 | 0.243 | 0.001 | 21 | 0.331 | 0.292 | 05 | 0.337 | 0.844 |
| 15 | 0.361 | 0.155 | 11 | 0.297 | 0.589 | 13 | 0.417 | 0.715 | 01 | 0.415 | 0.457 | 19 | 0.448 | 0.754 | 27 | 0.267 | 0.990 | 08 | 0.346 | 0.085 | 25 | 0.441 | 0.336 |
| 29 | 0.374 | 0.882 | 01 | 0.358 | 0.305 | 21 | 0.472 | 0.484 | 07 | 0.437 | 0.696 | 13 | 0.487 | 0.598 | 15 | 0.283 | 0.440 | 27 | 0.382 | 0.979 | 27 | 0.469 | 0.786 |
| 08 | 0.432 | 0.139 | 09 | 0.412 | 0.089 | 04 | 0.478 | 0.885 | 24 | 0.446 | 0.546 | 12 | 0.546 | 0.640 | 16 | 0.352 | 0.089 | 07 | 0.387 | 0.865 | 24 | 0.473 | 0.237 |
| 04 | 0.467 | 0.266 | 16 | 0.429 | 0.834 | 25 | 0.479 | 0.080 | 26 | 0.485 | 0.768 | 24 | 0.550 | 0.038 | 03 | 0.377 | 0.648 | 28 | 0.411 | 0.776 | 20 | 0.475 | 0.761 |
| 22 | 0.508 | 0.880 | 10 | 0.451 | 0.203 | 11 | 0.566 | 0.104 | 15 | 0.511 | 0.313 | 03 | 0.604 | 0.780 | 06 | 0.397 | 0.769 | 16 | 0.444 | 0.999 | 06 | 0.557 | 0.001 |
| 27 | 0.632 | 0.191 | 28 | 0.542 | 0.306 | 10 | 0.576 | 0.859 | 10 | 0.517 | 0.290 | 22 | 0.621 | 0.930 | 09 | 0.409 | 0.428 | 04 | 0.515 | 0.993 | 07 | 0.610 | 0.238 |
| 16 | 0.661 | 0.836 | 12 | 0.563 | 0.091 | 29 | 0.665 | 0.397 | 30 | 0.556 | 0.853 | 21 | 0.629 | 0.154 | 14 | 0.465 | 0.406 | 17 | 0.518 | 0.827 | 09 | 0.617 | 0.041 |
| 19 | 0.675 | 0.629 | 02 | 0.553 | 0.321 | 09 | 0.739 | 0.298 | 25 | 0.561 | 0.837 | 11 | 0.634 | 0.908 | 13 | 0.499 | 0.651 | 05 | 0.539 | 0.620 | 13 | 0.641 | 0.648 |
| 14 | 0.680 | 0.890 | 30 | 0.652 | 0.198 | 14 | 0.748 | 0.759 | 09 | 0.574 | 0.699 | 05 | 0.696 | 0.459 | 04 | 0.539 | 0.972 | 02 | 0.623 | 0.271 | 22 | 0.664 | 0.291 |
| 28 | 0.714 | 0.508 | 19 | 0.705 | 0.445 | 08 | 0.758 | 0.919 | 13 | 0.613 | 0.762 | 23 | 0.710 | 0.078 | 18 | 0.560 | 0.747 | 30 | 0.637 | 0.374 | 04 | 0.668 | 0.856 |
| 06 | 0.719 | 0.441 | 24 | 0.709 | 0.717 | 07 | 0.798 | 0.183 | 11 | 0.698 | 0.783 | 29 | 0.726 | 0.585 | 26 | 0.575 | 0.892 | 14 | 0.714 | 0.364 | 19 | 0.717 | 0.232 |
| 09 | 0.735 | 0.040 | 13 | 0.820 | 0.739 | 23 | 0.834 | 0.647 | 14 | 0.715 | 0.179 | 17 | 0.749 | 0.916 | 29 | 0.756 | 0.712 | 15 | 0.730 | 0.107 | 02 | 0.776 | 0.504 |
| 17 | 0.741 | 0.906 | 05 | 0.8-8 | 0.866 | 06 | 0.837 | 0.978 | 16 | 0.770 | 0.128 | 04 | 0.802 | 0.186 | 20 | 0.760 | 0.920 | 19 | 0.771 | 0.552 | 29 | 0.797 | 0.548 |
| 11 | 0.747 | 0.205 | 27 | 0.867 | 0.633 | 03 | 0.849 | 0.964 | 08 | 0.815 | 0.385 | 14 | 0.835 | 0.319 | 05 | 0.847 | 0.925 | 23 | 0.780 | 0.662 | 14 | 0.823 | 0.223 |
| 20 | 0.850 | 0.047 | 03 | 0.883 | 0.333 | 24 | 0.851 | 0.109 | 05 | 0.872 | 0.490 | 08 | 0.870 | 0.546 | 25 | 0.872 | 0.891 | 10 | 0.924 | 0.888 | 23 | 0.848 | 0.264 |
| 02 | 0.859 | 0.356 | 17 | 0.900 | 0.443 | 05 | 0.859 | 0.835 | 21 | 0.885 | 0.999 | 28 | 0.871 | 0.539 | 24 | 0.874 | 0.135 | 12 | 0.929 | 0.204 | 30 | 0.892 | 0.817 |
| 07 | 0.870 | 0.612 | 21 | 0.9 4 | 0.483 | 17 | 0.863 | 0.220 | 02 | 0.958 | 0.177 | 25 | 0.971 | 0.369 | 08 | 0.911 | 0.215 | 01 | 0.937 | 0.714 | 28 | 0.943 | 0.190 |
| 03 | 0.916 | 0.463 | 29 | 0.950 | 0.753 | 09 | 0.883 | 0.147 | 27 | 0.961 | 0.980 | 27 | 0.984 | 0.252 | 07 | 0.946 | 0.065 | 25 | 0.974 | 0.398 | 15 | 0.975 | 0.962 |

表 A-1（续）

| 栏号 25 | | | 栏号 26 | | | 栏号 27 | | | 栏号 28 | | |
|---|---|---|---|---|---|---|---|---|---|---|---|
| A | B | C | A | B | C | A | B | C | A | B | C |
| 02 | 0.039 | 0.005 | 16 | 0.026 | 0.102 | 21 | 0.050 | 0.952 | 29 | 0.042 | 0.039 |
| 16 | 0.061 | 0.599 | 01 | 0.033 | 0.886 | 17 | 0.085 | 0.403 | 07 | 0.105 | 0.293 |
| 26 | 0.068 | 0.054 | 04 | 0.088 | 0.686 | 10 | 0.141 | 0.624 | 25 | 0.115 | 0.420 |
| 11 | 0.073 | 0.812 | 22 | 0.090 | 0.602 | 05 | 0.154 | 0.157 | 09 | 0.126 | 0.612 |
| 07 | 0.123 | 0.649 | 13 | 0.114 | 0.614 | 06 | 0.164 | 0.841 | 10 | 0.205 | 0.144 |
| 15 | 0.261 | 0.928 | 30 | 0.405 | 0.273 | 25 | 0.333 | 0.633 | 26 | 0.385 | 0.111 |
| 10 | 0.301 | 0.811 | 06 | 0.421 | 0.807 | 28 | 0.348 | 0.710 | 30 | 0.422 | 0.315 |
| 24 | 0.363 | 0.025 | 12 | 0.426 | 0.583 | 20 | 0.362 | 0.961 | 17 | 0.453 | 0.783 |
| 22 | 0.378 | 0.792 | 08 | 0.471 | 0.708 | 14 | 0.511 | 0.989 | 02 | 0.460 | 0.916 |
| 27 | 0.389 | 0.959 | 18 | 0.473 | 0.738 | 26 | 0.540 | 0.903 | 27 | 0.467 | 0.841 |
| 03 | 0.625 | 0.777 | 26 | 0.703 | 0.622 | 18 | 0.670 | 0.904 | 16 | 0.689 | 0.339 |
| 08 | 0.651 | 0.790 | 29 | 0.739 | 0.394 | 11 | 0.711 | 0.253 | 06 | 0.727 | 0.298 |
| 12 | 0.715 | 0.599 | 25 | 0.759 | 0.386 | 01 | 0.790 | 0.392 | 04 | 0.731 | 0.814 |
| 23 | 0.782 | 0.093 | 24 | 0.803 | 0.602 | 04 | 0.813 | 0.611 | 08 | 0.807 | 0.983 |
| 20 | 0.810 | 0.371 | 27 | 0.842 | 0.491 | 19 | 0.843 | 0.732 | 15 | 0.833 | 0.757 |
| 05 | 0.126 | 0.658 | 20 | 0.136 | 0.576 | 07 | 0.197 | 0.013 | 03 | 0.210 | 0.054 |
| 14 | 0.161 | 0.189 | 05 | 0.158 | 0.228 | 16 | 0.125 | 0.363 | 23 | 0.234 | 0.533 |
| 18 | 0.166 | 0.040 | 10 | 0.216 | 0.565 | 08 | 0.222 | 0.520 | 13 | 0.266 | 0.799 |
| 28 | 0.248 | 0.171 | 02 | 0.233 | 0.610 | 13 | 0.269 | 0.477 | 20 | 0.305 | 0.603 |
| 06 | 0.255 | 0.117 | 07 | 0.278 | 0.357 | 02 | 0.288 | 0.012 | 05 | 0.372 | 0.223 |
| 19 | 0.420 | 0.557 | 19 | 0.510 | 0.207 | 27 | 0.587 | 0.643 | 14 | 0.483 | 0.095 |
| 21 | 0.467 | 0.943 | 03 | 0.512 | 0.329 | 12 | 0.603 | 0.745 | 12 | 0.507 | 0.375 |
| 17 | 0.494 | 0.225 | 15 | 0.640 | 0.329 | 29 | 0.619 | 0.895 | 28 | 0.509 | 0.748 |
| 09 | 0.620 | 0.081 | 09 | 0.665 | 0.354 | 23 | 0.623 | 0.333 | 21 | 0.583 | 0.804 |
| 30 | 0.623 | 0.106 | 14 | 0.680 | 0.884 | 22 | 0.629 | 0.076 | 22 | 0.587 | 0.993 |
| 01 | 0.841 | 0.726 | 21 | 0.870 | 0.435 | 03 | 0.844 | 0.511 | 19 | 0.896 | 0.464 |
| 29 | 0.862 | 0.009 | 28 | 0.906 | 0.397 | 30 | 0.858 | 0.289 | 18 | 0.916 | 0.384 |
| 25 | 0.891 | 0.873 | 23 | 0.948 | 0.367 | 09 | 0.929 | 0.199 | 01 | 0.948 | 0.610 |
| 04 | 2.917 | 0.264 | 11 | 0.956 | 0.142 | 24 | 0.931 | 0.263 | 11 | 0.976 | 0.799 |
| 13 | 0.958 | 0.990 | 17 | 0.993 | 0.989 | 15 | 0.939 | 0.947 | 24 | 0.978 | 0.636 |

## 附录A 公路路基路面现场测试随机选点方法

表A-2 随机选取测试断面(纵向位置)示例计算表

| 断面编号 | 14栏A列 | B 列 | $B \cdot T$ | 断 面 号 | 桩 号 |
|---|---|---|---|---|---|
| 1 | 17 | 0.089 | 4.45 | 4 | K36+080 |
| 2 | 10 | 0.149 | 7.45 | 7 | K36+140 |
| 3 | 13 | 0.244 | 12.2 | 12 | K36+240 |
| 4 | 08 | 0.264 | 13.2 | 13 | K36+260 |
| 5 | 18 | 0.285 | 14.25 | 14 | K36+280 |
| 6 | 02 | 0.340 | 17.05 | 17 | K36+340 |
| 7 | 06 | 0.359 | 17.95 | 18 | K36+360 |
| 8 | 14 | 0.392 | 19.60 | 20 | K36+400 |
| 9 | 03 | 0.408 | 20.40 | 20 | K36+420 |
| 10 | 16 | 0.527 | 26.35 | 26 | K36+520 |
| 11 | 20 | 0.531 | 26.55 | 27 | K36+540 |
| 12 | 05 | 0.787 | 39.35 | 39 | K36+780 |
| 13 | 15 | 0.801 | 40.05 | 40 | K36+800 |
| 14 | 12 | 0.836 | 41.8 | 42 | K36+840 |
| 15 | 04 | 0.854 | 42.7 | 43 | K36+860 |
| 16 | 11 | 0.884 | 44.2 | 44 | K36+880 |
| 17 | 19 | 0.886 | 44.3 | 44 | K36+900 |
| 18 | 07 | 0.929 | 46.45 | 46 | K36+920 |
| 19 | 09 | 0.932 | 46.6 | 47 | K36+940 |
| 20 | 01 | 0.970 | 48.5 | 49 | K36+980 |

5.2 随机抽取一块硬纸片,纸片上的编号即对应表A-1中的栏号。根据所抽取硬纸片的栏号,依次找出该栏号下A列01～n值对应的B、C列中的值,也可通过计算机软件产生对应A值的B值和C值。即得n组A、B、C值。

**5.3** 以 A 列中对应的 B 列中数值乘以测试路段的总长度,再加上测试路段起点的桩号,即得出取样纵向位置,即断面桩号。

**5.4** 以 A 列中对应的 C 列中的数值,乘以检查路面的宽度,再减去宽度的一半,即得出取样位置离路面中心线的距离。若差值为正(+),表示在中心线的右侧;若差值为负(-),则表示在中心线的左侧。

当仅确定纵向或横向位置时,采用表 A-1 的 A 列、B 列;当同时确定纵向和横向位置时,采用表 A-1 的 A 列、B 列、C 列。当遇到乘积相同时,应向后顺延一个断面。

例如:按照有关规范规定,检查验收时拟在 K36+000~K37+000 的 1km 测试路段中选择 6 个测点进行钻孔取样检验压实度、沥青用量和矿料级配等,可按照如下方法确定钻孔位置:

(1)随机抽取一张硬纸片,其编号为 3。

(2)栏号 3 中从上至下小于或等于 6 个测点的数为:01、06、03、02、04 及 05。

(3)表 A-1 的 B 列中与这 6 个数相应的 6 个小数为 0.175、0.310、0.494、0.699、0.838 及 0.977。

(4)取样路段长度 1 000m,计算得出 6 个乘积(取样位置与该段起点的距离)分别为 175m、310m、494m、699m、838m、977m。

(5)表 A-1 的 C 列中与这 6 个数相应的 6 个小数为 0.647、0.043、0.929、0.073、0.166 及 0.494。

(6)路面宽度为 10m,计算得 6 个乘积分别是 6.47、0.43、9.29、0.73、1.66 及 4.94m。再减去路面宽度的一半,6 个取样的横向位置分别是右侧 1.47m、左侧 4.57m、右侧 4.29m、左侧 4.27m、左侧 3.34m 及左侧 0.06m。

上述计算结果见表 A-3。

## 附录A 公路路基路面现场测试随机选点方法

**表 A-3 随机选取测点(纵向和横向位置)示例计算表**

| 栏 号 3 | | | 取样路段长 1000m | | | 路面宽度 10m | 测点数 6个 |
|---|---|---|---|---|---|---|---|
| 测点编号 | A列 | B列 | 距起点距离(m) | 桩号 | C列 | 距路边缘距离(m) | 距中线位置(m) |
| NO.1 | 01 | 0.175 | 175 | K36+175 | 0.647 | 6.47 | 右1.47 |
| NO.2 | 06 | 0.310 | 310 | K36+310 | 0.043 | 0.43 | 左4.57 |
| NO.3 | 03 | 0.494 | 494 | K36+494 | 0.929 | 9.29 | 右4.29 |
| NO.4 | 02 | 0.699 | 699 | K36+699 | 0.073 | 0.73 | 左4.27 |
| NO.5 | 04 | 0.838 | 838 | K36+838 | 0.166 | 1.66 | 左3.34 |
| NO.6 | 05 | 0.977 | 977 | K36+977 | 0.494 | 4.94 | 左0.06 |

**条文说明**

随机选点是公路现场测试中确定测试位置的重要方法,由于其能从一定程度上避免人为因素对测试位置的干预,进而影响测试结果的代表性,因此在早期的公路现场测试中广泛应用。但是,该方法在我国使用并不普遍,一是因为各施工规范、质量评定标准及相关试验方法要求不明确;二是因为随着测试技术的快速发展,大量连续式、高效率的检测装备的应用,测试数据采集频率较传统测试手段提升了数十倍甚至上百倍,使得全样本检测成为可能,其测试结果的代表性反而高于随机选点方法。

公路现场测试中仍存在一定数量的手工测试手段,随着相关标准规范的不断完善,随机选点方法仍有一定的应用空间。文中所述随机抽取硬纸片而后查表计算得出测试位置的方法,是参考了美国各种规范通用且已实行多年的方法编写,我国《公路路面基层施工技术规范》(JTG/T F20—2015)也已列入。但考虑该方法的步骤相对烦琐,且当前计算机技术已十分普及,现场获得随机数也较为容易,因此本次修订除保留原方法外,增加了可以通过计算机软件程序产生随机数从而得到测试位置的规定,以便使用。

# 附录 B　检测路段数据统计方法

本方法参照《公路土工试验规程》(JTG E40—2007)附录 A 进行编写。

## 1　适用范围

本方法规定了计算一个测试路段内测试结果的平均值、标准差、变异系数、实测值与设计值的差及代表值的方法。本方法适应于本规程所列试验的数据统计工作,其他试验数据统计可参考使用。

## 2　计算

**2.1**　按式(B-1)计算实测值 $X_i$ 与设计值 $X_0$ 之差。

$$\Delta X_i = X_i - X_0 \tag{B-1}$$

式中:$\Delta X_i$——实测值 $X_i$ 与设计值 $X_0$ 之差;

　　$X_i$——第 $i$ 个测点的测试值;

　　$X_0$——设计值。

**2.2**　测试结果的平均值、标准差、变异系数按式(B-2)~式(B-4)计算。

$$\overline{X} = \frac{\sum X_i}{N} \tag{B-2}$$

$$S = \sqrt{\frac{\sum_{i=1}^{N}(X_i - \overline{X})^2}{N-1}} \tag{B-3}$$

$$C_v = \frac{S}{\overline{X}} \times 100 \tag{B-4}$$

式中：$X_i$——第 $i$ 个测点的实测值；

$N$——一个测试路段内的测点数；

$\overline{X}$——一个测试路段内实测值的平均值；

$S$——一个测试路段内实测值的标准差；

$C_v$——一个测试路段内实测值的变异系数(%)。

**2.3** 计算一个测试路段内实测值的代表值时，对单测试的指标，按式(B-5)计算；对双侧测试的指标，按式(B-6)计算。

$$X' = \overline{X} \pm S \frac{t_\alpha}{\sqrt{N}} \quad (\text{B-5})$$

$$X' = \overline{X} \pm S \frac{t_{\alpha/2}}{\sqrt{N}} \quad (\text{B-6})$$

式中：$X'$——一个测试路段内实测值的代表值；

$t_\alpha$ 或 $t_{\alpha/2}$——$t$ 分布表中随自由度($N-1$)和置信水平 $\alpha$(保证率)而变化的系数，见表 B。保证率的选用还应符合相关规范的要求。

表 B $\dfrac{t_{\alpha/2}}{\sqrt{N}}$ 和 $\dfrac{t_\alpha}{\sqrt{N}}$ 的值

| 测定数 $N$ | 双边置信水平的 $t_{\alpha/2}/\sqrt{N}$ | | 单边置信水平 $t_\alpha/\sqrt{N}$ |
|---|---|---|---|
| | 保证率95% | 保证率90% | 保证率95% |
| | $\alpha/2$ | $\alpha/2$ | $\alpha$ |
| 2 | 8.985 | 4.465 | 4.465 |
| 3 | 2.484 | 1.686 | 1.686 |
| 4 | 1.591 | 1.177 | 1.177 |
| 5 | 1.242 | 0.953 | 0.953 |
| 6 | 1.049 | 0.823 | 0.823 |
| 7 | 0.925 | 0.716 | 0.716 |
| 8 | 0.836 | 0.670 | 0.670 |
| 9 | 0.769 | 0.620 | 0.620 |
| 10 | 0.715 | 0.580 | 0.580 |

表 B(续)

| 测定数 $N$ | 双边置信水平的 $t_{\alpha/2}/\sqrt{N}$ | | 单边置信水平 $t_{\alpha}/\sqrt{N}$ |
|---|---|---|---|
| | 保证率 95% | 保证率 90% | 保证率 95% |
| | $\alpha/2$ | $\alpha/2$ | $\alpha$ |
| 11 | 0.672 | 0.546 | 0.546 |
| 12 | 0.635 | 0.518 | 0.518 |
| 13 | 0.604 | 0.494 | 0.494 |
| 14 | 0.577 | 0.473 | 0.473 |
| 15 | 0.554 | 0.455 | 0.455 |
| 16 | 0.533 | 0.436 | 0.436 |
| 17 | 0.514 | 0.423 | 0.423 |
| 18 | 0.497 | 0.410 | 0.410 |
| 19 | 0.482 | 0.398 | 0.398 |
| 20 | 0.468 | 0.387 | 0.387 |
| 21 | 0.454 | 0.376 | 0.376 |
| 22 | 0.443 | 0.367 | 0.367 |
| 23 | 0.432 | 0.358 | 0.358 |
| 24 | 0.421 | 0.350 | 0.350 |
| 25 | 0.413 | 0.342 | 0.342 |
| 26 | 0.404 | 0.335 | 0.335 |
| 27 | 0.396 | 0.328 | 0.328 |
| 28 | 0.388 | 0.322 | 0.322 |
| 29 | 0.380 | 0.316 | 0.316 |
| 30 | 0.373 | 0.310 | 0.310 |
| 40 | 0.320 | 0.266 | 0.266 |
| 50 | 0.284 | 0.237 | 0.237 |
| 60 | 0.258 | 0.216 | 0.216 |
| 70 | 0.238 | 0.199 | 0.199 |

表B(续)

| 测定数 $N$ | 双边置信水平的 $t_{\alpha/2}/\sqrt{N}$ | | 单边置信水平 $t_\alpha/\sqrt{N}$ |
|---|---|---|---|
| | 保证率95% | 保证率90% | 保证率95% |
| | $\alpha/2$ | $\alpha/2$ | $\alpha$ |
| 80 | 0.223 | 0.186 | 0.186 |
| 90 | 0.209 | 0.277 | 0.173 |
| 100 | 0.198 | 0.166 | 0.166 |

单边置信水平一般用于控制单向偏差,通常是大于或等于、小于或等于某数值。单边置信区间是指只规定上限(上置信界限)或下限(下置信界限)的情况,如压实度大于或等于96%、弯沉小于或等于100等,故取单边置信水平系数。双边置信水平用于控制范围,通常要求数据偏差在某一区间内。双边置信区间是指测定值既有上限规定又有下限规定的情况,合格值在一定的区间范围内。

## 3 报告

**3.1** 根据工程需要及现行相关规范规定,列出一个测试路段内实测值的记录表,记录平均值、标准差、变异系数及代表值。注明不符合规范要求的测点。

**3.2** 当无特殊规定时,可疑数据的舍弃宜按照 $k$ 倍标准差作为舍弃标准,即在资料分析中,舍弃那些在 $\overline{X} \pm kS$ 范围以外的实测值,然后再重新计算整理。当试验数据 $N$ 为3、4、5、6个时,$k$ 值分别为1.15、1.46、1.67、1.82,$N$ 大于或等于7时,$k$ 值宜采用3。

条文说明

公路路基路面的质量评价通常以"测试路段"为单位,测试路段应根据工程需要及现行相关标准规定选择。依据本规程测试路段中各测点(区)的结果,可依据本附录进行统计计算,从而评价测试路段的工程质量。

本次修订删除了有关绝对误差和精度的计算公式,原因是在本规程中没有引用,且与我国工程计算用语不相适应。

在概率论和统计学中,$t$ 分布用于根据小样本来估计呈正态分布且方差未知的总体均值。如果总体方差已知(例如在样本数量足够多时),则应用正态分布来估计总体均值。

当测点数 $N>100$ 时,可以采用正态分布来处理,因为随着自由度增大,$t$ 分布趋近于标准正态分布;当 $N>30$ 时,二者相差很小;当 $N\to\infty$ 时,二者重合。

# 附录 C 相关性试验方法

## 1 适用范围

本方法规定了采用线性回归方法，确立两组不同试验数据间相关性关系的通用要求及数据处理方法。

本方法适用于本规程中同一技术指标不同试验方法间的转换。

## 2 通用要求

**2.1** 当同一技术指标可采用多个不同试验方法测量时，为满足不同技术标准合格判定的需求，可采用建立不同试验方法测试结果相关性关系的方式，进行不同试验结果之间的转换。

**2.2** 相关性试验选择的被测量对象应不少于 4 个，其量值应较均匀、稳定，范围应能覆盖日常检测工作中的检测值，且应较为均匀地分布于该范围内。

**2.3** 进行相关性试验时，宜采用重复试验条件下的多次测量的平均值参与回归分析。

**2.4** 当试验方法对被测对象的量值有影响时，应适当延长不同试验方法实施的间隔时间。

**2.5** 对于试验环境条件敏感的技术方法，应采取必要措施保证重复性试验条件，尽可能避免采用试验环境修正后数据进行回归分析。

## 3 数据处理

**3.1** 一般应采用最小二乘法对两组试验数据进行线性回归分析，所得相关性关系式可采用下式表示：

$$Y = AX + B, R = \text{x.xxxx}, C = x_{\min} \sim x_{\max} \qquad (C-1)$$

式中：$Y$——转换值，命名方式为"技术指标符号$_{试验方法名称}$"，无量纲；

$X$——被转换值，命名方式为"技术指标符号$_{试验方法名称}$"，无量纲；

$A$——斜率；

$B$——截距；

$R$——相关系数，保留4位有效数字；

$C$——测量范围；

$x_{\min}$——试验数据中被转换值最小值；

$x_{\max}$——试验数据中被转换值最大值。

**3.2** 最小二乘法各特征参数的计算公式见式(C-2)~式(C-4)：

$$A = \frac{n\sum xy - \sum x \sum y}{n\sum x^2 - (\sum x)^2} \qquad (C-2)$$

$$B = \bar{y} - A\bar{x} \qquad (C-3)$$

$$R = \frac{\overline{xy} - \bar{x}\,\bar{y}}{\sqrt{(\overline{x^2} - \bar{x}^2)(\overline{y^2} - \bar{y}^2)}} \qquad (C-4)$$

式中：$y$——转换值试验数据；

$x$——被转换值试验数据。

**3.3** 相关系数 $R$ 应满足具体技术指标相关性试验的要求。

## 4 报告

相关性试验报告应包含但不限于两组试验数据、相关性公式、线性回归图表。

**条文说明**

随着测试技术的进步，在公路现场测试中存在着大量的针对同一技术指标采用不同测试方法的情况，为提高工程质量评价结果的一致性，工程上常通过试验建立两种不同测试方法之间的转换关系，进而实现不同

## 附录C 相关性试验方法

测试方法所得结果的转换,以方便地用于工程质量评价,这种试验通常称之为相关性试验。由于相关性试验建立的转换关系要应用于日常检测的数据处理工作中,其代表性和可靠性尤为重要,因此对试验条件、测量对象及样本数量等要求应更为严格和规范。鉴于本规程中的很多技术指标均提供了相关性试验方法,为避免赘述,本次修订增加了该附录,将相关性试验的通用要求和数据处理方法归纳起来,以便技术人员对相关性试验有总体认识,而不同技术指标对相关性试验的特殊要求,如相关系数要求、测量对象、试验条件等方面,仍保留在原试验方法的相关性试验章节中,以便遵循。

相关性试验不具有溯源性,不能替代计量技术机构对仪器设备的检验。

《规程》所述相关性试验,是解决多种不同技术指标之间的相关关系的一种工程技术手段,其带来的不确定度是比较大的,因此应当慎重使用。为尽可能降低其不确定度,要在确保其相关性试验各指标测量准确的情况下进行,且尽可能增大测量范围,避免外延性地使用相关性公式。不确定性通常用不确定度来表示,为了让试验检测人员了解相关性数据处理引入的不确定性,现举例说明。

两台不同的落锤式弯沉仪分别对4个不同的测试点各进行4组试验,每个测点重复测量10次,计算相关性系数。采集的弯沉数据见表1。

表1 弯沉试验数据  单位:μm

| 序号 | 落锤式弯沉仪1 | | | | 落锤式弯沉仪2 | | | |
|---|---|---|---|---|---|---|---|---|
| | 第1组弯沉值 | 第2组弯沉值 | 第3组弯沉值 | 第4组弯沉值 | 第1组弯沉值 | 第2组弯沉值 | 第3组弯沉值 | 第4组弯沉值 |
| 1 | 145 | 192 | 232 | 267 | 147 | 191 | 232 | 266 |
| 2 | 145 | 191 | 232 | 268 | 145 | 191 | 232 | 267 |
| 3 | 146 | 192 | 233 | 268 | 145 | 191 | 232 | 267 |
| 4 | 146 | 192 | 233 | 267 | 146 | 191 | 232 | 266 |
| 5 | 146 | 192 | 233 | 268 | 146 | 191 | 231 | 266 |

表1(续)

| 序号 | 落锤式弯沉仪1 | | | | 落锤式弯沉仪2 | | | |
|---|---|---|---|---|---|---|---|---|
| | 第1组弯沉值 | 第2组弯沉值 | 第3组弯沉值 | 第4组弯沉值 | 第1组弯沉值 | 第2组弯沉值 | 第3组弯沉值 | 第4组弯沉值 |
| 6 | 145 | 192 | 233 | 267 | 146 | 191 | 231 | 267 |
| 7 | 146 | 193 | 233 | 268 | 145 | 192 | 233 | 266 |
| 8 | 146 | 192 | 232 | 267 | 145 | 191 | 232 | 267 |
| 9 | 146 | 193 | 232 | 268 | 145 | 191 | 232 | 267 |
| 10 | 146 | 192 | 232 | 268 | 146 | 191 | 232 | 267 |

(1)不进行相关性试验时,对两台落锤式弯沉仪试验结果的不确定度计算。

试验结果的不确定度主要是由测量重复性引入的不确定度,根据贝塞尔公式计算,取两次试验8组数据中的不确定度最大值为0.33%。

(2)进行相关性试验时,对两台落锤式弯沉仪试验结果拟合的不确定度计算。

最小二乘法拟合的残余偏差见式(1):

$$s(b_s) = \sqrt{\frac{1}{n-2}\sum_{i=1}^{n}(y_{si} - \widehat{y_{si}})^2} \tag{1}$$

式中:$s(b_s)$——残余标准差(或称回归的标准偏差)(μm);

$y_{si}$——弯沉标准值(μm);

$\widehat{y_{si}}$——拟合曲线得到的测值(μm);

$n$——测量次数,此处取4。

由于在进行线性拟合时,以10次测量结果的平均值作为一个测点的测值,则由计算模型引入的斜率$b$的标准不确定度见式(2):

$$u_{sr} = s(b_s)/b_s = \sqrt{\frac{s(b_s)}{b_s \cdot \sum_{i=1}^{n}(x_{si} - \overline{x_{si}})^2}} = \sqrt{\frac{\sum_{i=1}^{n}(y_{si} - \widehat{y_{si}})^2}{b_s \cdot (n-2)\sum_{i=1}^{n}(x_{si} - \overline{x_{si}})^2}}$$

$$\tag{2}$$

式中：$u_{sr}$——由计算模型引入的斜率 $b$ 的标准不确定度（μm）；

$x_{si}$——落锤式弯沉仪的测值（μm）；

$\overline{x_{si}}$——$x_i$ 的平均值（μm）。

经计算，计算模型引入的不确定度 $u_{sr}=0.52\%$。

根据上述计算可得，由落锤式弯沉仪重复测量产生的不确定度为 0.33%，但在进行相关性试验时，仅计算模型引入的不确定度为 0.52%，已大于重复测量产生的不确定度。

《规程》中关于仪器涉及计量检验、标定、相关性试验，为了统一试验检测人员的理解，在此做一下释义。

（1）计量检验：是一个统称，计量检定、计量校准、内部校准等都属于计量检验的范畴，计量检验的对象是仪器，是计量器具。计量检验具有溯源性，溯源性在《中华人民共和国计量法》中有明确的规定，这不仅是一个技术层面的事情，也是法律层面的事情，这就是为什么各行各业的规章制度里，只要谈到仪器、计量器具，都会有计量检验的要求，因为上位法依据非常明确，配套的法规、细则也比较充实，在国际上，计量学也是一个比较古老、传统的学科领域，其体系成熟度很高。从计量检验工作的这些特点，不难得到一个结论，做这项工作，一要具备技术条件，二要符合法律法规的规定，不能违法。这是每个国家都必须控制和严格管理的领域。试想一下，如果市场上的秤都没有统一的量值，医院体检的仪器都不准确，我们的生产生活、经济社会运行是不可想象的。计量检验在检测机构的落地，或者说表现形式，就是仪器送检或量值溯源。"送检"既可以送到外部机构检，也可以机构内部检，但无论哪种方式，都需要满足技术条件和法律法规要求。技术条件可以从人、工、料、机、法、环 6 个方面考查，法律法规要求就是指计量授权。

（2）标定：这项工作也是针对仪器的，通常是仪器使用前的一个步骤，目的是给仪器提供相对标准的激励，期望仪器得到准确的输出。通过标定来设定仪器内部的必要参数，再在实际检测过程中，应用这些参数，得到科学的结果。标定通常是针对具有电子系统的仪器,对于实物量具和简易的手工量具,是不存在这个概念的,也无法实施。标定与"仪器开机自检"的概念不同,开机自检一般是指仪器各部件断电后,重新通电启动,仪器内部系统对各个部件协同运行情况的检查,以确保仪器能够使用,量值是否准确并不是开机自检的范畴。量值是否准确是需要通过标定来完成的。例如混凝土回弹仪的钢砧率定,核子密度仪的标定等。

(3)相关性试验:相关性试验的对象不是仪器,而是技术方法,或者是技术指标。例如平整度的指标有 IRI、VBI、最大间隙等。这些指标之间会不会存在正比例或反比例关系,会不会存在一个函数关系,工程上一般通过相关性试验来获得。但在理论界是通过推演、证明得到的,试验只是用于发现规律的方式,工程上则是用试验的方法,即相关性试验。相关性试验的目的是得到两个技术方法所测量结果之间的关系,用于测量结果之间的转换,通常是把效率低的转换成效率高的,把不确定准确的转换成相对确定准确的,以达到提高测试效率而又不会过多损失测量结果可靠性的目的。为了降低损失,除了相关性系数,附录 C 给出了 4 项通用技术要求。